普通高等教育“十三五”规划教材
普通高等院校经济与管理类专业系列教材

外国农业经济

Foreign Agricultural Economy

刘拥军　吕之望　主编

中国农业大学出版社
·北京·

内 容 简 介

本书共 15 章，主要介绍了世界农产品的生产、贸易情况以及世界主要国家农业生产、农产品贸易、农业政策以及农业特点等情况。其内容设计的路线是：先介绍世界农业生产、世界农业贸易的一般理论和状况，然后对美国农业经济、加拿大农业经济、巴西农业经济、阿根廷农业经济、澳大利亚农业经济、日本农业经济、印度农业经济、以色列农业经济、欧盟农业经济、法国农业经济、荷兰农业经济、俄罗斯农业经济进行介绍，最后一章介绍世界农业与贫困及非洲农业经济。本书重点讨论上述国家或地区的农业生产结构和贸易情况。

图书在版编目（CIP）数据

外国农业经济/刘拥军，吕之望主编. —北京：中国农业大学出版社，2018.12（2024.12重印）

ISBN 978-7-5655-2130-0

Ⅰ.①外… Ⅱ.①刘…②吕… Ⅲ.①农业经济—概况—世界 Ⅳ.①F312

中国版本图书馆 CIP 数据核字（2018）第 255018 号

书　　名　外国农业经济

作　　者　刘拥军　吕之望　主编

策划编辑　赵　艳　潘晓丽　　**责任编辑**　洪重光

封面设计　郑　川　李尘工作室

出版发行　中国农业大学出版社

社　　址　北京市海淀区圆明园西路 2 号　　**邮政编码**　100193

电　　话　发行部 010-62818525,8625　　读者服务部 010-62732336

编辑部 010-62732617,2618　　出　版　部 010-62733440

网　　址　http://www.caupress.cn　　**E-mail**　cbsszs@cau.edu.cn

经　　销　新华书店

印　　刷　天津鑫丰华印务有限公司

版　　次　2019 年 1 月第 1 版　2024 年 12 月第 2 次印刷

规　　格　787×1092　16 开本　13.25 印张　330 千字

定　　价　39.00 元

前　言

农业是古老的产业，有其特殊性，虽然在国内生产总值中的比重在下降，但是其基础性的地位仍然是不会动摇的。要深入掌握农业经济理论，需要系统了解国外农业经济的发展状况。因为经济发展程度以及科技水平的不同，各国农业经济的发展千差万别，但是也有一定的规律可循，那就是在资源禀赋约束下寻找最优生产组织方式的道路。他山之石，可以攻玉，农林经济管理专业以及相关专业开设“外国农业经济”课程，能够让学生更深刻地认识我国农业经济发展的历程和走向，激发学生学农爱农的热情，坚定学生服务农业和解决“三农”问题的信念，落实党的二十大精神，培养造就大批德才兼备的高素质人才。

要学好“外国农业经济”课程，不仅需要继续深入理解和掌握农业经济理论，更要对各国农业经济及最新政策有较为全面的了解，这就需要尽可能多地掌握相关资料。在大量阅读的基础上，尤其需要有一本提纲挈领的教材作为参考。遗憾的是，目前还缺少一本与“外国农业经济”课程相配套的教科书。作者从事“外国农业经济”课程教学十多年，一直在充实和丰富课程所用的讲义，积累了丰富的经验和大量的素材；又有历届优秀学子的课程反馈和互动，本课程搭建的体系和框架已经被学生广泛接受和认可。因此，编撰《外国农业经济》就成为一件自然的事情。

本书定位于农林经济管理专业的本科生教材，也可以作为对外国农业经济感兴趣读者的参考读物。在编写的具体内容上，讲求有分有合：既包括对世界性的农业经济问题的深入讨论，如世界农业生产、世界农产品贸易以及减贫问题，也有对典型国家（如美国、日本、巴西、印度等发达国家和发展中国家）农业经济发展的系统描述，力求全面且系统地展现世界范围内农业经济发展的特征和脉络。

曾经学习过本课程的许竹青博士、李育博士和王瑞民博士帮助收集了部分资料和数据，本书的编写得到了中国农业大学教务处校级教材建设项目的支持（项目编号：2012JW048），在此一并表示感谢。本书作为一个阶段性的成果呈现在读者面前。考虑到数据资料的时效性，每一年都在增加新的资料和新的信息，本书的内容后续需要实时更新。我们抱着野人献曝的心情将书稿呈现给大家，书中疏漏之处在所难免，希望读者朋友不吝指正。

主　编

2024 年 12 月

目　　录

第1章 世界农业生产

农业不仅为人类生存提供粮食，而且是社会分工和国民经济其他部门成为独立产业的基础。在有记载的人类历史上，农业一直处于最重要的地位。直到今天，尽管全球农业GDP仅占全球GDP的4%，农业仍然是世界上最重要的经济活动。全世界约有30%的人以农业为生，约有45%的人口居住在农村，有约70%的穷人居住在农村，农业是这些人的主要收入来源。在亚洲和非洲的一些地区，农业依然是许多国家最重要的产业。

1.1 人口增长、经济增长与粮食需求

世界人口的不断增长驱动着对世界粮食的需求。2016年世界总人口约74亿，亚洲和非洲是人口最多的地区，全球有60%的人口生活在亚洲，15%的人口生活在非洲。两者相加占全球人口的3/4。目前，世界人口大约以1.2%的速度增长，增长最快的是发展中国家，年增长率大约是1.5%，而发达国家的人口增长率只有0.5%。在发展中国家，非洲人口的增长速度最快，年均增长率在2%以上，中东地区人口的增长率接近2%。亚洲和拉丁美洲的人口增长率接近发展中国家的平均增长率。预计到2025年，世界人口将达到80亿。一方面，人口的增长必然带来对食物需求的增长；另一方面，人口增长与食物增长的区域不平衡将导致农产品贸易的不断增长。

影响食物需求的另一个重要因素是世界范围内的经济增长，特别是以金砖国家(BRICS)为代表的新兴经济体，包括中国、印度、巴西、俄罗斯、南非。这些国家不仅人口众多，而且其经济正在经历高速增长，人均收入水平的不断提高，导致对肉、蛋、奶、蔬菜、水果、油料的需求快速增长，进而对世界农业生产结构会产生重要影响。一般说来，人均收入水平越低的国家，对农产品的需求收入弹性越高。就不同的农产品而言，畜产品、水果蔬菜产品、加工农产品的需求收入弹性高，而大宗农产品、粮食产品的需求收入弹性较低。

中国、印度、美国、欧盟的人口加在一起约占世界人口的一半，也是当今世界粮食、饲料、肉类产品消费的主要国家和地区。

大米的驯化发生在一万年前，是一个非常古老的作物种类。大米的消费地区主要在亚洲和非洲，其中又以亚洲的消费量最大。中国和印度就占世界大米消费的一半。其他重要的消费国包括印度尼西亚、孟加拉国、越南。日本和韩国的大米消费已经开始下降，但印度、孟加拉国、印度尼西亚、菲律宾以及非洲的大米消费正不断增长。

小麦是除大米之外另一种主要的粮食作物，其主要消费地区是欧盟、中国、印度、俄罗斯、美国。其中欧盟占全球小麦消费的20%。

玉米主要是一种饲料作物，美国和中国是主要消费国家，这两个国家就消耗了全球玉米的50%以上。特别是美国，由于玉米产量巨大，除用于本国饲料、出口外，越来越多的玉

米被用来生产乙醇。此外，欧盟、巴西、墨西哥也是玉米的主要消费地区。

大豆是主要的油料作物，中国、美国、阿根廷、巴西、欧盟是主要的消费地区，这五个地区占全球大豆消费的 80%。

牛肉的主要消费地区是美国、欧盟、巴西、中国、墨西哥。美国的人口数量占全球的 4%，但却消费了全球 22%的牛肉。欧盟人口仅占全球的 7%，消费了全球 15%的牛肉。巴西人口不到世界人口的 3%，却消费了世界牛肉的 13%。

中国是世界最大的猪肉消费国，其消费约占世界的一半。欧盟、美国、俄罗斯、日本也是重要的猪肉消费国家和地区。

1.2 世界农业生产状况

1.2.1 农业用地

农业用地是发展农业生产的基础，2016 年全球农业用地总量为 48.70 亿公顷，占全球土地面积的 38%。农业用地包括可耕地、永久性作物用地、永久性草地。农业用地中，永久性草地的面积最大，约为 32.77 亿公顷，约占全球农业用地面积的 2/3。可耕地数量的多少是发展种植业的基础。2016 年世界可耕地面积为 14.24 亿公顷。由于人口的快速增长，在大多数国家，可耕地面积已经达到或接近开发的极限。世界上只有少数国家还有开发耕地的潜力，主要是巴西、非洲、俄罗斯远东一些地区。可耕地面积在 1 亿公顷以上的国家包括美国、印度、中国和俄罗斯。永久性作物用地是指用来种植那些每次收获后不需要重新种植作物的土地，比如种植葡萄、茶叶、可可、咖啡、橡胶等经济作物的土地。2016 年全球永久性作物用地为 1.66 亿公顷，约占全球农业用地面积的 3%（图 1.1）。

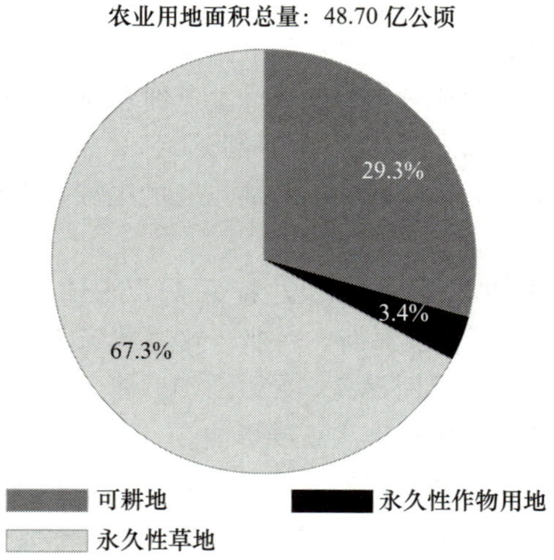

图 1.1　2016 年世界农业用地面积构成

近几十年来，世界粮食和油料的播种面积、产量、单位面积产量都有明显增加。产量的增长率虽然有放慢的趋势，但仍然超过了人口的增长率，人均粮食产量缓慢增长。与此形成鲜明对照的是：全球畜产品的消费大幅度增长，特别是猪肉和鸡肉的消费，年均增长率在 10%以上。畜产品消费的大幅度增长要求种植结构发生重大变化，饲料作物的种植比重大幅度上升，其重要性日益提升。

1.2.2 粮食生产

在需求增长的推动下，世界粮食使用总量不断增长，而世界粮食产量也在波动中不断增长。总体上看，世界粮食总产量在过去的五十多年里保持缓慢增长，而粮食收获面积却大起大落，分为明显不同的三个阶段：第一阶段，二十世纪六七十年代，收获面积快速增长，收获面积增长是提高和维持产量增长的主要因素；第二阶段，二十世纪八九十年代，粮食产量稳定增长，收获面积却下降了，主要原因是绿色革命的成果有效地提高了单位面积产量；第三阶段，进入二十一世纪后，绿色革命的效果衰竭了，收获面积快速增长，再次成为维持粮食产量的主要因素。2001 年，世界粮食总产量约为 18 亿吨，2016 年，世界粮食总产量为 28.5 亿吨。库存量保持在 5 亿吨左右，大约占粮食产量的 20%（图 1.2）。

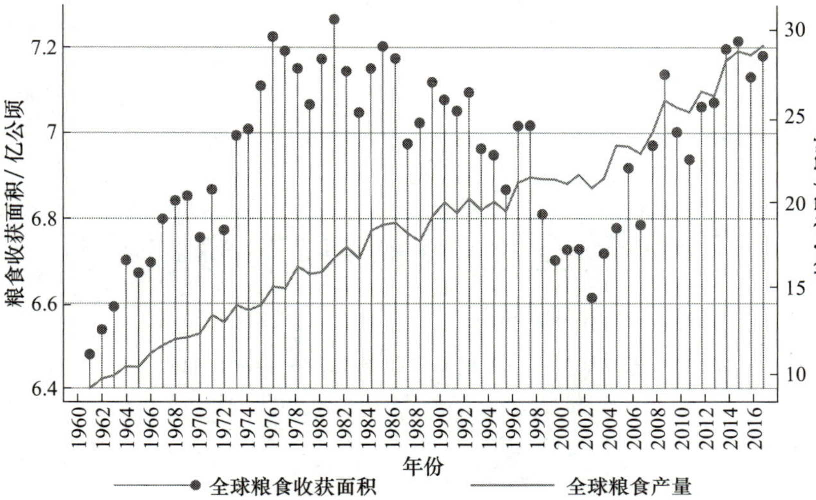

图 1.2　全球粮食收获面积和产量变化趋势（1961—2016 年）

1. 水稻

水稻是全球第一大农作物[①]。世界上有超过一半的人口将大米作为主食，亚洲和非洲是大米的主要消费地区。尽管在日本和韩国，大米的消费已经开始下降，但在东南亚、南亚、非洲等地区（菲律宾、马来西亚、印度、孟加拉国）大米的消费处于上升趋势。世界上有超过一半的区域种植水稻。近十年来，全球水稻播种面积和产量不断提高。2005 年以来，全球大米产量持续超过使用量，导致库存不断增加。2016 年，全球水稻收获面积在 1.6 亿公顷左右，总产量约 7.4 亿吨（图 1.3）。全世界 90%的稻米产于亚洲，按 2014—2016 年的平均产量计算，中国、印度、印度尼西亚、孟加拉国、越南是全球主要大米生产国。

2. 小麦

小麦是全球第二大粮食作物[②]。近年来，全球小麦产量平稳增长。2016 年，全球小麦收获面积为 2.2 亿公顷，产量约 7.5 亿吨（图 1.4）。全球小麦库存在 1.5 亿～2 亿吨之间波动。2/3 的小麦产量集中在欧盟、中国、印度、美国、俄罗斯这五大地区。其中欧盟的产量最大，中国是全球最大的小麦生产国。从全球范围来看，从二十世纪八十年代开始，世界小麦收获面积已经开始下降，但由于技术进步导致单位面积产量的提高，小麦的总产量持续提高。

---

① 全球主要有四个大米品种：1. 籼稻（indica），主要种植在热带和亚热带地区，约占全球大米贸易量的 75%；2. 粳稻（japonica rice），主要种植在纬度较高、更凉爽的地区，约占全球贸易量的 10%；3. 香稻（aromatic rice），主要包括泰国的茉莉香米（jasmine rice）和印度、巴基斯坦的香米（basmati rice），约占全球大米贸易量的 10%～13%；4. 糯稻（glutinous rice），主要用于制作节日庆典时的食物。

② 小麦按照籽粒的皮色可以分为红皮小麦和白皮小麦；按照籽粒粒质可以分为硬质小麦和软质小麦；按照播种季节还可以分为春小麦和冬小麦。

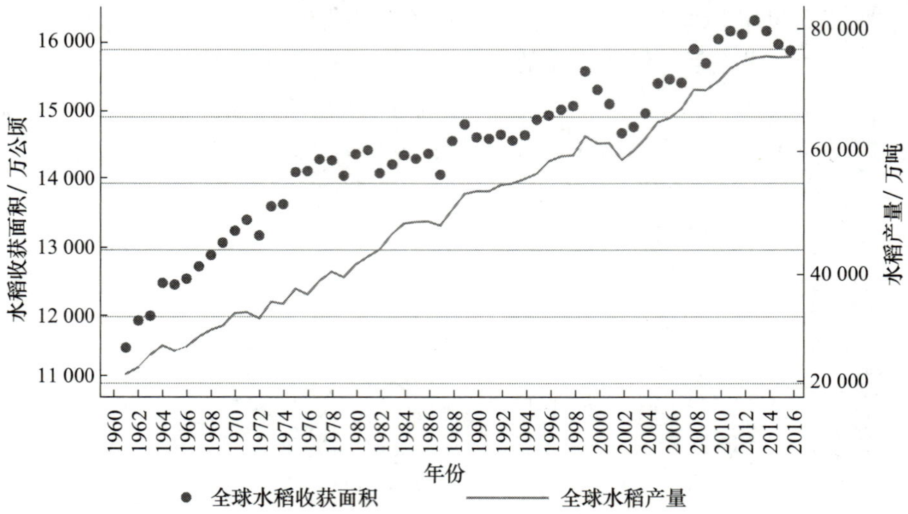

图 1.3 全球水稻收获面积和产量变化趋势（1961—2016 年）

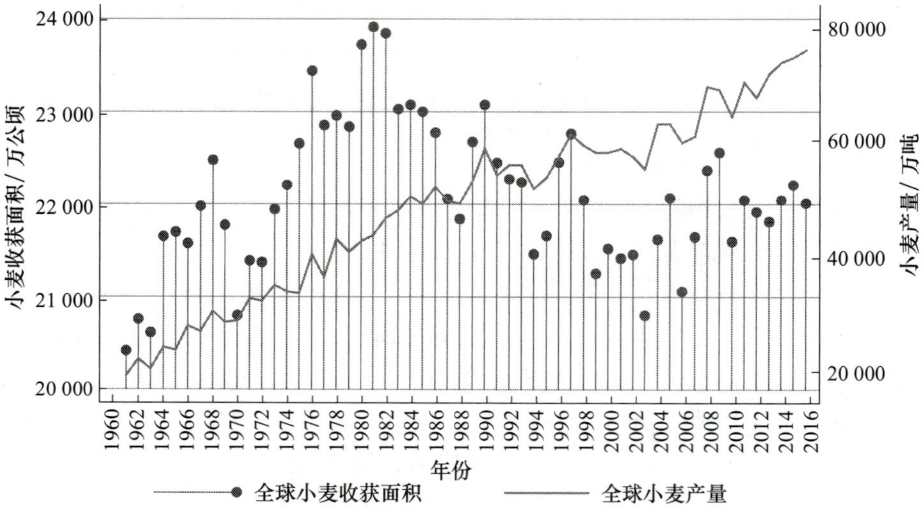

图 1.4 全球小麦收获面积和产量变化趋势（1961—2016 年）

3. 大豆

大豆是全球第三大农作物，也是最重要的油料作物，占全球油料作物产量的 50%以上。美国、巴西、阿根廷、中国、印度的大豆产量占全球产量的 90%以上。其中美国产量最大，约占全球大豆产量的 1/3。2016 年，全球大豆收获面积为 1.2 亿公顷，产量约为 3.3 亿吨。其他四种重要的油料作物是油菜籽、棉籽、花生、葵花籽，产量分别是 6 100 万吨、4 400 万吨、3 700 万吨、3 300 万吨。在过去的五十年里，大豆的产量持续增长，最近二十年来，呈现加速增长的趋势（图 1.5）。

4. 玉米

玉米是全球最重要的饲料作物。2016 年，全球玉米产量约 11 亿吨。玉米的主要用途是

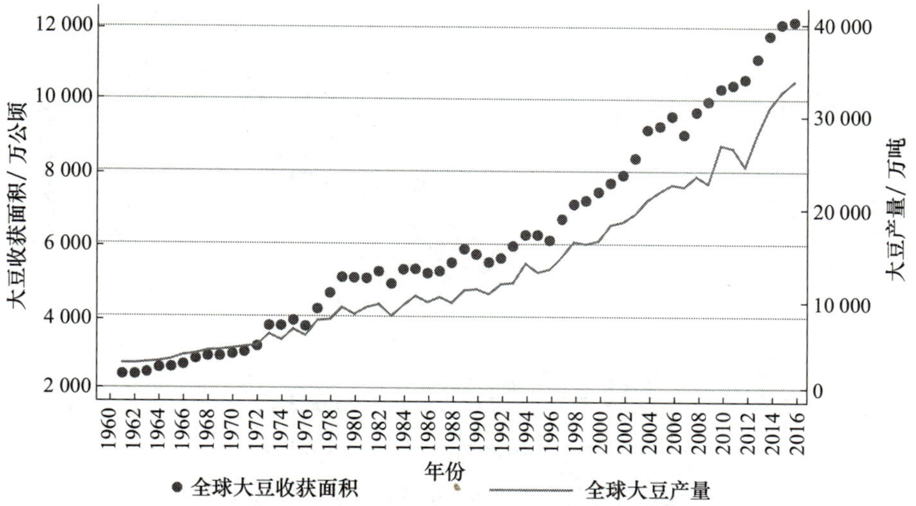

图 1.5　全球大豆收获面积和产量变化趋势（1961—2016 年）

饲料，也是许多食品的原料，还可以用来生产一系列工业产品，比如乙醇、淀粉等。全球玉米产量的 3/4 集中在美国、中国、欧盟、巴西这四个地区。美国的产量最大，2016 年产量在 3.8 亿吨以上，约占全球产量的 1/4。在过去的五十年里，在畜牧业快速发展的推动下，全球玉米的收获面积和产量同步增加。进入二十一世纪后，受国际市场玉米价格走高的影响，增速进一步加快（图 1.6）。

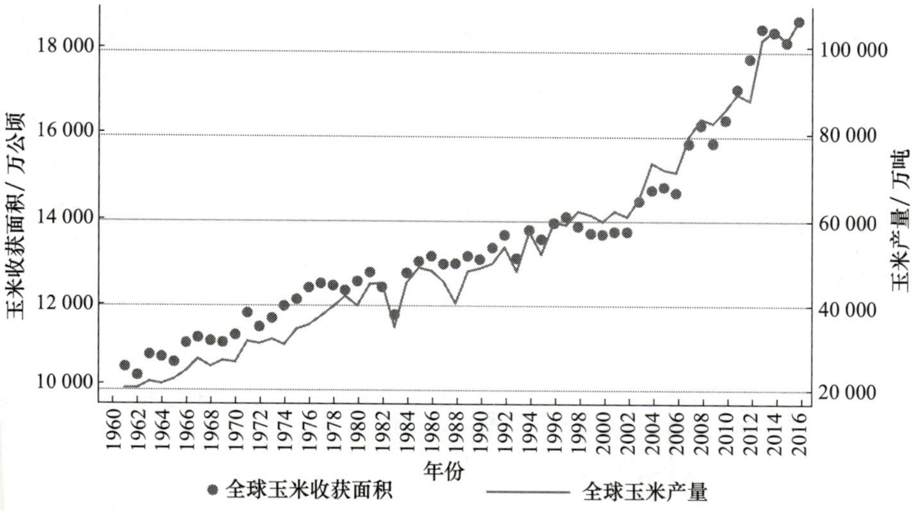

图 1.6　全球玉米收获面积和产量变化趋势（1961—2016 年）

1.2.3　其他种植业

1. 甘蔗和甜菜

甘蔗是世界最重要的糖料作物。2016 年，全球甘蔗产量 19 亿吨（图 1.7）。甘蔗主要分布在美洲和亚洲的热带地区，这两个洲加起来占全球甘蔗产量的 90%以上，巴西、印度、中国、泰国、巴基斯坦是世界主要甘蔗生产国。

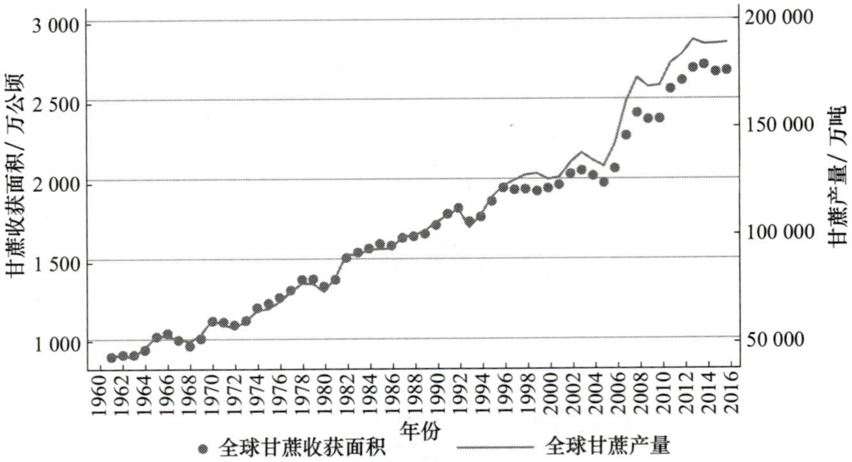

图 1.7 全球甘蔗收获面积和产量变化趋势（1961—2016 年）

甜菜是仅次于甘蔗的第二大糖料作物，2016 年世界甜菜产量为 2.8 亿吨（图 1.8）。甜菜在全球的分布以欧洲为主，在亚洲、北美洲也有生产，俄罗斯、法国、美国、德国、土耳其是世界主要甜菜生产国。

巴西、印度、欧盟、中国、美国是世界主要产糖国家和地区。其中巴西是世界最重要的产糖国，年产糖约 4 000 万吨。从长期趋势看，甘蔗的收获面积和产量不断增加，甜菜收获面积下降。

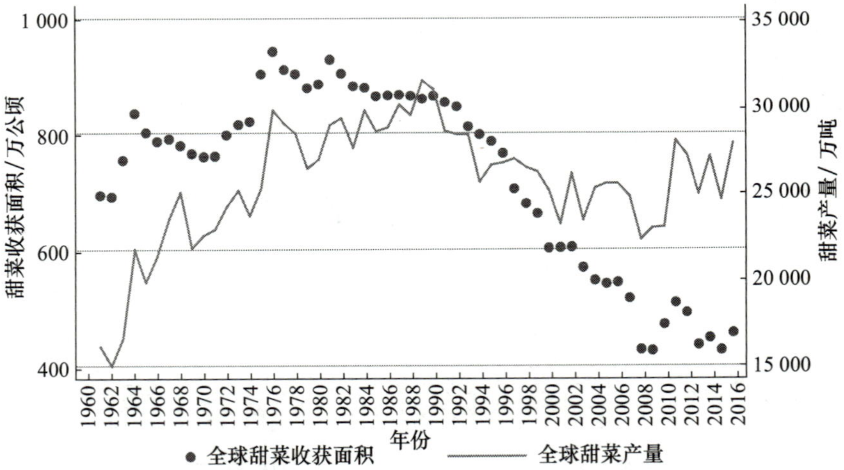

图 1.8 全球甜菜收获面积和产量变化趋势（1961—2016 年）

2. 棉花

棉花是全球最重要的纺织原料。2014 年，全球棉花产量为 2 600 万吨（图 1.9）。全球 90%的棉花产自亚洲和美洲。主要棉花生产国的产量分别为：中国 597 万吨，印度 570 万吨，美国 394 万吨，巴基斯坦 195 万吨，巴西 97 万吨，乌兹别克斯坦 95 万吨。这六大产棉国的产量占全球产量的 80%以上。从长期趋势看，棉花产量虽然波动很大，但却呈现稳步增长的趋势。

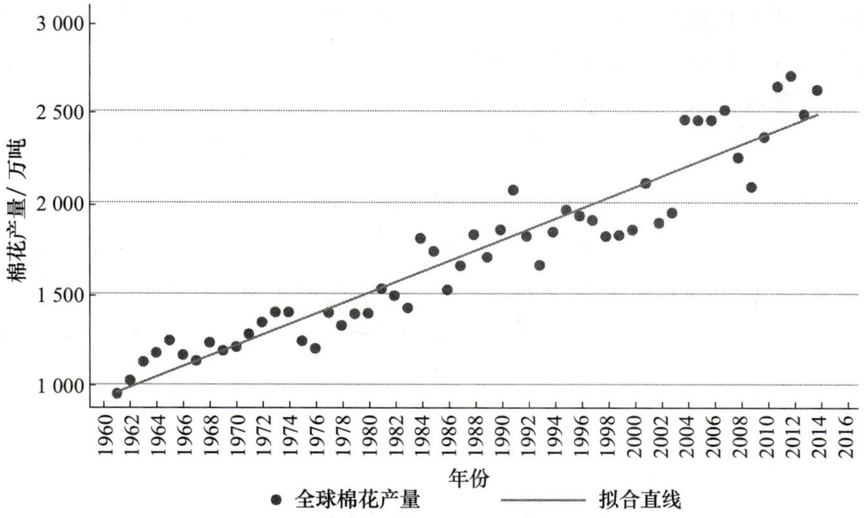

图 1.9　全球棉花产量变化趋势（1961—2016 年）

3. 番茄

番茄是全球重要的蔬菜品种之一，在世界各地广泛种植。2016 年，全球番茄总产量超过 1.8 亿吨，产值约 600 亿美元，超过了玉米的产值。番茄的主产地是亚洲，中国是世界番茄产量最大的国家，亚洲的番茄产量约占全球产量的 60%，番茄在美洲、欧洲、非洲也广泛种植。中国、印度、美国、土耳其、埃及是全球五大番茄生产国。在过去的五十年里，全球番茄产量保持持续上升趋势（图 1.10）。

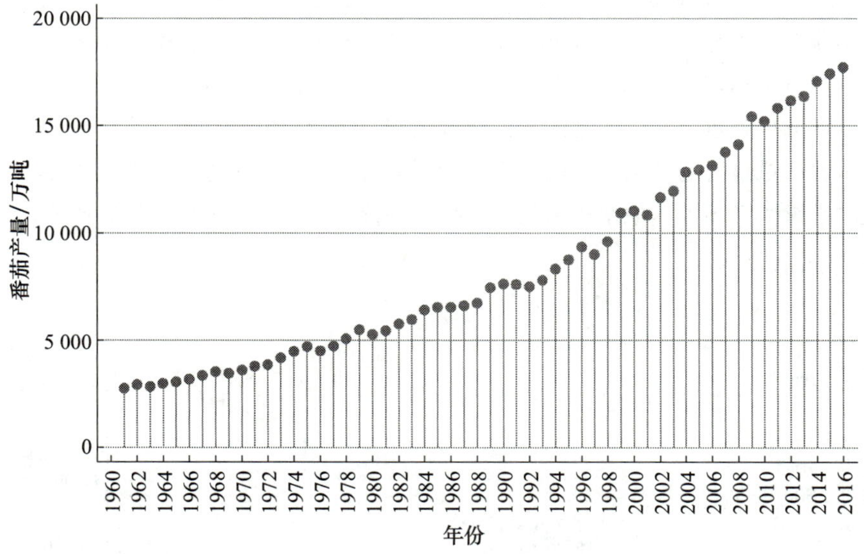

图 1.10　全球番茄产量变化趋势（1961—2016 年）

4. 马铃薯

作为全球重要的蔬菜品种之一，起源于南美的马铃薯对欧洲的饮食和历史产生了重大深远的影响。西班牙人十六世纪将它带到欧洲，使得欧洲上百万的人免于饥饿的风险。在非洲、南亚等贫困人口集中的地区，马铃薯被广泛作为粮食。在马铃薯产量最大的中国，政府也在推动马铃薯的主粮化。因此，马铃薯对全球粮食安全具有重要意义。2016 年，全球马铃薯总产量约为 3.8 亿吨。马铃薯可以适应各种气候类型和土壤条件，在全球广泛种植，其中以亚洲的产量最大，约占全球产量的 50%。中国、印度、俄罗斯、乌克兰、美国是全球五大马铃薯生产国。二十世纪九十年代以来，全球马铃薯产量保持上升趋势（图 1.11）。

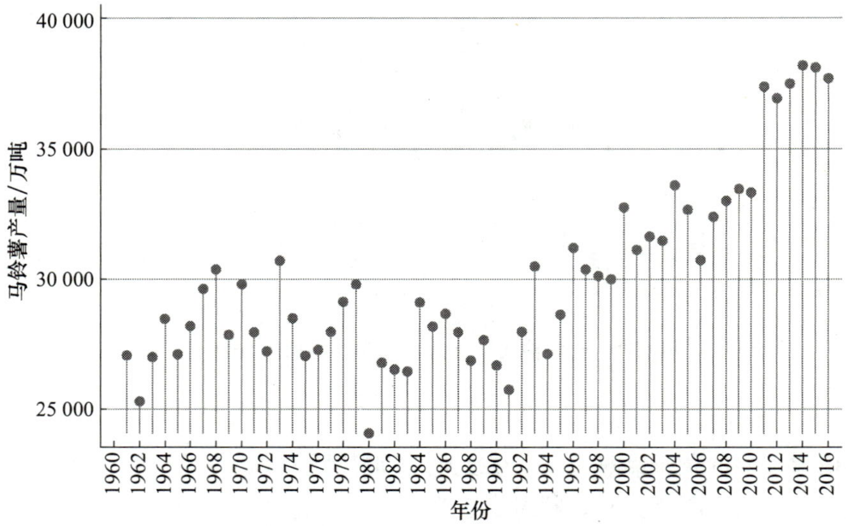

图 1.11 全球马铃薯产量变化趋势（1961—2016 年）

5. 木薯和甘薯

在世界的许多地区，特别是非洲地区，木薯和甘薯是重要的粮食作物，对这一地区的粮食安全和贫困消减至关重要。另外，在东亚和东南亚的一些国家，木薯还被用来生产乙醇。近年来，全球木薯产量迅速增长（图 1.12），2016 年，全球木薯产量 2.8 亿吨，非洲产量占全球产量的一半以上，亚洲也是重要的生产地区，占全球产量的 1/3。尼日利亚、泰国、巴西、印度尼西亚、加纳是木薯产量最大的国家。2016 年全球甘薯产量为 6 600 万吨，90%产自非洲。尼日利亚是全球最大的甘薯生产国，其他生产国包括加纳、科特迪瓦、贝宁、埃塞俄比亚等。

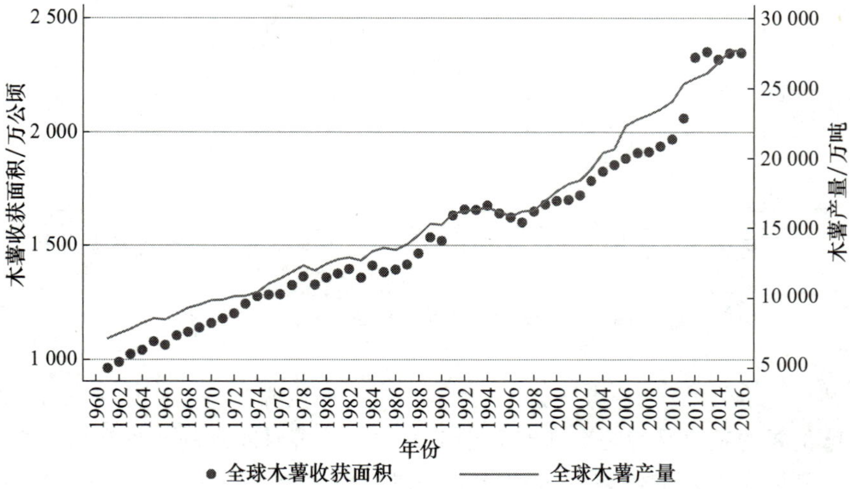

图 1.12 全球木薯收获面积和产量变化趋势（1961—2016 年）

6. 水果

从产值来看，全球最重要的三种水果是葡萄、苹果和香蕉。2016 年，三种水果的产量分别是 7 700 万吨、8 900 万吨、1.1 亿吨，产值分别为 390 亿美元、320 亿美元、300 亿美元。

葡萄既可以作为水果直接食用，也是葡萄酒的主要原料。葡萄在世界各地都有种植，但以亚洲和欧洲的产量最大，上述两洲各占全球产量的 1/3。在过去的二十年里，全球葡萄产量稳步增加（图 1.13）。全球葡萄的主要生产国包括中国、意大利、美国、法国、西班牙，2016 年产量分别为 870 万吨、780 万吨、680 万吨、610 万吨、580 万吨。

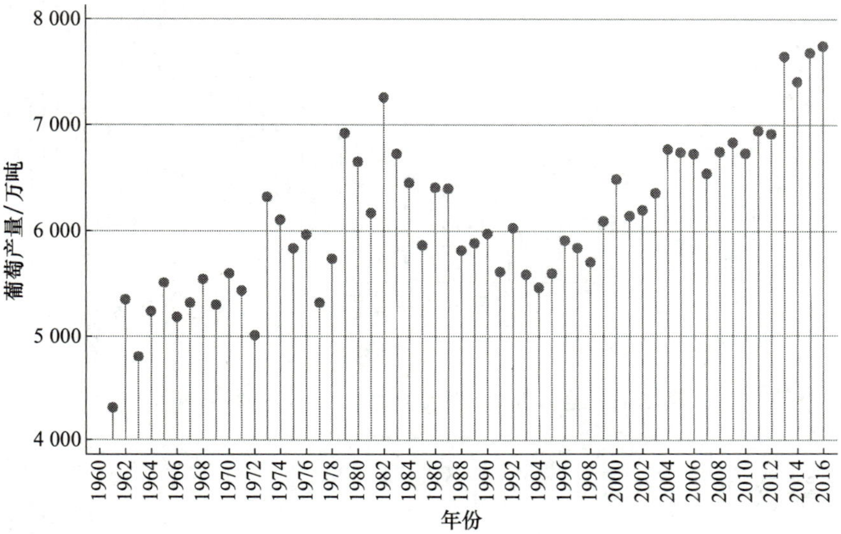

图 1.13　全球葡萄产量变化趋势（1961—2016 年）

苹果在世界各地广泛种植，其中亚洲产量占 60%。中国是世界最大的苹果生产国，约占全球产量的 1/2。2016 年世界总产量约 8 900 万吨（图 1.14），中国产量最大，美国排名第二。其他主要生产国包括波兰、土耳其、伊朗。

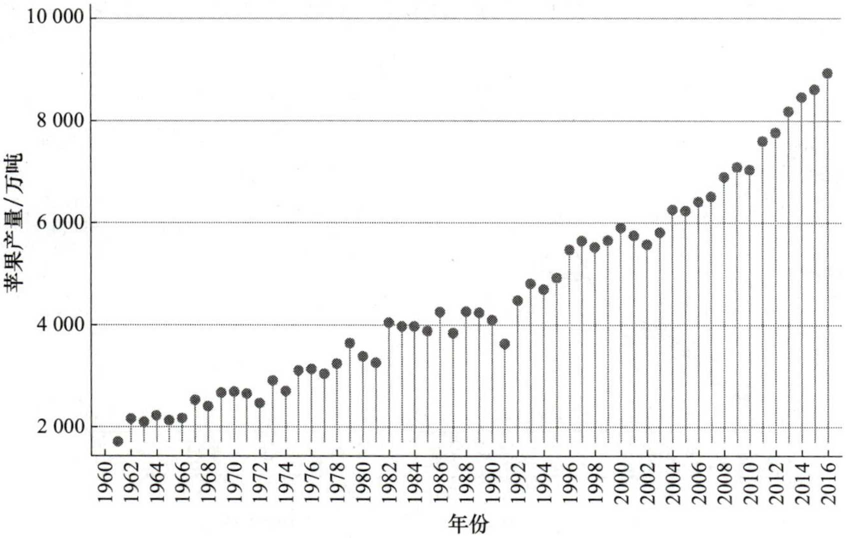

图 1.14　全球苹果产量变化趋势（1961—2016 年）

香蕉在 2016 年的总产量约 1.1 亿吨（图 1.15），而亚洲是香蕉的主要生产地区。在世界各国中，产量最大的是印度，年产香蕉约 3 000 万吨，占世界产量的 30%。其他生产国包括：中国 1 200 万吨、印度尼西亚 700 万吨、巴西 700 万吨、厄瓜多尔 700 万吨。

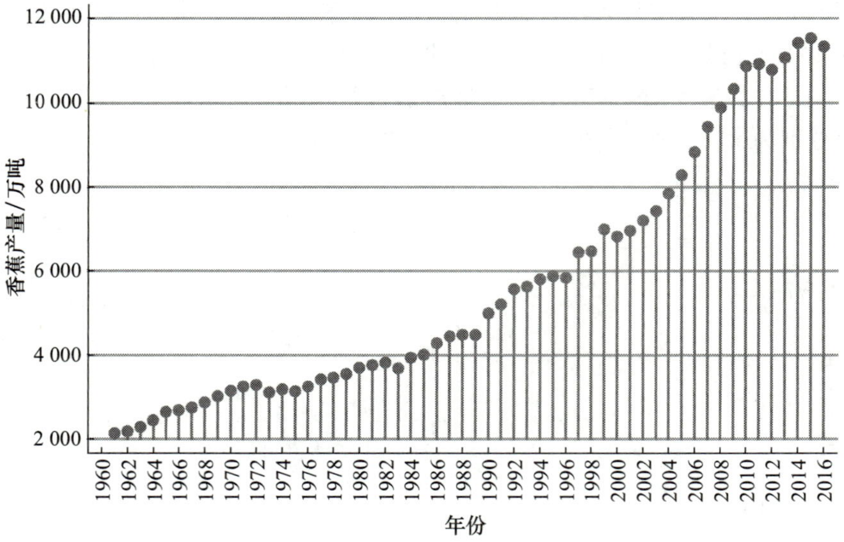

图 1.15 全球香蕉产量变化趋势（1961—2016 年）

1.2.4 畜牧业

1. 养牛业

养牛业是世界畜牧业中产值最大的部门（图 1.16），牛奶和牛肉是养牛业的主要产出。全球牛的存栏量约为 17 亿头，其中水牛 1.9 亿头。牛在世界各地均有分布，而水牛则主要分布在亚洲的印度、巴基斯坦、中国等国家或地区。2016 年，全球牛奶产量 6.6 亿吨，其中水牛奶 1.1 亿吨。牛奶主要生产国家和地区为欧盟约 1.5 亿吨、印度约 1.4 亿吨、美国 9 300 万吨、

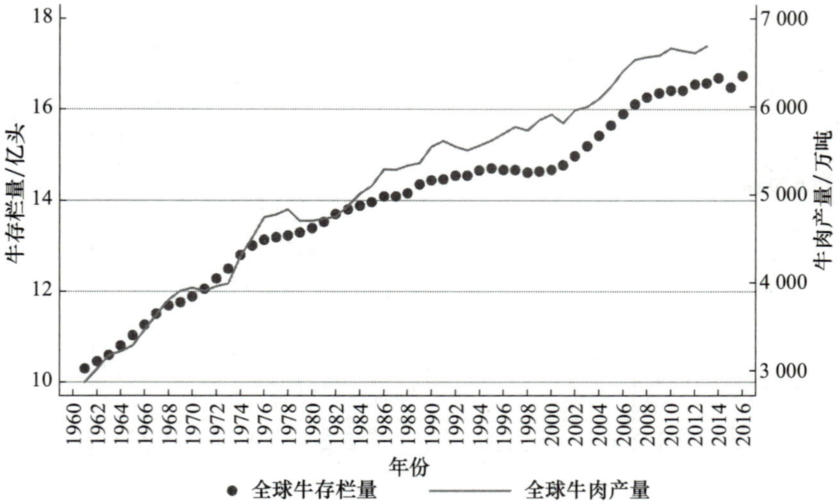

图 1.16 全球牛存栏量和牛肉产量变化趋势（1961—2016 年）

中国 3 600 万吨。牛肉生产是养牛业的重要组成部分，在全球畜牧业中的规模仅次于牛奶，美国、巴西、欧盟、中国、阿根廷是世界主要牛肉生产国家和地区。2016 年，全球牛肉产量约 6 300 万吨。

2. 养猪业

全球猪的存栏数约为 10 亿头，亚洲占 60%。中国、欧盟、美国是主要猪肉生产国家和地区。2016 年，全球的猪肉产量为 1.2 亿吨（图 1.17）。其中中国的猪肉产量约占全球产量的 50%，是全球最大的猪肉生产国和消费国。

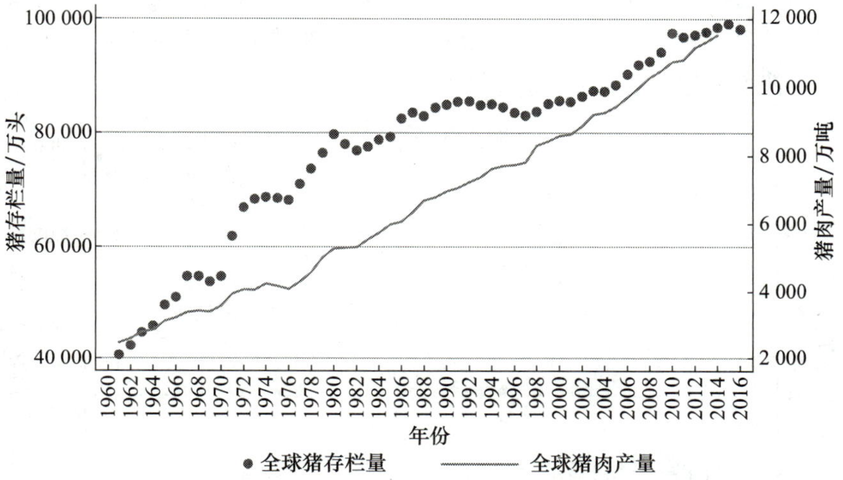

图 1.17 全球猪存栏量和猪肉产量变化趋势（1961—2016 年）

3. 养禽业

2016 年全球鸡的存栏数约为 230 亿只，主要分布在亚洲和美洲，其中亚洲超过 1/2，美洲占 1/4。2016 年，全球鸡肉产量约 1 亿吨（图 1.18）。美国、中国、巴西是世界三大鸡肉生产国，产量分别为 1 900 万吨、1 400 万吨、1 300 万吨。鸡蛋是养禽业的重要组成部分，2016 年，全球鸡蛋总产出约为 7 400 万吨。2016 年，全球鸭子的存栏数为 12 亿只，约 90%

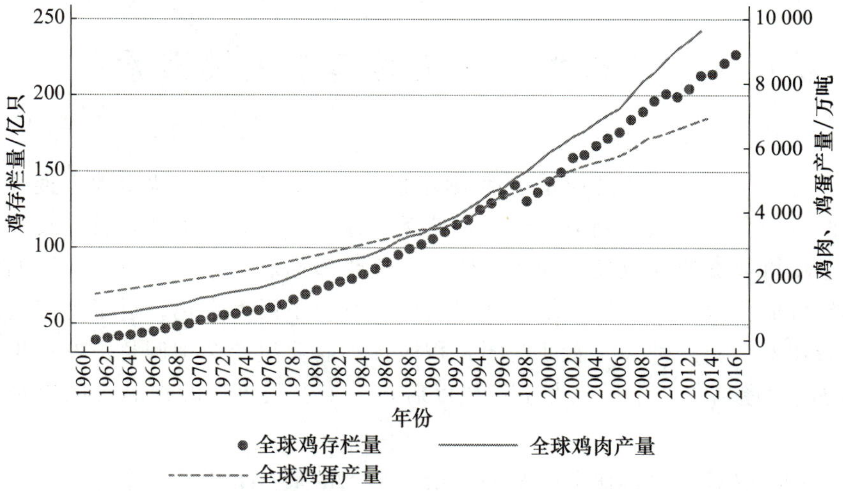

图 1.18 全球鸡存栏量和鸡肉、鸡蛋产量变化趋势（1961—2016 年）

分布在亚洲，其中中国就有 8.2 亿只。2016 年全球鹅的存栏数为 3.8 亿只，其中有 2.7 亿只分布在中国。2016 年全球火鸡存栏数为 4.7 亿只，主要分布在美洲和欧洲，其中美国火鸡的存栏数占全球的 1/2。

4. 养羊业

2016 年全球羊的存栏数约为 22 亿头（图 1.19），包括绵羊 12 亿头，山羊 10 亿头。绵羊广泛分布于亚洲、非洲、美洲、欧洲、大洋洲，而山羊则主要分布在亚洲和非洲。2016 年，全球绵羊肉产量 860 万吨。中国的产量最大，年产绵羊肉 230 万吨。其他生产国包括：澳大利亚 68 万吨、新西兰 48 万吨。2016 年全球山羊肉产量为 560 万吨，主要产自中国、印度、巴基斯坦、尼日利亚、孟加拉国。2014 年，全球羊毛产量为 200 万吨。羊毛的主要生产国为中国、澳大利亚、新西兰。

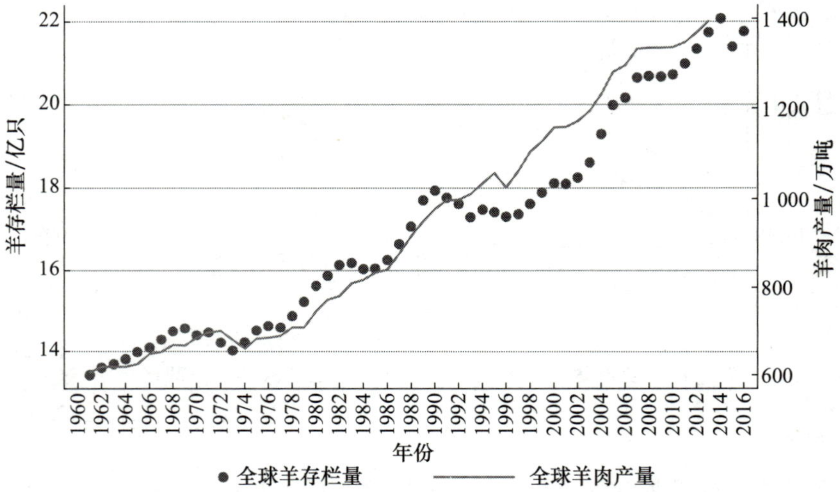

图 1.19 全球羊存栏量和羊肉产量变化趋势（1961—2016 年）

1.3 世界农业结构的特点及演变规律

1.3.1 影响世界农业生产结构的三个关键因素

1. 第一是农业科学技术的应用

在农业经济学中，有一条规律是土地报酬递减。也就是在同一块土地上连续追加生产资料，农产品产量会呈现递减的趋势。但是，这条规律有一个假设条件，就是技术不变。先进生产技术的应用可以突破报酬递减规律的约束，逐步增加农产品的产量。美国的农业在二十世纪中叶实现机械化以后，其生产结构和组织体系发生了巨大变化。近半个多世纪以来，美国通过采用新技术、新品种和开发新资源，积极推动农业生产结构调整。农业生产率平均每年以 1.5％的速度递增，二十世纪九十年代以后，一个农民生产的食品可以满足一百多个人的需要。

在亚洲，泰国政府十分重视新品种的引进。二十世纪六十年代后期，泰国通过引进菲律宾水稻研究成果培育出高产稻种，并大面积推广种植，使泰国稻米产量大幅度增加。二十世纪六七十年代，泰国稻米产量为 1 000 多万吨，2007—2014 年期间，泰国稻米产量达到 3 160 万吨以上。

2. 第二是需求结构的改善

随着经济增长和各国人民生活水平的提高，食品的消费结构发生了明显变化，主要表现在植物性食品消费减少，动物性食品增加。在摄取的食物营养结构中植物性蛋白减少，动物性蛋白增加。对食品的选择上也向多品种、高质量转变，水果、蔬菜的消费量逐渐增加。近年来，随着环境污染加剧和食品安全意识提升，人们转向消费少污染、无危害的有机食品、自然食品和绿色食品。这些食品成为二十一世纪人们的最佳选择。

3. 第三是世界农产品贸易环境的变化

现代农业生产是一个开放性系统，日益发达的农产品贸易正在把不同类型的国家和地区纳入国际轨道，世界农产品贸易结构格局的改变会影响到各个国家和地区农业生产格局。几十年来，农产品贸易的品种结构趋于多样化，主要是初级农产品（包括谷物、油料等）在国际农产品贸易中的比重不断下降，加工农产品、蔬菜、水果等高价值产品的贸易比重不断上升。

乌拉圭谈判结束之后，世界农业进入一体化的格局。各个国家和地区将在世界范围内进行农业生产资源的配置，按照比较利益原则调整各自农业生产结构将是各个国家和地区在今后一个时期内进行农业活动的依据。

从第二次世界大战到现在的几十年间，随着农业所处的内外环境的变化，世界农业生产结构在不断地进行调整。虽然各国的农业发展水平不同，所具有的农业资源禀赋不同，但是各国在从传统农业向现代农业、自给半自给向商品经济的转变的过程中，都发生了一些类似的变化，这使世界农业生产结构呈现出一些共同特点。

1.3.2　世界农业生产结构的演变规律

二十一世纪是农业可持续发展的世纪，农业将以人口、资源、经济、社会、环境共同发展的模式进行生产。而面对着各方面的压力，农业的生产结构将进一步重视合理利用资源，发挥区域的自然和经济优势，依靠科技进步，运用生物技术，发展高产、优质、高效、低耗、安全的农业。

1. 种植业中粮食作物将稳定发展，经济作物比重将继续加大

世界人口正处在不断膨胀的过程中，粮食安全是世界各国普遍关注的问题，因此粮食作物的生产将继续呈现稳定增长的趋势。大豆产量快速增长，种植业内部将实现产业结构升级，高集约度、高附加值的经济作物的比重将不断上升，发展中国家正从单一的种植业中摆脱出来，是推动这种趋势的主要力量。

2. 畜牧业的快速发展，将带动饲料作物的发展，种植业内形成粮食作物、经济作物、饲料作物比重三分天下的局面

畜牧业能够比种植业创造出更多的产值。发达农业国家的畜牧业和种植业的比重几乎各占 50%，因此，发达国家种植业中牧草和饲料作物均占较大的比重。发展中国家由于畜牧业也逐渐被重视，畜牧业在农业中的比重呈不断上升趋势。无疑这将促进玉米、大麦等饲料作物的生产，粮食作物和经济作物的二元结构将逐步转变为粮食作物-经济作物-饲料作物的三元结构。

3. 牛肉增长放缓，猪肉、鸡肉快速增长，比重提高

世界禽肉发展迅速，自二十世纪八十年代中期以来，禽肉生产在其他肉类中保持了最稳定的增长，全球增长率为6%。集约化生产、行业的纵向结合以及相对廉价的饲料是禽肉产量继续增长的主要因素。

4. 农业生产正逐渐从数量型向质量型过渡

随着世界各地人均收入水平的不断提高，质量高、安全性好、花色品种繁多、包装精美的农产品将越来越受到消费者的青睐。发展名特优产品、创造名牌将是各国竞争农产品国际市场的重要战略选择。

5. 绿色环保的有机食品将有很大发展

面对资源衰竭、环境恶化，农业可持续发展已在世界各地形成共识。二十一世纪是生态农业的世纪，无污染、安全性好、质量高的绿色和有机食品将成为消费者的首要选择。从世界范围来看，近年来有机食品市场规模的增长率都在10%以上。其中中国在2014年有机食品的销售额达到世界第四位，位于美国、德国、法国之后。

6. 农业生产结构向农工商一体化模式演化

从产业经济学角度看，传统的农业生产结构转向农工商一体化模式是发达国家现代农业成长的一个必然趋势。随着农业生产的专业化、社会化水平的提高，农业产业链不断延伸，农工商一体化得到了迅速发展。农业部门各生产单位、城市和乡村与农业有关的产业部门围绕农业投入与产出、生产与销售展开协作，使农业部门及其关联部门出现规模化、集中化趋势。在发达国家，一方面，国家通过对农场生产的计划控制和价格支持，使农场规模和专业化程度不断提高；另一方面，国家又通过对农业投资刺激了农村社会化服务产业的发展，并吸引城市工商业流向农业，从而形成农工商一体化模式。随着组织形式的变化，农业生产结构也随之调整，并不断向高级化演进。从世界范围来看，农业生产表现出以下趋势：第一，随着农场数量的下降，农场的平均规模不断扩大；第二，每个农场生产的产品品种下降，专业化程度提高；第三，非农收入成为农场收入的主要来源；第四，大体有45%的农场雇用工人。

复习思考题

1. 结合实际谈谈2008年国际金融危机对世界农业有何影响。

2. 世界农业GDP仅占世界GDP的4%左右，为什么说农业仍是当今世界最重要的产业部门？

3. 世界农业生产演变的规律是什么？其背后的推动因素是什么？

第2章 世界农产品贸易

2.1 比较优势理论

传统的贸易理论支持自由贸易，比如李嘉图（David Ricardo）的比较优势理论（表2.1）。该理论表明：遵循比较优势可以从专业化和贸易中获益。即便一个国家在所有的生产部门中都有绝对优势，比较优势理论也成立。

表2.1 李嘉图的比较优势理论

比较国	葡萄酒	布
英国	120	100
葡萄牙	80	90

葡萄牙在葡萄酒的生产上具有比较优势（80/120<90/100），英国在布的生产上具有比较优势。两个国家都可以从专业化和贸易中获益，葡萄牙放弃一单位布，生产90/80=1.125单位的葡萄酒。英国增加一单位布的生产，只需放弃100/120=0.833单位的葡萄酒。一单位布的国际贸易价格应当介于这两者之间，随着供求关系的变化而变化，这样，两个国家的消费者都得到好处。

关于国际贸易，李嘉图之前有斯密的绝对优势理论，之后有赫克歇尔-俄林定理以及其他理论，但是比较优势理论的地位一直没有被动摇过。

2.2 WTO与农产品贸易

2.2.1 关贸总协定

作为WTO的前身，关贸总协定（General Agreement on Tariffs and Trade，GATT）成立于1947年。在国际贸易组织成立之前，它没有获得稳定的法律地位，只是一个“临时适用”的协定。当时，各缔约方起草了建立国际贸易组织的《哈瓦那宪章》，但该宪章在履行各缔约方内法律批准时遇到阻碍，特别是当时极力主张贸易自由化的美国没有批准该宪章，因而拟议中的国际贸易组织被迫流产。这样，关贸总协定作为临时适用的调整多边贸易关系的协议一直适用了47年之久，并在此期间演变为一个组织多边贸易谈判、管理多边贸易协议、解决国际贸易争端等职能的机构。

关贸总协定的重要职能之一是组织多边贸易谈判，通过谈判要求缔约国削减贸易壁垒，逐步实现贸易自由化。关贸总协定在1947—1993年期间组织了八轮多边关税与贸易谈判，其中第五轮称为“狄龙回合”，第六轮称为“肯尼迪回合”，第七轮称为“东京回合”，第八轮称为“乌拉圭回合”。通过谈判和实行关税减让，发达国家的工业产品平均关税已经从原来的40%左右下降到4.7%，发展中国家的关税也下降到13%左右，大大促进了国际贸易的发展，推动了世界经济的增长。

各缔约方通过谈判减免了关税、规范了非关税措施，为国际贸易的自由化做出了极大的贡献。但它的先天不足也逐渐显现出来，成为国际贸易自由化进一步发展的障碍。这些不足表现在：

（1）关贸总协定属于临时协议，而不是正式生效的国际公约，法律效力有限；

（2）关贸总协定没有国际公认的法人地位，缺乏组织基础；

（3）关贸总协定管辖的范围仅限于货物贸易，其中农产品、纺织品、服装还不受其约束，而对于发展迅速、在国际贸易中所占份额日益增加的服务贸易、技术贸易以及国际投资问题没有涉及；

（4）关贸总协定的争端解决机制作用有限，它要求所有缔约方以“完全协商一致”的方式做出决策，即只要有一个缔约方不同意争端解决专家小组的仲裁结果，该仲裁报告就不能通过。

2.2.2 世界贸易组织

二十世纪九十年代初，首先由意大利提出了建立多边贸易组织的倡议，后得到加拿大、美国等国的支持，经过多次谈判，1993年11月形成了《建立多边贸易组织的协议》，后根据美国的提议，将拟议中多边贸易组织改名为“世界贸易组织”（简称WTO）。1994年在马拉喀什部长会议上通过了《建立世界贸易组织协定》。1995年1月1日世界贸易组织正式成立。

1. WTO的基本情况

与GATT只是一系列的规则不同，WTO是一个永久性机构。WTO的覆盖范围包括贸易、服务以及与贸易相关的知识产权，而GATT只适用于商品贸易。GATT虽然也是以多边谈判为主，但许多协议是双边的，而WTO则完全是多边的，任何协议适用于所有成员。GATT的争端解决得较慢，而WTO的争端解决较快，阻碍较小。

WTO的总部设在瑞士日内瓦。世界贸易组织的主要职能：组织实施各项贸易协定；为各成员提供多边贸易谈判场所，并为多边谈判结果提供框架；解决成员间发生的贸易争端；对各成员的贸易政策与法规进行定期审议；协调与国际货币基金组织、世界银行的关系。

世界贸易组织的宗旨：提高生活水平，保证充分就业，稳步提高实际收入和有效需求；扩大货物和服务的生产与贸易；坚持走可持续发展之路，各成员应促进对世界资源的最优利用、保护和维护环境，并以符合不同经济发展水平下各成员需要的方式，加强采取各种相应的措施，积极努力确保发展中国家，尤其是最不发达国家在国际贸易增长中获得与其经济发展水平相适应的份额和利益。

世界贸易组织的目标：建立一个完整的，包括货物、服务、与贸易有关的投资及知识产权等内容的，更具活力、更持久的多边贸易体系，使之可以包括关贸总协定贸易谈判的成果和乌拉圭回合多边贸易谈判的所有成果。

世界贸易组织的基本原则：非歧视原则，包括最惠国待遇和国民待遇条款；可预见的和不断扩大的市场准入程度，主要是不断降低关税；促进公平竞争，致力于建立开放、公平、无扭曲竞争的自由贸易环境和规则，鼓励经济发展与经济改革。

部长级会议是世界贸易组织的最高权力机构，一般两年举行一次，讨论和决定涉及世界贸易组织职能的所有重要问题，并采取行动。部长级会议的主要职能：任命世界贸易组织总干事并制定有关规则；确定总干事的权力、职责、任职条件和任期以及秘书处工作人员的职责及任职条件；对世界贸易组织协定和多边贸易协定做出解释；豁免某成员对世界贸易组织协定和其他多边贸易协定所承担的义务；审议其成员对世界贸易组织协定或多边贸易协定提出修改的动议；决定是否接纳申请加入世界贸易组织的国家或地区为世界贸易组织成员；决定世界贸易组织协定及多边贸易协定生效的日期等。

部长级会议下设总理事会和秘书处，负责世界贸易组织日常会议和工作。世界贸易组织成员资格有创始成员和新加入成员之分，创始成员必须是关贸总协定的缔约方，新成员必须由其决策机构部长会议以 2/3 多数票通过方可加入。

2. 乌拉圭回合与农产品贸易谈判

关贸总协定东京回合谈判结束后，特别是第二次石油危机以来，世界经济陷入停滞不前的困境。由于主要发达国家的经济低迷，危及广大发展中国家初级产品的出口，使得发展中国家陷入了出口不振、经济增长放缓和严重的债务危机。在这种背景下，如何通过发展国际贸易来刺激各国经济增长，成为国际社会亟待解决的课题。1986 年 9 月，各国部长聚集在乌拉圭的埃斯特角城，决定发起关贸总协定历史上新一轮多边谈判——乌拉圭回合谈判。值得指出的是：关贸总协定成立近四十年来，进行了多轮多边贸易谈判，但直至 1986 年启动的乌拉圭回合谈判中，农业问题才第一次被纳入谈判议程。

1995 年 1 月 1 日，世界贸易组织取代关贸总协定开始运转，乌拉圭回合农业协议（URAA）也正式生效。该协议实施的目标和任务，在于消除国际农产品贸易中的扭曲现象，实现农产品贸易自由化，保障农产品贸易在公正和公平竞争的国际市场环境中运行。乌拉圭回合谈判达成的农业协议规定了各成员方农产品贸易的基本规则，成为 WTO 各成员方农业政策调整的主要依据。

2.2.3 《农业协议》的要点

《农业协议》（Agreement on Agriculture）主要涉及四个领域：市场准入、出口补贴、国内支持和卫生与植物检疫。各成员在乌拉圭回合中就以上几个方面均达成了实质性的协议，并规定了六年的执行期（1995—2000 年）。《农业协议》的要点具体包括以下几个方面：

1. 市场准入（market access）

第一，所有非关税措施（数量限制、进口差价税、最低进口价格、随意的进口许可证、通过国有贸易企业维持的非关税措施、自愿出口限制及普通关税以外的其他边境措施等）都被约束关税所替代，即关税化——将非关税措施转化为等值关税。关税化一方面使市场控制更加透明；另一方面为进一步谈判奠定了基础。但关税化也付出了极高的代价，由于所谓的肮脏关税化和关税削减的不平衡分布的共同作用，许多商品关税化以后税率极高，保护水平不降反升。肮脏关税化就是指许多国家在关税化过程中利用统计数字人为地抬高过去非关税措施的关税等值，从而使约束关税水平提高。而关税削减的不平衡分布是指由于采用简单算术平均的方法计算关税削减，只要对特定产品的关税削减不低于 15%，成员可以在各种商品之间分配削减承诺，结果是重要的高关税产品削减的幅度小，而不重要的低关税产品的削减幅度大，从而降低了关税削减的实际效果。

第二，发达国家在六年内以基期（1986—1988年）为基准平均削减普通关税和关税等值的36%，发展中国家在十年内（1995—2004年）削减24%。每项产品的关税等值削减率发达国家至少为15%，发展中国家至少削减10%。各成员任何一项农产品进口的执行关税必须控制在其所承诺的约束水平以内。

第三，通过采用关税配额制度来保证最低限度的市场准入。当基期的进口不足国内消费量的5%（发展中国家为3%）时，则要建立最低进口准入承诺。在执行期的第一年，所承诺的进口准入机会应为基期国内消费量的3%，执行期满时应扩大到5%。对最低准入承诺数量以内的进口产品征收低关税，超过准入数量以外的部分征收高关税。当成员在基期时的某项农产品进口超过其国内消费量的5%时，协议要求维持现有的市场准入机会。

第四，为了避免关税化后的进口急增冲击国内市场，引入了特别保障条款。即当某项农产品的进口数量突然增加或到岸价格跌破一定限度时，允许进口国征收进口附加税。但税率最高只能达到约束税率的1/3，且征收期仅限于当年。

第五，触发水平包括价格触发和数量触发。价格触发是指当某项进口农产品的到岸价格低于该农产品1986—1988年基期进口参考价格的10%时，数量触发则是指某项农产品的进口数量突然增加并超过一定限度时。数量触发根据市场准入机会的规模分为三个档次，市场准入机会小于或等于10%时，触发水平应为125%；市场准入机会高于10%但低于或等于30%时，触发水平应为110%；市场准入机会高于30%时，触发水平为105%。

2. 出口补贴

出口补贴是为提高本国产品的竞争力而给予的补贴，一直以来是以美欧为主的发达国家向国际市场倾销其剩余农产品的重要工具。仅欧盟就占世界全部出口补贴的约85%。乌拉圭回合农业谈判就补贴问题达成协议。

第一，禁止引入新的出口补贴。如果成员在基期对某项农产品没有出口补贴，则禁止在未来对该项农产品实施出口补贴。

第二，现有出口补贴以产品为基准进行削减。发达国家在六年执行期内以基期（1986—1990年）为基准削减出口补贴的36%和补贴出口量的24%，发展中国家在十年内（1995—2004年）削减出口补贴的21%和补贴出口量的14%。

第三，出口补贴的具体内容是指：A. 政府或其代理机构依据出口业绩向公司、产业、生产者、销售商、合作社或营销机构支付的直接补贴，包括实物补贴；B. 政府或其代理机构以低价（低于国内同类农产品收购价格）直接出口或处理非商业性库存；C. 所有由政府行为支持的对出口农产品的支付，包括对该农产品及投入农产品由税收变化导致的支付；D. 对农产品的市场营销或国际国内运输费用提供的补贴。

第四，对加工农产品的出口单位补贴量绝不能超过对该初级产品直接出口的单位补贴量。

第五，国际粮食援助应尽可能采用无偿赠予的形式，与对受援国的商业性出口没有关系。

第六，发展中国家可以保持市场营销和国内运输补贴。

3. 国内支持

为限制对国内生产和贸易产生扭曲作用的支持措施，国内政策被分为“黄箱”政策、

“蓝箱”政策以及“绿箱”政策三类。

“黄箱”政策：所有对贸易和生产具有扭曲作用的政策（除个别包括在“蓝箱”中的政策外）均属于“黄箱”政策。采用综合支持量（AMS）来衡量，发达国家有义务在六年时间内在基期（1986—1988 年）基础上削减 20%，而发展中国家在十年内（1995—2004 年）削减 13%。根据微量允许原则，只要 AMS 总量不足国内农业产值的 5%，发展中国家不足 10%，就无须削减。发展中国家的一些“黄箱”政策也列入免予削减的范围，主要包括：农业投资补贴；对低收入或资源贫乏地区生产者提供的农业投入品补贴；为鼓励生产者不生产违禁麻醉作物而提供的支持。

“蓝箱”政策：是直接与土地面积和动物数量相关的补贴，虽然与生产挂钩，但却起到限制产量或要求农民休耕部分土地的作用。它们对生产和贸易的扭曲比“黄箱”政策要轻。目前只有少数国家或地区使用该政策，包括欧盟、冰岛、挪威、日本、捷克、斯洛文尼亚。美国也曾使用过但已经停止使用该政策。“蓝箱”政策目前在减让义务之外。

“绿箱”政策：是指一项补贴对生产和贸易没有或很少有扭曲效果。它有两个根本特征，一是必须由政府来支付，而不是由消费者来支付；二是与价格补贴无关。它是指那些不针对任何特定产品的补贴项目以及向农民提供的与现有生产和价格无关的直接收入支持。因此，“绿箱”政策只要符合标准，没有设定减让义务[①]。

4. 动植物卫生检疫协定（SPS）

《农业协议》的第十四条规定各成员同意实施关于动植物卫生检疫的协定。该协定一方面承认各成员有必要为保护人类、动物或植物的生命或健康而采用或实施必要的措施，另一方面强调这些措施不能成为阻碍正常国际贸易或进行不合理歧视的借口和手段。

动植物卫生检疫协定包括以下几个要点：第一，规则的协调一致性。鼓励成员参与各种国际标准制定组织并采用这些组织制定或推荐的标准及原则。或尽量采用其他国家相同的动植物检疫措施。第二，科学性。当成员采用与国际标准不同的卫生标准时，必须提供科学的证据。风险评价方法尽可能采用国际标准，且应具有一致性。第三，透明性。成员应将所有将要和正在执行的 SPS 措施通知 WTO 秘书处，同时要求成员建立一个联系点以便于其他成员进行咨询和联系。第四，协商和争端解决。涉及成员之间检疫措施合法性问题，确立了详细的争端解决程序和方法。成立由成员代表组成的争端解决机构。第五，风险评价。由于成员实施动植物卫生检疫的根本目的是尽量降低相关的风险水平，因此，确定风险评价的方法是 WTO 需要考虑的一个重要因素。在 SPS 中虽然没有明确具体的风险确定过程，但要遵循三个原则，即普遍认可的评价方法、被科学证据所支持、保护水平要适当。

5. 综合支持量（AMS）的计算

综合支持量指以货币形式表示的、有利于基本农产品生产者的对农产品提供的年度支持

---

① “绿箱”政策的具体规定包括在《农业协议》的第六条和附件 2 中，主要有以下项目。（1）政府的一般性服务，指向农业和农村提供一般性服务或福利的支出（也包括免除的税收）。（2）为安全目的建立的公共储备。（3）国内粮食援助，指向国内需要的人口提供粮食援助的开支（也包括免除的税收）。（4）对生产者的直接支付，包括免除的税收和实物支持。（5）对脱钩的收入支持。（6）政府对收入保险和收入安全网络项目的资金参与。（7）自然灾害救济支付（直接支出或以作物保险资助的形式支出）。（8）通过生产者退休计划提供的结构调整援助。（9）通过资源退出计划提供的结构调整援助。（10）通过投资援助提供的结构调整项目。（11）环境项目下的支付。（12）地区援助项目下的支付。

水平，或指有利于一般农业生产者的非特定产品支持，不包括各种可以免除削减义务的支持。综合支持量是衡量成员对农业进行支持的综合性指标。

综合支持量应以特定产品为基础进行计算，包括每一种接受价格支持、不可免除的直接支付或不属于免除削减承诺范围的补贴的农产品。既包括政府或其代理机构的预算支出，也包括放弃的税收。既包括国家一级的支持，也包括地方政府的支持。

6. 和平条款

该协议的第十三条“适当克制”条款规定：凡符合 WTO 要求的农业补贴免于其他国家的反倾销或其他抵消性行动。这一条款 2003 年到期。有了该条款，成员就不能根据 WTO 的其他条款采取行动。

但是，乌拉圭回合《农业协议》存在相当的局限性，主要体现在以下方面：

第一，关税峰值问题。乌拉圭回合谈判时，选 1986—1988 年三年为关税化基期，但这一时期世界农产品价格恰为二十世纪八十年代最低点。国际价格与各国国内保护价之间差别很大，从而使不少成员方农产品关税化后的关税达到相当高的水平，远远超出当时关税水平，存在不少关税高峰。

第二，关税等值问题。协议要求各成员方不再使用“非关税措施”。允许将各种“非关税措施”按一定公式折合成“关税等值”纳入原有关税，只实行统一关税，谓之“关税化”。但这样做的结果，使一些原采用很多“非关税措施”的成员方，在关税化后的关税水平，比原来采取“非关税措施”的保护程度还高得多，很不合理。

第三，关税减让承诺问题。一个成员方关税减让是以所有农产品关税的简单算术平均数为基础的。如果该成员方只对次要农产品削减了关税，就可保持重要农产品的关税少减或不减。

第四，市场准入机会和关税配额分配。容易由提供准入配额的成员方和主要出口方直接分配，排斥了其他出口成员方的机会，产生新的贸易歧视，出现不公平、公开、公正的“灰色区域”。

第五，国内支持和出口补贴的削减。对支持总量和政策范围讲，削减程度相当有限，对减少农产品保护主义的作用更加有限。

由于乌拉圭回合《农业协议》存在影响世界农产品贸易的缺陷，1995 年 WTO 成立后，即着手推动了新一轮的谈判①。WTO 农业谈判仍然集中在市场准入、国内支持以及出口补贴三大领域。

2.2.4 农业的多功能性与贸易谈判

1. 农业多功能性的定义

“多功能农业”这个概念是由经济合作发展组织在 1998 年正式提出的，更早于 1992 年出现在里约热内卢地球首脑会议上。其定义是：农业除了最基本的生产食物和纤维的功能，农业活动也形成了农业景观，提供环境利益，例如土壤保持、自然资源的可持续管理以及生物多样性的保护等等。当农业在扮演最基本的提供食物和纤维的角色以外还具有其他功能时，我们说农业具有多功能性。

农业的多功能性关注那些农民在市场上出售农产品以外的其他“产品”。这些产品的定

---

① 农业谈判往往艰巨而漫长，1999 年西雅图第三次部长级会议上，启动“新千年回合”的谈判严重受挫。

义非常广泛，但一般包括农村集体利益，数量众多的个体、家庭以及发达的当地经济。发达的当地经济依赖于两个重要因素：一个是当地农场经济产出，另一个是提供产出所需的农业产品或服务、农业雇佣人口和农村文化的持续健康。环境物品常常提及农业对生物多样性、洁净的空气与水、生物能源、改善土壤方面的贡献。农业多功能性的其他方面包括地区或国家的食物安全，景观价值，食品安全与质量，农场动物福利的改善。

以下六个方面可以定义农业多功能性的范围：

第一，可生存的农村社区。几个欧洲国家、日本和其他国家已经在小家庭农场、当地经济、当地食物传统上支持农业，这些农场作为地区经济产值的生产者以及当地食品供应者对于保持本地经济及文化传承具有重要作用。例如：法国 1998 年颁布的农业定向法中明确规定农场要提供就业机会并且要有适度的规模，以及对于独立的农场主或者对其有协作作用的配偶来说，是有合理的责任来这么做的。这部法律同样致力于扩大青年农民加入农业生产的机会，改进农业增值方法以及通过其他途径增加农业活动人数。

第二，环境价值。不同的农业实践会带来完全不同的环境影响。许多国家的政府政策意识到从环境利益角度上支持农业可以为公众带来净收益。农民们由于对生物多样性（尤其是野生物种），水质量的提升（或避免消极影响）以及提高土壤质量的直接、明确的贡献受到不同奖励。许多国家也支持生物能源工程，至少在某种程度上以推进清洁能源而非那些从石油中分离出来的能源为目标。

第三，食物安全。在农产品市场全球化的背景下，许多国家担心他们是否有足够的农业基础来避免对国际农产品贸易的过度依赖——无论从农场还是农业上。例如，对于像日本这样的国家，大米或其他主要产品生产的自给自足仍旧是一种核心文化，具有政治价值。对于发展中国家来说，食物安全的概念是最为紧迫的。世界市场上基本农产品供给的下降以及粮食价格的上升都强化了人们对食物紧缺的危机感。

第四，景观价值。许多国家都认识到农业在提升景观方面的重要性，尤其是小农场，具有美丽的农村景观。

第五，食品安全与质量。一些国家意识到从根本上提高食品质量与安全的重要性。尤其是澳大利亚和某些北欧国家已经在逐步发展有机农业。

第六，动物福利。在很多国家，提高农场动物福利具有一些硬性规定，农民必须遵守。某些国家通过提供标志或者某些方法途径来鼓励农民按照标准或比标准更为严格的规范来对待牲畜。

2. 各国对农业多功能性的不同态度

当多功能农业还没有形成时，多功能农业的概念在贸易谈判中已经成为一些国家保护农民和农村社区的政策的理由，在国际贸易谈判中是个非常有争议的问题。

凯恩斯集团国家已经强烈反对贸易条例中包含多功能性。美国基本上站在作为农产品出口者的凯恩斯集团一边，在打击任何在农产品全球贸易中设置贸易壁垒的国家上给予了极大支持。这些支持包括出口补贴和具体农产品产量挂钩的补贴，这些方面美国是反对者，也是个无节制的使用者。美国提供“绿箱”支持，同时又为“绿箱”和“蓝箱”政策的消除而辩护。

对于认同和发展农业多功能性的国家内部政策最为积极的支持者是欧盟、挪威、日本、韩国。这些国家或地区长时间致力于维护农业——尤其是中等规模、独立农场在经济、农村地区社会健康以及民族传统文化上的重要作用。欧盟已经在将“多功能农业”作为一个理念来发展上做出了显著的贡献。无论如何，多功能农业的理念很大一部分是在欧盟的农业政策史中形成的。

日本尤其坚持其在本国食物安全上的重要性。在日本，小农场也可以享受到大量的政策利益，还有一些普通的支持，来源于他们在传统日本文化中的中心地位以及在传统食物中的极高地位。第二次世界大战以后，日本鼓励大米的完全自给，直接或间接地阻碍从其他国家的大米进口。日本的大米市场在近几年只在一定程度上进行了开放。传统的农业劳作和传统的食物在一些国家被极为珍视，并且常常受到政府的支持。1999 年的“食物农业和农村地区基本法”鼓励许多功能目标，包括：国家食物安全、农村经济、环境保护。该法强调：农业除了提供食物之外，还有利于农村地区的稳定，有利于保护国家水、土地资源，有利于形成美丽自然景观和保持文化传统的角色。这项法律使得日本政府能够运用多种强有力的政策工具将本国产品凌驾于进口产品之上来保护食物自给。包括设定国家食品自给率，将进口明确定义为国内生产供不应求时的需要，其中并未提及低价格和相对生产效率，成为利用关税来保护本国生产不受侵害的依据。

2.3 世界农产品贸易状况

2.3.1 总体格局

全球经济正通过贸易不断融合，过去几十年世界经济发生了巨大变化，世界经济正朝着一体化的方向不断演进。支持这一判断最有力的事实是：全球商品和服务贸易的增长幅度已超过全球 GDP 的增长幅度。

1. 贸易量的变化

受 2008 年世界金融危机的影响，全球贸易规模大幅度萎缩，2009 年比 2008 年下降 20%。2013 年，全球商品贸易出口总额为 20 万亿美元，约占全球 GDP 总量的 30%。

世界农产品贸易也受到国际金融危机的冲击。2009 年世界农产品出口额下降了 10%，但 2010 年就恢复到了 2008 年的水平，2011 年则大幅度增长。2012 年以来，农产品出口额占世界商品出口额的比重从 2012 年的 7.3%提高到 2016 年的 7.9%，表明农产品贸易的重要性略有提高（表 2.2）。

表 2.2 2012—2016 年世界商品贸易和农产品贸易 万亿美元

项目	年份				
	2012	2013	2014	2015	2016
世界商品出口额	18.40	18.82	18.97	16.52	16.03
农产品出口额	1.34	1.40	1.41	1.26	1.26
比重	7.3%	7.4%	7.4%	7.6%	7.9%

资料来源：农产品出口数据来源于联合国粮农组织数据库，世界商品出口数据来源于 WTO 数据库。

农产品出口量只占世界农产品生产量的不足 10%，市场波动非常大。自 2005 年以来全球农产品价格大幅度上升，其中涨幅最大的是大米。受坏天气的影响，中国和印度，世界上两个主要的大米生产国和消费国（合计占世界市场交易量的 50%）库存量急剧下降，导致大米价格飙升。

农产品出口增长快于农业产出增长的事实没有改变农业贸易在整个世界贸易中的比重不断下降的局面。事实上农业贸易在持续发展增长的同时，其在整个商品贸易中的比重也持续下降，从 40 年前的近 1/3 下降到如今的 10%。

与全球经济一体化同步，全球农业也朝着一体化的方向发展。特别是乌拉圭回合谈判以来，农产品贸易规模在迅速扩大，已经明显快于全球农业 GDP 的增长率，现在，农业贸易增长长期低于一般商品贸易的局面正在改变。

世界农产品贸易的另一个重要特点是，发达国家的农产品贸易基本上是以自我为中心的。发达国家农产品出口的 70%是销往其他发达国家，发达国家农产品进口的 60%以上来自于其他发达国家。

在过去半个多世纪中，世界农产品贸易的增长主要源于发达国家，最大的增长来源于欧盟内部的贸易，达到世界农业贸易的 30%。而发展中国家的份额一直在下滑，从几乎 40%下降到二十世纪九十年代早期的 30%，直至今天的 25%。与此同时，发展中国家的农产品进口在全球农业进口中的份额也由过去不足 20%上升到 30%左右。

发展中国家的出口日益多样化。在过去的半个多世纪中，发展中国家农产品出口占一般商品出口中的份额大幅度下降，因此这些国家与过去相比，大大降低了对农业产品出口的依赖，并且它们正在快速成为全球农产品的最佳市场。二十世纪九十年代之前，发展中国家农产品贸易在大多数年份盈余。这种盈余状况已经随着时间而弱化，二十世纪九十年代以后的大部分时间在发展中国家的农业的出口和进口总量基本保持平衡。在某些年份里甚至出现了逆差。现在，无论是发达国家还是发展中国家，农产品贸易大致呈平衡状态。

2. 农产品贸易的地域特点

无论是发达国家还是发展中国家，农业与世界市场的联系日益密切，农产品贸易占农业总产值的比例不断提高。

发达国家之间农产品贸易表现出明显的地域特征。特别典型的是欧盟国家间的贸易，它们出口的 70%以上是销往其他欧盟国家，进口的 60%以上来自其他欧盟国家。欧盟国家之间的农业贸易总额占世界农产品贸易总额的 30%。加拿大和美国之间的贸易，虽然在绝对值和相对值上比欧盟间的贸易小，但 1980 年以来迅速增长，反映了日益重要的北美自由贸易协定（NAFTA）在贸易中的重要作用。

在不同的发展中国家和地区，农产品贸易状况是不同的。拉丁美洲及加勒比海地区在农产品贸易中一直处于农业净输出地区的地位，从二十世纪九十年代中期开始拉丁美洲和加勒比海地区农业的贸易盈余在扩大。同时，近些年来，亚洲和太平洋地区已经变为农业净进口地区，最引人注目的现象是撒哈拉以南非洲在国际农业出口市场的逐渐边缘化。该地区占全球农业出口的比重逐渐下降，在进口方面，出现相反格局：几乎所有发展中国家和地区占世界农产品进口的比重都在增加，但撒哈拉以南非洲地区是唯一的例外。

近年来世界农产品贸易的特征，大致可以总结为以下几点：

第一，全球经济，包括农业，通过贸易快速整合起来。农产品贸易增长率一直高于农业产出的增长率。

第二，发展中国家的经济日益多元化，它们比过去对农产品出口的依赖度下降了。发展中国家农业出口占总出口比重的下降，表明其由贸易多样化向制造业产品转变，和其相对的是农产品贸易的缓慢增长。

第三，发展中国家经济的快速增长使得对农产品的需求不断增长和日益多样化，正在迅速成为重要的农产品进口地区。

第四，无论是发达国家还是发展中国家，加工农产品在农产品贸易中的比重不断增加，伴随着农业政策改革，加工品贸易的迅速增长席卷全球。农业加工品的出口量比半成品的出口量增长要快，现在，农业加工品占全球农业产品出口份额的将近一半。

第五，在发展中国家超市正在成为一支重要力量。超市在发展中国家的普及促成了零售业的转型，并对小农户和农业组织有较大的影响，尤其是小规模农业生产结构为了适应超市的发展而发生了一些转变。

第六，与发展中国家作为一个整体相比，最不发达国家的农业与世界经济的联系正在弱化。变化最大的是撒哈拉以南非洲，该地区在国际农业出口市场的地位正在逐渐下降，该地区占全球农业出口比重从 40 年前的 10%下降到了目前的 3%。

2.3.2 全球主要农产品贸易

1. 主要粮食贸易

大米：2016 年全球大米出口 4 000 万吨（图 2.1），出口总价值 205 亿美元。东南亚是大米的主要出口地区，占全球大米产量的 25%。近十年来，由于大米需求的放缓，大米生产的增长也放缓了，尽管如此，该地区仍有相当数量的大米需要出口。主要出口国是泰国、印度、越南、巴基斯坦、美国，主要进口国是中国、沙特阿拉伯、贝宁、伊朗、科特迪瓦。

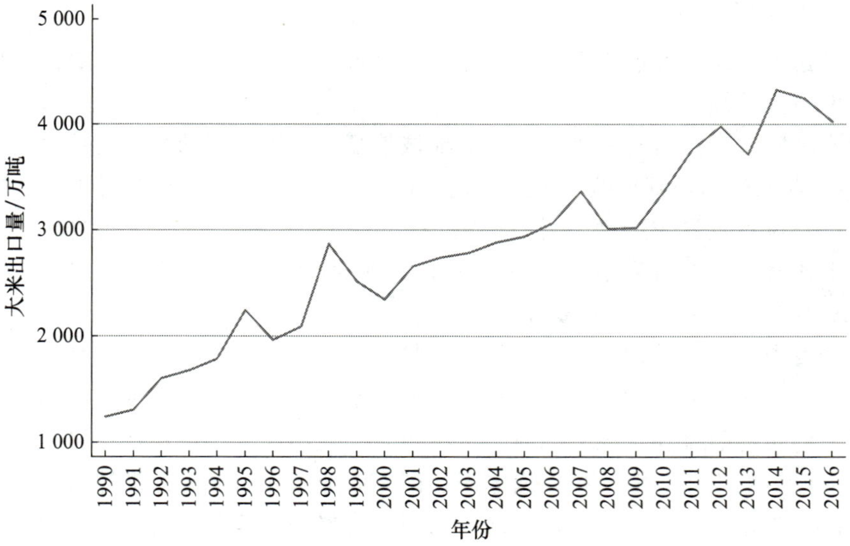

图 2.1 世界大米出口量变化趋势（1990—2016 年）

小麦：2016 年全球小麦出口 1.8 亿吨（图 2.2），出口价值 360 亿美元。美国是世界最大的小麦出口国，约占世界小麦出口的 20%～30%。2014—2016 年期间，美国、俄罗斯、加拿大、法国、澳大利亚是小麦的五大出口国家，这些国家占世界小麦出口的 80%以上。按价值衡量，是贸易额最大的农产品。近年来，美国小麦出口在全球的份额呈下降趋势。尽管如此，美国仍是世界上最大的小麦出口国。小麦的主要进口国家为埃及、印度尼西亚、阿尔及利亚、意大利、巴西等国家。

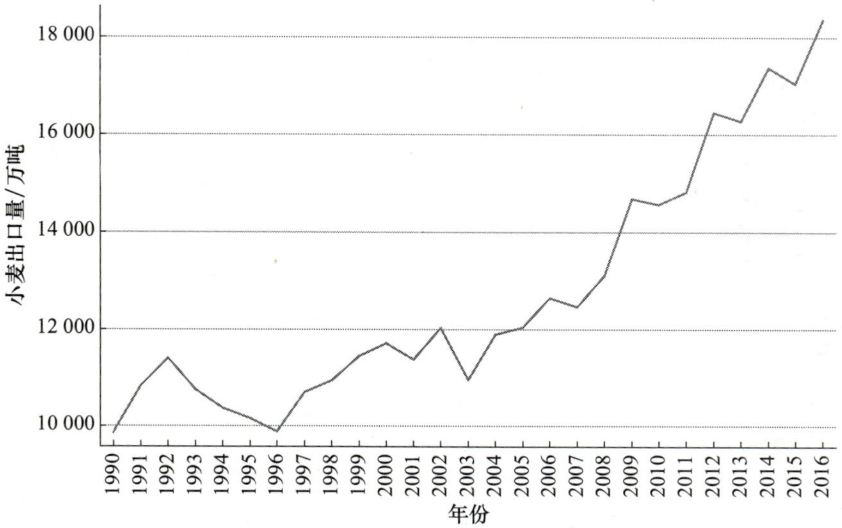

图 2.2　世界小麦出口量变化趋势（1990—2016 年）

世界小麦贸易以北半球的冬小麦为主，也有春小麦。另外，澳大利亚、阿根廷在南半球，小麦播种在北半球春小麦收获之后，可以对产量和价格做出反应。这些因素都有利于世界小麦市场的稳定。

玉米：2016 年全球玉米出口 1.5 亿吨（图 2.3），出口价值 280 亿美元。美国在玉米出口上居于垄断地位，其出口约占全球出口的 60%。其他重要的玉米出口国还有巴西、阿根廷、乌克兰、法国等国家。玉米的主要进口国是日本、墨西哥、朝鲜、埃及、越南。

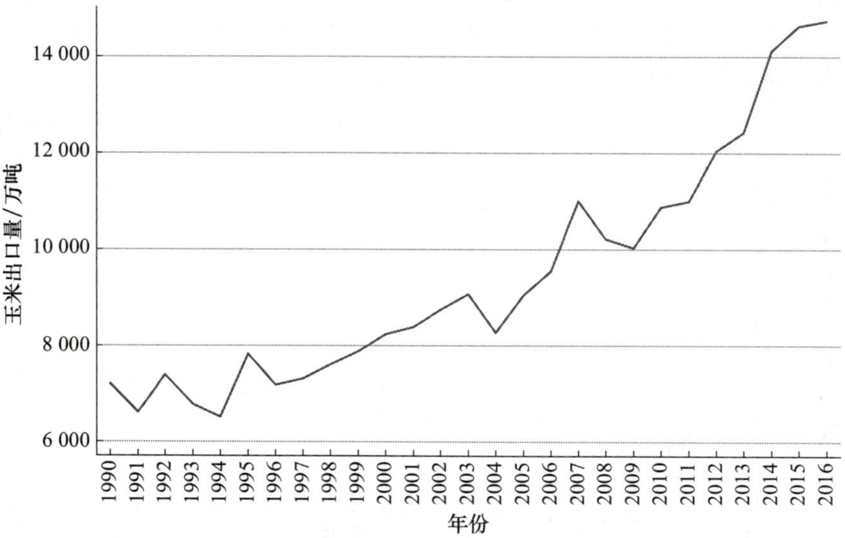

图 2.3　世界玉米出口量变化趋势（1990—2016 年）

大豆：大豆是全球出口价值最大的农产品。2016 年全球大豆出口 1.3 亿吨（图 2.4），出口总价值 520 亿美元。美国、巴西、阿根廷这三个国家主导着全球的大豆出口，其中美国的比重最大，但巴西和阿根廷加在一起的出口数量已经超过美国。其他重要出口国还包括巴拉圭和加拿大。大豆的主要进口国是中国、墨西哥、荷兰、德国、西班牙。其中中国 2016 年进口大豆 7 900 万吨，占全球大豆进口量的 60%。

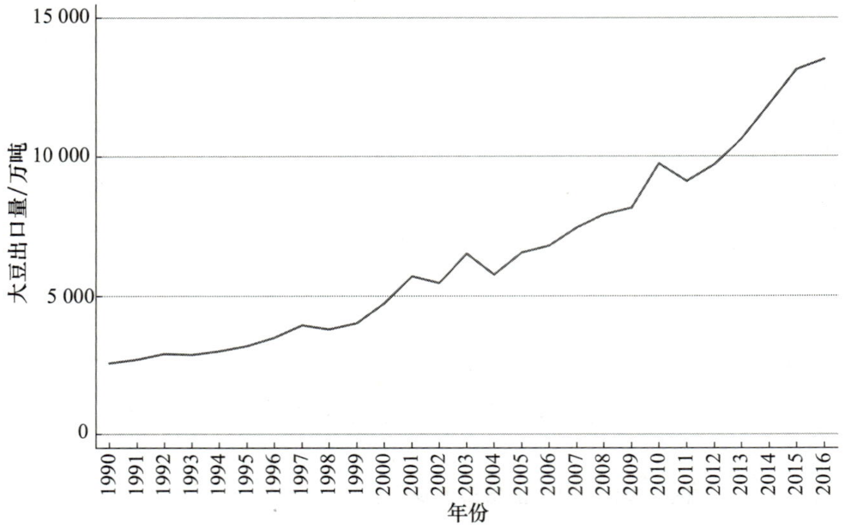

图 2.4 世界大豆出口量变化趋势（1990—2016 年）

2. 畜产品贸易

牛肉：2016 年，全球牛肉出口量为 570 万吨（图 2.5），价值 300 亿美元。澳大利亚、巴西、美国、印度、新西兰、巴拉圭是世界主要牛肉出口国，澳大利亚占的比重最大，巴西次之。美国是一个传统的牛肉出口大国，但由于 2003 年疯牛病的暴发，出口量大幅度下降，近年来，出口量虽然有所恢复，但还没有达到疯牛病暴发前的出口水平。牛肉的主要进口国为美国、日本、俄罗斯、中国。

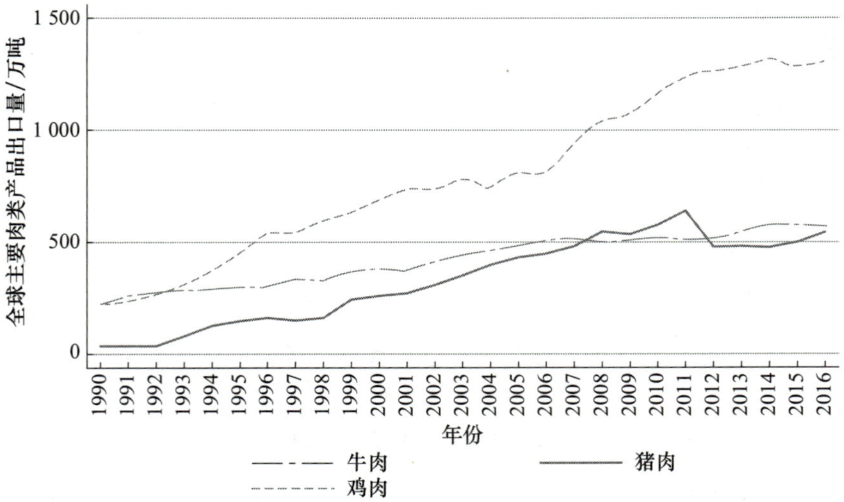

图 2.5 全球主要肉类产品出口量变化趋势（1990—2016 年）

猪肉：2016 年，全球猪肉出口量为 620 万吨（图 2.5），出口价值 150 亿美元。美国、德国、加拿大、西班牙、巴西是主要猪肉出口国，这五个国家的出口量几乎占世界猪肉出口量的 90%。中国虽然是一个猪肉生产大国，但其产量主要是满足国内需要，出口只占世界猪肉出口的 3%。猪肉的主要进口国为中国、德国、意大利、墨西哥、波兰。

奶产品：新西兰、欧盟、澳大利亚、美国是世界奶产品的主要出口地区。新西兰的奶粉出口占世界奶粉出口的 50%以上，欧盟占 35%。美国脱脂奶粉占世界脱脂奶粉出口的 27%。新西兰的黄油出口占世界黄油出口的 47%，欧盟占 18%。欧盟的奶酪出口世界第一，比重为 30%。

鸡肉：在过去的几十年里，世界鸡肉贸易快速增长。1990 年，全球鸡肉贸易仅为 220 万吨，2016 年鸡肉出口已达 1 300 万吨（图 2.5），出口价值 190 亿美元。美国、巴西是全球最重要的鸡肉出口国，这两个国家的鸡肉出口就占全球鸡肉出口的 50%以上。

2.4　世界粮食价格走势

小麦、玉米、大米和大豆的世界市场价格在 2005—2007 年期间几乎翻了一倍，2008 年虽然有所回落，但仍保持在近 10 年的平均水平上（图 2.6）。农产品价格的大幅度上涨是由一系列因素促成的：①主要粮食生产国的干旱；②粮食和大豆的低库存；③饲料作物被用来生产燃料；④不断上涨的石油价格；⑤美元近年来的不断贬值；⑥全球经济的不稳定导致了大量对农产品期货的投资。

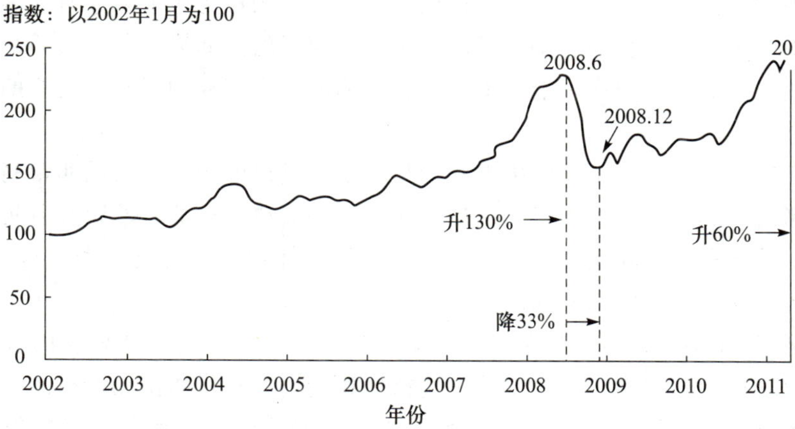

图 2.6　2008 年 12 月至 2011 年 4 月世界粮食商品价格指数上升 60%

资料来源：美国农业部经济研究局。

粮食价格上涨对世界经济的影响表现在以下几个方面：首先，粮食价格上涨可能加剧全球性的通货膨胀。因为粮食是最基础的需求，粮食价格的上涨可以传递到其他产业。其次，增加了粮食进口国的负担，这些国家将不得不用更多的外汇储备来购进粮食。最后，增加了贫困人口的范围和程度。粮食价格上升，会影响低收入人群食物的可获得性，从而使一部分人陷入贫困，原来的贫困人口的状况还会恶化。

要应对食品价格上涨，各国采取的主要措施总体上包括：

第一，市场管理政策。通过行政命令的方式进行价格控制，限制私人贸易商的库存，出售政府库存来平抑价格。这种方式的不利之处在于：抑制了生产者的积极性，对城市富裕阶层较为有利；降低私人部门参与市场的积极性。降低或废除对粮食产品的进口关税，这是为稳定国内粮食价格使用最广泛的政策。这一政策起作用的关键是原有的适用关税率较高，从而下调关税的空间较大。

第二，出口限制、出口征税、禁止出口。根据一项调查，在60个食品短缺的国家中，当食品价格大幅度上涨时，1/4采纳过某种形式的出口限制。出口限制加剧了国际市场的波动，对进口国家产生不利影响，而且会阻碍本国生产者对农业的长期投资。

第三，微观层次的直接干预。增加低收入消费者购买食物的能力：以现金为基础的收入转移、以食物获取为基础的方法、以保障食品供给为基础的方法。

2.5 附录：几个重要的贸易术语

关税：政府对进口商品征收的一种税。关税要么是从量关税，要么是从价关税。

关税配额：对进口货物的数量限制（配额），对高于该数量的进口征收较高关税。对配额量内的进口应用较低的关税税率。

配额内关税：应用在配额内进口的关税。配额内关税要低于配额外关税。

配额外关税：应用于超过配额量进口的关税。配额外关税高于配额内关税。

关税化：将非关税贸易壁垒转化为约束关税的过程。关税化是在乌拉圭回合协定下进行的，目的是提高现存农产品贸易壁垒的透明度和推进它们计划的削减。

约束关税税率：由关税与贸易总协定谈判或协定产生的作为国家减让时间表一部分的关税税率。约束税率是关税与贸易总协定条款Ⅱ中强制执行的。如果关税与贸易总协定条约一方参与者将关税提高到约束税率之上，那么受到影响的国家有权利以违反规则的出口等值进行报复或接受补偿。

特高关税：有效地阻止除了协定中准予的最低准入量以外全部进口的非常高的关税。关税化中一些著名的特高关税的例子包括基础关税，这些关税计算的是欧盟在谷物、糖、乳制品方面的关税；美国在糖、花生和乳制品方面的关税；加拿大在乳制品和禽肉方面的关税；以及日本在小麦、花生和乳制品方面的关税。

综合支持量（AMS）：综合支持量是一个衡量政府对一个部门支持程度的货币价值的指标。按照在农业协议中的定义，综合支持量包括预算支出和因扭曲市场价格的政策而从消费者转移到生产者的收入。综合支持量包括实际的和计划的对生产者的直接支付（如不足支付），投入补贴（如对灌溉用水的补贴），因扭曲市场价格的政策（市场价格支持）而从消费者转向生产者的收入的估计价值，以及商品贷款项目的利息补贴。综合支持量不同于边界农业措施（生产者补贴等值）。综合支持量排除了一些非商品特殊政策的估计收益（或成本）（如研究项目和环境项目），并且运用的是特殊的WTO定义的不足支付和市场价格支付措施。此外，WTO实施期（1995—2000年）最终的综合支持量调整为排除WTO特殊供应下的不足支付，即使WTO基期中的包括不足支付。

生产者补贴等值（PSE）：一个广泛定义的对农业支持的总量。它包括，由预算支出提供资金的对生产者的直接支付，对其他一些预计会对农业提供利益的项目（如研究、检测、环境项目）的直接支付，因为扭曲的市场政策而从消费者转向生产者的收入的估计值。PSE的百分比通常是指一国对农业生产者的支持总量与农场收入的比例，这一比例的大小衡量一国对农业生产者的支持程度。

非关税贸易壁垒：政府用于限制从其他国家进口或向其他国家出口的规则，包括进口禁令、进口配额和贸易技术壁垒。

特殊与差别待遇：该条款允许发展中国家向发达国家的出口接受优惠准入，无须与它们国内市场的相同待遇保持一致。

凯恩斯集团：1986 年在澳大利亚北昆士兰首府凯恩斯（Cairns）成立的一个组织，目标是消除关税壁垒，实际削减影响农产品贸易的补贴。这个组织包括以下国家：阿根廷、澳大利亚、玻利维亚、巴西、加拿大、智利、哥伦比亚、哥斯达黎加、斐济、危地马拉、印度尼西亚、马来西亚、新西兰、巴拉圭、菲律宾、泰国、南非和乌拉圭。该集团是乌拉圭回合多边贸易谈判中一个强势的联盟。

北美自由贸易协定（NAFTA）：成员国为加拿大、墨西哥和美国的一项贸易协定，于 1994 年 1 月 1 日生效，过渡期为 15 年。北美自由贸易协定的农业条款主要包括以下几方面：①实施期一开始立即消除非关税壁垒，主要是将非关税壁垒转化为关税配额或普通关税；②立即消除一部分关税，大部分在 10 年内消除，一些敏感产品的关税在 15 年内逐步消除；③特殊保障条款；④初始规则确保墨西哥不作为三个国家中向美国出口的平台。

经济合作与发展组织（OECD）：该组织成立于 1961 年。其目标是促进经济增长、就业，不断提高生活水准和财政稳定；协助成员和非成员发展中国家的经济发展；扩展世界贸易。成员国包括以下国家：澳大利亚、奥地利、比利时、加拿大、捷克、丹麦、芬兰、法国、德国、希腊、匈牙利、冰岛、爱尔兰、意大利、日本、卢森堡、墨西哥、荷兰、新西兰、挪威、波兰、葡萄牙、西班牙、瑞典、瑞士、土耳其、英国和美国。

复习思考题

1. 世界农产品贸易的现状和主要特点是什么？
2. 什么是农业的多功能性？农业多功能性在 WTO 贸易谈判中有何作用？
3. 近年来世界农产品价格大幅上涨的主要因素是什么？世界各国采取了什么应对措施？

第3章 美国农业经济

美利坚合众国（The United States of America），北与加拿大接壤，南靠墨西哥湾，西临太平洋，东濒大西洋。国土面积963万千米^2，东西长4 500千米，南北宽2 700千米，人口3.2亿，其中白人约占82%，黑人约占13%，亚裔约占3.3%，华人约160多万，多已入美国籍。通用英语。56%的居民信奉基督教新教，28%信奉天主教，2%信奉犹太教，信奉其他宗教的占4%，不属于任何教派的占10%。美国首都为华盛顿哥伦比亚特区。

美洲大陆原为印第安人聚居地。十五世纪末西班牙、荷兰、法、英等国开始向北美移民。1776年通过《独立宣言》，美国诞生。

美国是当今世界最大的经济体，也是最发达的资本主义国家。2016年GDP总量为18.6万亿美元，人均GDP约为58 000美元。美国的人均寿命为78岁。美国具有高度发达的现代市场经济，城市化率为82%，约18%的人口居住在农村。美国劳动生产率、国内生产总值和对外贸易总额均居世界首位。

美国1900年农业人口在全国人口中的比重约为40%。自1900年以来，美国农业人口和农村人口占全国总人口的比重都在下降。美国目前农业人口的比重不足2%，农业GDP占GDP的比重不足1%。

3.1 美国农业生产

3.1.1 农业用地

美国发展农业生产具有得天独厚的条件。总体上看，美国土地肥沃、雨量充沛、气候温和，适合农作物生长。美国本土为北温带和亚热带气候，全国大部分地区雨量充沛而且分布比较均匀，平均年降雨量为760毫米。土地、草原和森林资源的拥有量均位于世界前列。海拔500米以下的平原占国土面积的55%，有利于农业机械化耕作和规模经营，美国耕地面积约占国土总面积的20%，2016年为1.52亿公顷，人均为0.52公顷，远远高于世界平均水平。美国还有永久性草地2.5亿公顷。此外，美国有丰富的淡水资源，为农业生产提供了可靠的保障。美国农业也有不利的条件，如山脉多是南北走向，北方的寒流可以长驱直入，影响南部地区作物的生长。

3.1.2 美国的农场

1900年美国的农场数量为570万个，1930年左右增长到630万个，此后不断下降，1970年下降到290万个，目前稳定在220万个左右。在农场数量下降的同时，农场的平均规模不断扩大，1930 年，农场规模约为 150 英亩（1 英亩≈0.405 公顷），目前为 440 英亩。随着农场规模的扩大，农场的专业化程度不断提高，每个农场平均生产的农产品品种由 1930 年时的 4.5 个下降到目前的 1.3 个。

按照美国的分类标准，农场分为小规模家庭农场、大规模家庭农场和非家庭农场。农场总收入在 25 万美元以下的为小规模家庭农场，农场总收入在 25 万美元及以上的为大规模家庭农场。非家庭农场是指农场经营者不是农场的主要所有者。

小型家庭农场又分为退休农场、居住农场、职业农场三类。退休农场是指那些经营者已经退休，但仍然能够达到年销售额 1 000 美元的标准。居住农场是指经营者并没有将农业作为主要职业。职业农场是指经营者将农业作为主要职业。职业农场又分为低收入职业农场和高收入职业农场两类，前者是年销售额在 10 万美元以下的职业农场，后者是指年销售额在 10 万美元及以上、25 万美元以下的农场。

大规模家庭农场又以 50 万美元为标准，分为大型家庭农场和特大型家庭农场。那些年销售额在 25 万美元及以上、50 万美元以下的为大型家庭农场，而那些年销售额在 50 万美元及以上的家庭农场为特大型家庭农场。

按照美国的上述分类标准，小规模家庭农场占农场总数的 90%以上。

3.1.3 农业生产结构

美国农业的生产总量很大，美国的畜牧业和种植业并重，其产值之比大致相当。加利福尼亚州是美国最大的农业州，其次是得克萨斯州和艾奥瓦州。

1. 种植业

在很长时期内，美国一直是世界上最大的粮食生产国和出口国。从二十世纪八十年代初期起，其粮食产量被中国超过，从而退居为世界第二大产粮国。2016 年，美国的粮食总产量约为 4.8 亿吨，人均占有量 1 600 千克，名列世界第一。美国拥有巨大的粮食储备，粮食库存世界第一，近年来大致接近世界库存总量的 1/3。

小麦：美国是世界第三大小麦生产国，小麦总产量位居中国、印度之后。也低于欧盟 28 国的产量。无论是按播种面积还是按农场总收入衡量，小麦是美国继玉米和大豆之后的第三大作物。由于与其他作物相比，比较收益较低以及政府补贴项目允许更大的种植灵活性，小麦产量 1981 年达到顶峰后，已经下降了 30%，收获面积下降的幅度更大一些。2016 年，美国小麦收获面积约为 1 800 万公顷（图 3.1），产量约 6 300 万吨。美国小麦单产居世界之冠，每亩地单产接近 1 吨。大约一半的美国小麦用于出口，尽管如此，在过去的 20 年中，美国在世界小麦市场上的份额不断下降。

玉米：美国是世界玉米第一生产和消费大国。玉米是美国最重要的饲料作物，大约占美国全部饲料作物的 90%。2016 年，美国玉米的收获面积大约为 3 500 万公顷，产量 3.8 亿吨（图 3.2）。无论从产量还是从产值看，玉米都是美国最重要的农作物。玉米的主要用途是饲料、食品和工业产品如淀粉、调料、玉米油、乙醇等。美国是世界玉米市场上的主要供给者，大约 20%的玉米用于出口。近年来，美国饲料农场的数量不断下降，但大饲料农场（500 英亩以上）的数量增加。由于技术（品种、肥料、杀虫剂）和生产方法（轮作、灌溉、灾害管理）的改进，单产不断提高，玉米的总产量不断提高。

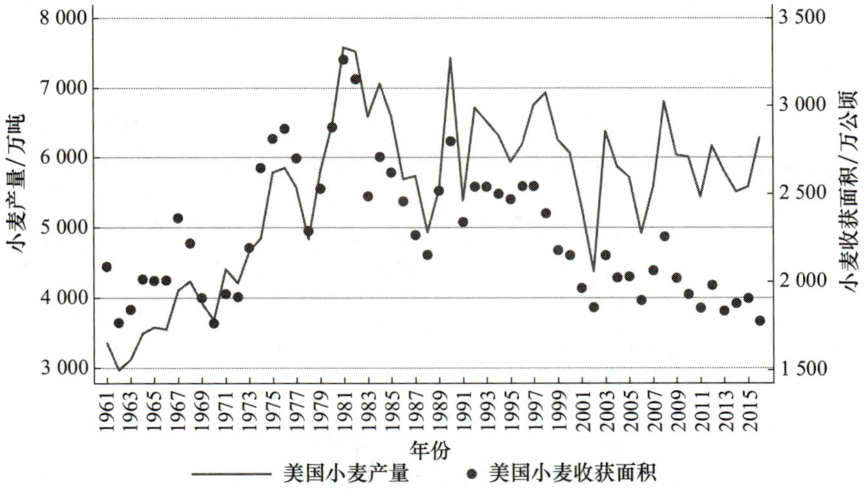

图 3.1　美国小麦收获面积和产量变化趋势（1961—2016 年）

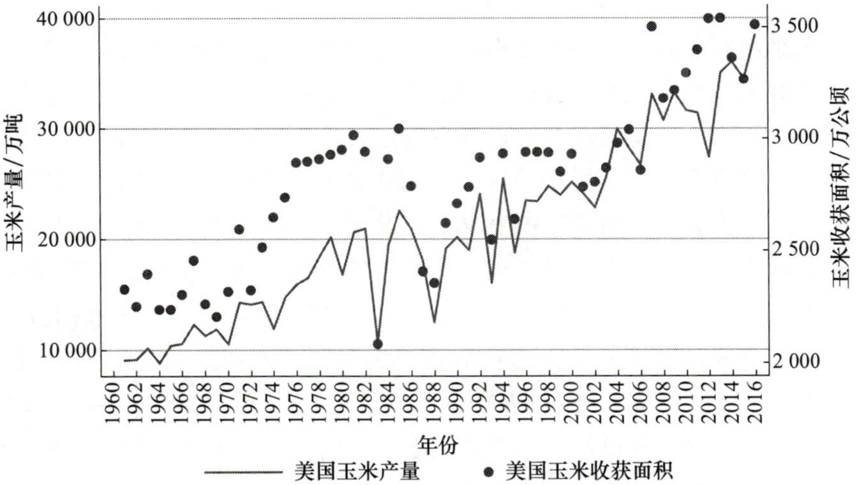

图 3.2　美国玉米产量和收获面积变化趋势（1961—2016 年）

乙醇：乙醇的主要生产地区为美国、巴西、欧盟，这三个地区占世界乙醇产量的 90%以上。乙醇可以从任何含有糖分的商品中提取，包括高粱、大麦、草甚至是废纸。在美国，玉米是用于生产乙醇的主要原料。美国用于生产乙醇的玉米快速增长，乙醇生产在很大程度上取决于石油市场价格，近年来，由于世界石油价格不断上涨，刺激了乙醇的大量生产。目前的乙醇产量在石油市场上只占很小的份额，大约为 5%，但却消耗了大量的玉米、甘蔗。可以说，乙醇的生产正在强化石油市场和粮食市场的联系。

大豆：美国直到二十世纪初才开始大规模种植大豆。100 多年来，大豆播种面积和产量迅速增加。2016 年，大豆的播种面积为 3 300 万公顷（图 3.3），产量约为 1.2 亿吨，大豆产量位居世界第一，是仅次于玉米的产值第二大作物。在美国，大豆通常是和玉米进行轮种。大豆是美国最重要的油料作物，在美国油料生产中占90%，棉籽、向日葵、油菜籽和花生仅占10%。

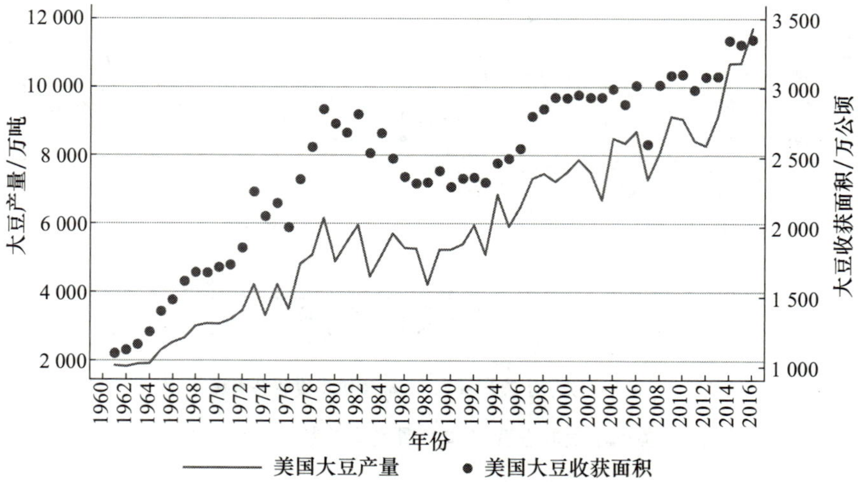

图 3.3 美国大豆产量和收获面积变化趋势（1961—2016 年）

大米：大米种植在美国规模相对较小，美国的大米产量不到全球大米产量的2%。2016年，美国大米收获面积约为120万公顷，产量为1 000万吨。但美国却是一个重要的大米出口国。出口对美国大米产业至关重要，出口占美国大米年销售量的1/2。

棉花：棉花是世界上最重要的纺织纤维，占世界纺织纤维总使用量的35%。全世界有80个国家生产棉花，但中国、印度、美国占世界棉花总产量的2/3。美国的棉花产量居世界第三，出口量居世界第一，约占全球原棉贸易的1/3。2014年，美国棉花产量为360万吨，美国的棉花产业（包括纺织厂）产值为250亿美元，提供大约20万个就业岗位。

甘蔗和甜菜：美国是世界上最大的糖生产国之一。甘蔗和甜菜是美国制糖业的两大支柱。甘蔗占45%，甜菜占55%。2016年美国甘蔗的产量为3 000万吨，甜菜为3 300万吨。由于天气原因，甘蔗和甜菜的单位面积产量年度间变化很大，但总体上呈增长趋势。美国种植甜菜的农场有4 000多家，种植甘蔗的农场约有700家。

2. 畜牧业

美国的畜牧业是高度发达的产业，也是资金和技术密集的产业。畜牧业的分布与种植带虽有一定的关系，但并不十分明显。美国的东北地区饲养的奶牛头数约占全国的1/3，生产的牛奶和奶制品几乎占全国的1/2，肉鸡生产也占重要的地位。玉米带提供玉米、豆饼等饲料，为当地养猪业提供了良好的条件，因此玉米带也是美国最大的猪肉生产基地。美国西部的“草原带”以放牧为主，可以饲养牛、羊、马等。美国的肉牛在集约化育肥之前，通常是先在草原带放牧，可以节省大量的饲料粮和其他费用。

美国的种植业生产有时会出现波动，而畜牧业则不然，能够保持稳定增长。种植业徘徊增长，而畜牧业一直在稳步上升。美国畜牧业当前有两个显著的特点：一是大力推进畜产品的出口。畜产品的出口现已占国内消费量的10%左右，而在二十世纪九十年代初还不到

5%。禽类产品的出口增长幅度最大，牛肉和猪肉的出口也有增加。二是畜牧场规模越来越大，并且越来越工厂化，以降低生产成本。特别是养猪业，专业农场的数量不断减少，而平均规模却日益扩大。虽然养猪专业农场要进行大量的投资，但是由于其报酬率很高，所以能够抵消饲料价格上涨的费用。

牛肉：美国是世界最大的牛肉生产国和消费国，主要生产高品质、以农作物饲养的牛肉，用于国内消费和出口。牛肉产业是饲料的主要使用者，故受饲料供给和价格影响较大。同时，美国也是世界最大的牛肉进口国。二十世纪六十至七十年代中期，美国牛的存栏数和牛肉产量双双快速增长。在七十年代中期，牛的存栏数约为 1.3 亿头，此后不断下降，至 2013 年，这一数字下降为 9 000 万头。但这一期间美国牛肉的产量却在波动中增长了 20% 以上，2016 年，美国牛肉产量超过 1 100 万吨（图 3.4）。

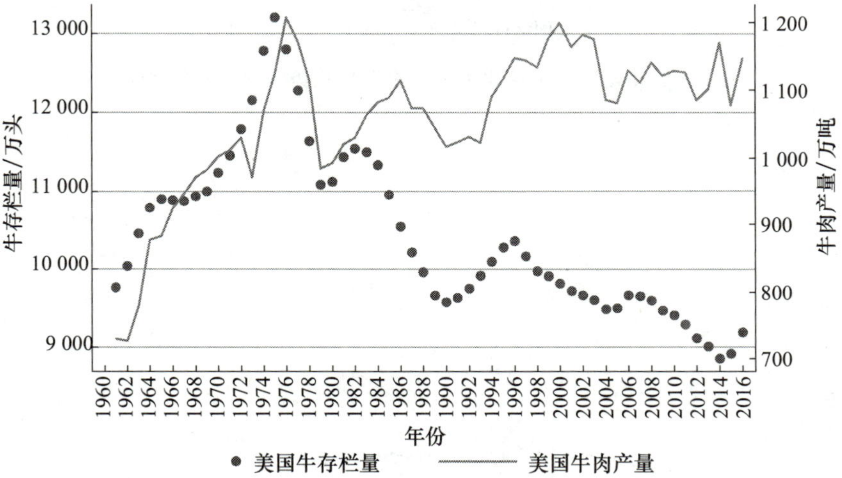

图 3.4　美国牛存栏量和牛肉产量变化趋势（1961—2016 年）

牛奶：牛奶产值在畜牧业中居第二位，仅次于牛肉。2016 年，美国牛奶产量为 9 600 万吨，是世界主要的牛奶生产国之一。牛奶农场的绝大多数为家庭经营和管理，一般都参加了合作社。奶产品包括奶酪、牛奶、黄油、冰淇淋、乳清。从历史上看，奶产品的国际贸易并不是很重要，但国际市场对国内产业的影响越来越大。

猪肉：在过去的二十年，美国猪的存栏数和猪肉产量快速增长。美国是世界上第二大猪肉生产国和消费国，仅次于中国。2016 年，美国猪的存栏数约为 7 500 万头，产量超过 1 100 万吨（图 3.5），62%在玉米带饲养。

家禽业：美国是世界最大的禽肉生产国，也是世界第二大禽肉出口国。在过去的五十年里，鸡肉产量持续快速增长。2016 年，美国鸡肉产量为 1 900 万吨（图 3.6）。美国也是重要的鸡蛋生产国，2016 年，鸡蛋产量 600 万吨。禽蛋业是饲料的主要使用者，每年大约消耗饲料 1 000 亿磅。家禽产量的 18%用于出口，受国际市场波动影响较大。美国禽肉消费高于猪肉和牛肉。

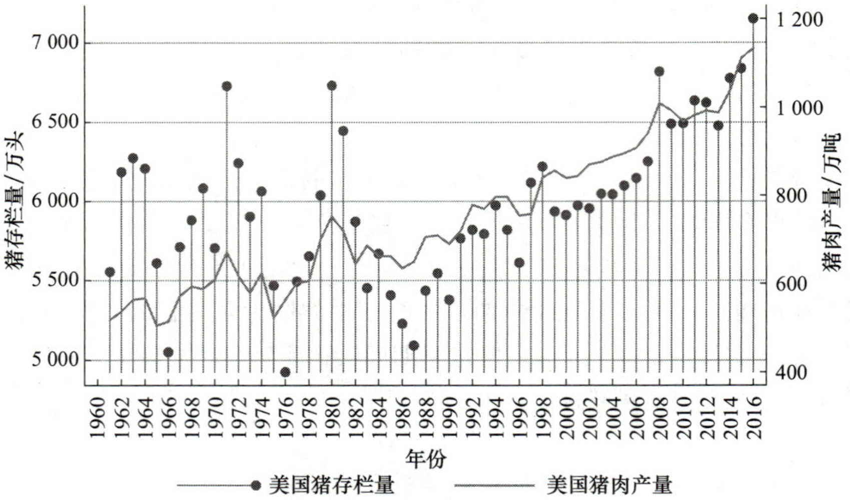

图 3.5 美国猪存栏量和猪肉产量变化趋势（1961—2016 年）

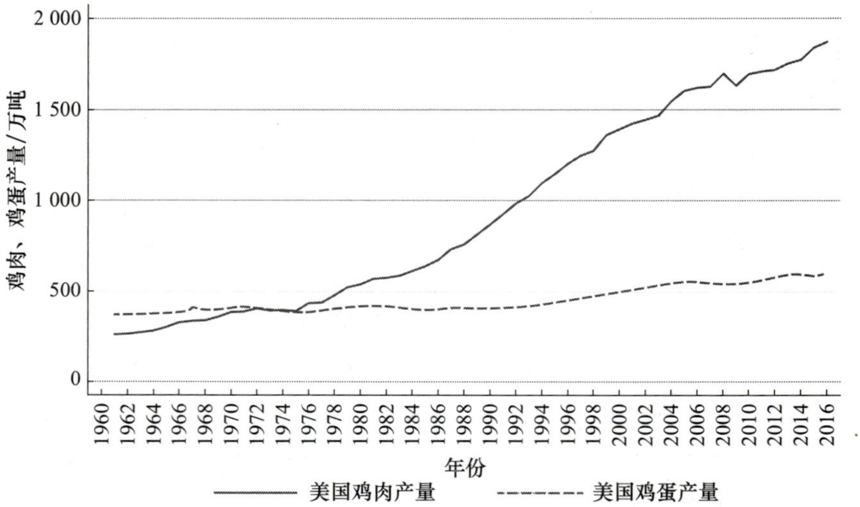

图 3.6 美国鸡肉、鸡蛋产量变化趋势（1961—2016 年）

3.2 美国农产品贸易

3.2.1 美国农产品贸易的总体状况及进口

美国是世界农产品贸易第一大国。2016 年，美国的农产品出口约为 1 378 亿美元，进口约为 1 236 亿美元，顺差 142 亿美元（表 3.1，图 3.7）。从 1960 年以来的半个多世纪，美国的农产品出口一直超过农产品进口，反映了美国在农产品生产方面巨大的比较优势。在二十世纪九十年代以前，在美国农产品出口的构成中，大宗农产品（小麦、大米、大豆、棉花、烟草）占的比重最大。1991 年，高价值农产品（HVP），即红肉、禽肉、活畜、豆饼、植物油、水果蔬菜、酒类产品第一次超过了大宗农产品的出口，此后，高价值农产品的出口一直超过大宗农产品的出口。

表 3.1　近年来美国农产品进出口情况（2012—2016 年）　亿美元

项目	年份				
	2012	2013	2014	2015	2016
出口	1 450	1 477	1 530	1 359	1 378
进口	1 060	1 137	1 143	1 222	1 236

数据来源：FAO 数据库。

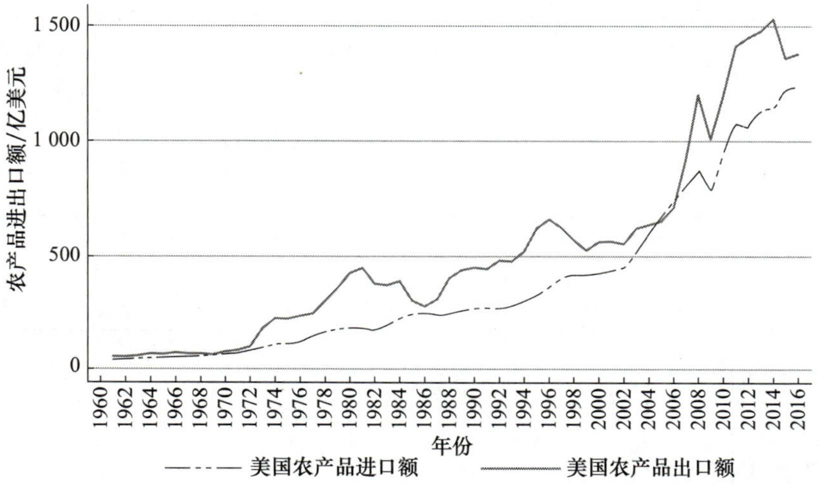

图 3.7　美国农产品进出口额变化趋势（1961—2016 年）

进口到美国的农产品多为高附加价值的园艺产品，饮料、酒、啤酒是美国进口的主要农产品，2016 年进口额高达 220 亿美元。2016 年进口咖啡 49 亿美元，进口牛肉 45 亿美元。

美国农产品进口的主要来源国为墨西哥、加拿大、法国、意大利和中国。2016 年美国进口墨西哥农产品 240 亿美元，进口加拿大农产品 220 亿美元。这两个国家就占美国全部农产品进口的 30%。

3.2.2　美国农产品出口情况

2016 年美国农产品出口的主要目的国是加拿大、中国、墨西哥、日本、韩国。加拿大和墨西哥，与美国签订了 NFATA，分别是美国农产品的第一、第三大市场。2016 年美国向这两个国家的农产品出口总额分别为 230 亿美元、180 亿美元。美国对中国的农产品出口快速增长，2016 年成为仅次于加拿大的第二大目的国。2016 年，美国向中国出口农产品价值 210 亿美元。日本曾经是美国农产品的第一大出口市场，现在下降到了第四位，2016 年，美国对日本的农产品出口为 110 亿美元。韩国为美国农产品出口的第五大市场，2016 年美国向韩国的农产品出口为 60 亿美元。2016 年度美国主要出口农产品见表 3.2。

表 3.2 2016 年度美国主要出口农产品 亿美元

商品	金额
大豆	230
玉米	103
小麦	54
棉花	40

1. 种植业产品出口

大豆出口：目前美国是世界上最大的大豆出口国，美国大豆和大豆产品的出口占美国大豆产量的 40%以上。大豆是美国最重要的出口农产品，2016 年，美国出口大豆 5 800 万吨，出口价值高达 230 亿美元。自二十世纪六十年代以来，美国大豆出口量呈不断增长的趋势（表 3.3，图 3.8）。

表 3.3 近年来美国大豆产量和出口量 万吨

项目	年份				
	2012	2013	2014	2015	2016
大豆产量	8 300	9 100	10 700	10 700	11 700
大豆出口量	4 400	3 900	5 000	4 800	5 800

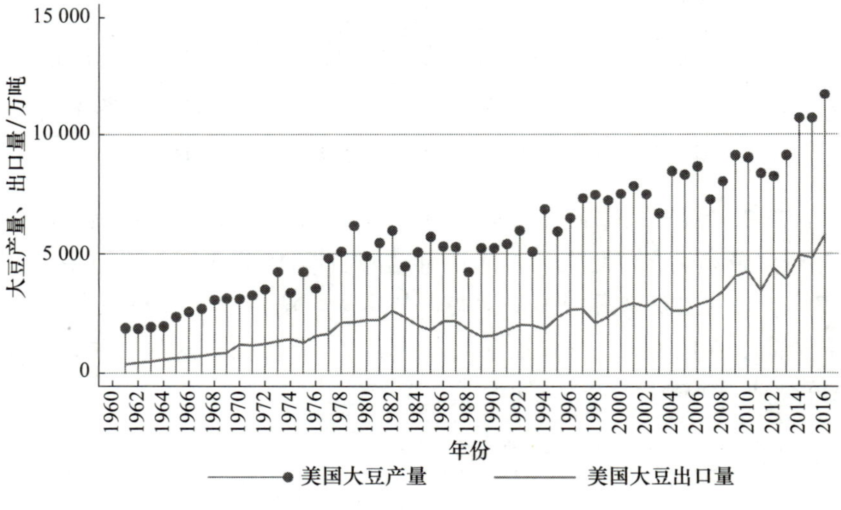

图 3.8 美国大豆产量和出口量变化趋势（1961—2016 年）

玉米出口：美国历来是世界上最大的玉米出口国，但玉米出口近年来呈波动下降趋势（表 3.4，图 3.9）。2009 年美国出口玉米 4 800 万吨，2013 年出口玉米 2 400 万吨，下降了 1/2。2016 年出口玉米 5 600 万吨，出口价值为 103 亿美元。

表 3.4 近年来美国玉米产量和出口量 万吨

项目	年份				
	2012	2013	2014	2015	2016
玉米产量	27 000	35 000	36 000	35 000	38 000
玉米出口量	3 200	2 400	5 000	4 500	5 600

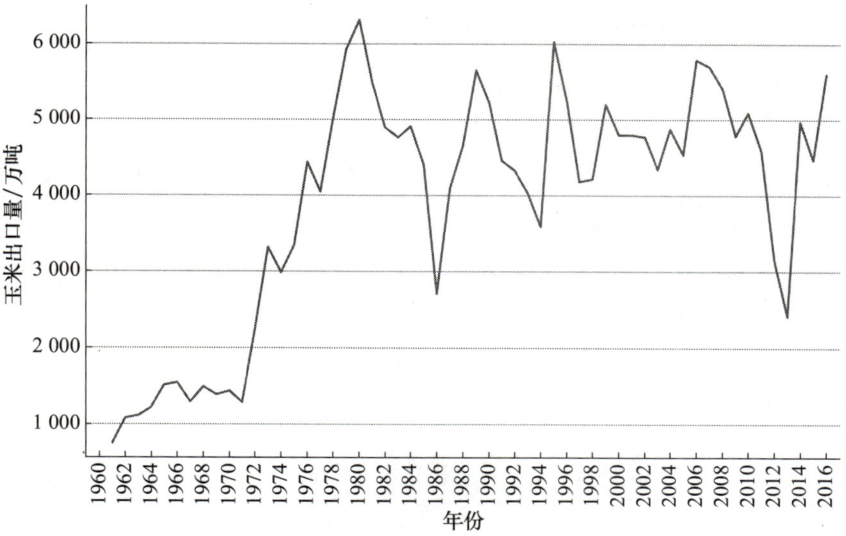

图 3.9　美国玉米出口量变化趋势（1961—2016 年）

小麦出口：美国是世界上最大的小麦出口国（表 3.5，图 3.10）。受金融危机的影响，2009 年美国小麦出口下降到 2 200 万吨，2013 年恢复到 3 300 万吨，2016 年为 2 400 万吨，出口价值为 54 亿美元。小麦是美国除大豆之外最重要的出口农产品。

表 3.5　近年来美国小麦产量和出口量　　万吨

项目	年份				
	2012	2013	2014	2015	2016
小麦产量	6 200	5 800	5 500	5 600	6 300
小麦出口量	2 600	3 300	2 600	2 100	2 400

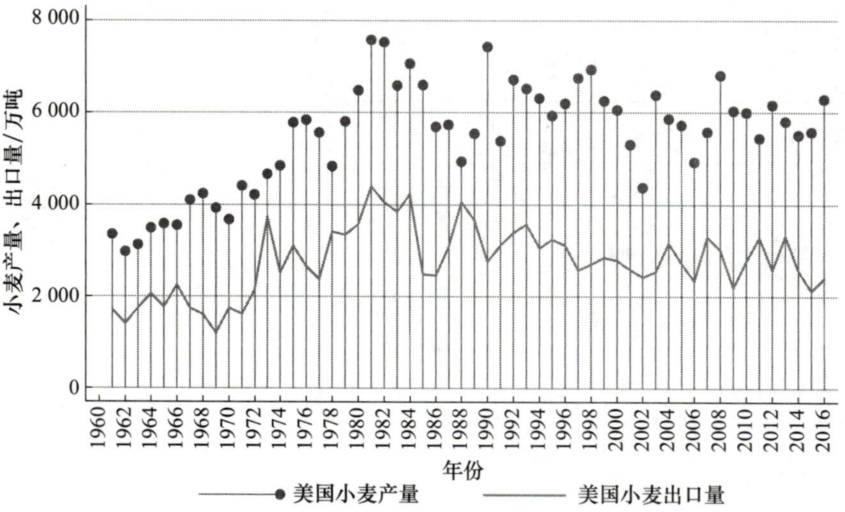

图 3.10　美国小麦产量和出口量变化趋势（1961—2016 年）

棉花出口：2016 年世界棉花出口总量为 680 万吨，出口总价值为 105 亿美元。美国是世界上最大的棉花出口国，其他重要的棉花出口国还包括印度、巴西、澳大利亚等国。美国 2016 年出口棉花 250 万吨（图 3.11），出口价值为 40 亿美元，美国的棉花出口量大约相当于印度、巴西、澳大利亚出口量的总和。在美国的大宗农产品中，棉花出口的重要性仅次于大豆、小麦、玉米。

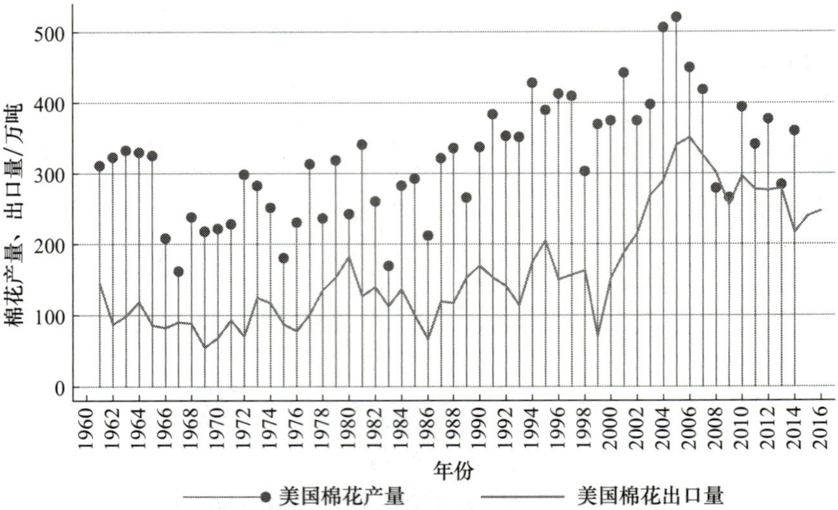

图 3.11 美国棉花产量和出口量变化趋势（1961—2016 年）

2. 畜产品出口

牛肉出口：2001—2003 年期间，美国牛肉出口量平均为 70 万吨左右。由于疯牛病的暴发，美国牛肉出口量大幅度下降，2004 年，出口量仅为 13 万吨。从 2005 年开始，牛肉出口量不断恢复。2016 年，出口量为 70 万吨，仍然没有恢复到 2000 年 77 万吨的水平。美国牛肉进出口情况见表 3.6 和图 3.12。

表 3.6 近年来美国牛肉进口与出口情况 万吨

项目	年份				
	2012	2013	2014	2015	2016
牛肉进口量	66	66	90	100	86
牛肉出口量	67	70	70	61	70

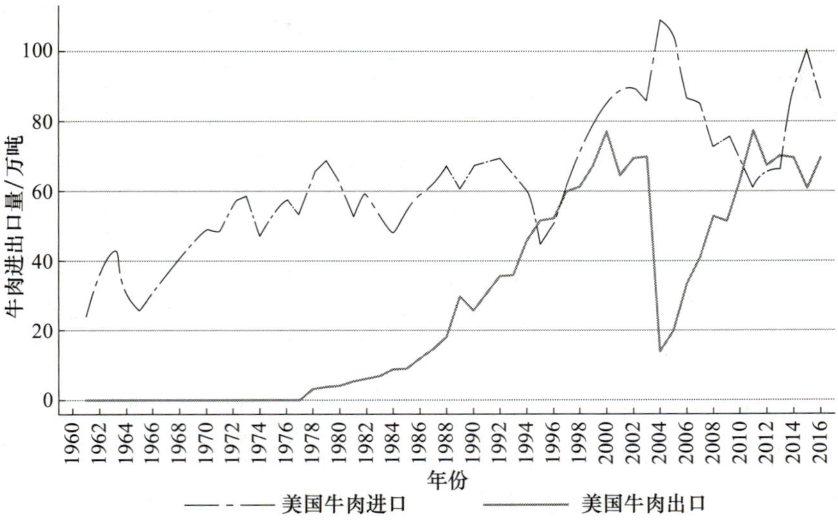

图 3.12 美国牛肉进出口变化趋势（1961—2016 年）

猪肉出口：美国是世界上重要的猪肉出口国（图 3.13），出口比例为 15%。2016 年美国出口猪肉 110 万吨，价值 32 亿美元。

图 3.13　美国猪肉出口量变化趋势（2000—2016 年）

3.3　美国农业政策

美国农业政策对农业发展有巨大影响。本章这一节简要介绍美国历年的农业法案，并以 2002 年和 2014 年为例，展现美国农业政策的特点。

3.3.1　美国历年的农业法案

美国农业政策是通过一系列的农业法案来体现的（表 3.7）。从 1933 年至今，美国已经出台了 17 部农业法案。也是从那个时期开始，政府一直对农业进行补贴。影响农业法案制定的主体包括生产者集团和消费者集团为代表的利益集团，由参议院和众议院组成的国会，行政部门以及司法部门。其中国会两院负责制定计划和拨款，而行政部门负责评估方案和执行计划。

表 3.7　美国历届农业法案（1981—2014 年）

年份	法案名称
1981	食品安全法案 (Food Security Act)
1985	食品、农业、环境保育和贸易法案 (Food, Agriculture, Conservation, and Trade Act)
1990	农业和食品法案 (Agriculture and Food Act)
1996	联邦农业改进和改革法案 (Federal Agriculture Improvement and Reform Act)

续表 3.7

年份	法案名称
2002	农业安全和农村投资法案 (Farm Security and Rural Investment Act)
2008	粮食、环境保育与能源法案 (Food, Conservation, and Energy Act)
2014	食品农业法案 (Food Farm Act)

3.3.2 2002 年的农业法案

2002 年的《农业安全和农村投资法案》(2002 年农场法案) 是美国农业政策延续和转变的结合。与 1996 年联邦农业改进和改革法案 (1996 年农场法案) 相比,该法案增加了许多市场取向的改革。它保留了 1996 年农场法案提供给美国农民的广泛种植的灵活权利。2002 年农场法案通过直接补贴、反周期补贴和市场营销贷款计划三个项目,为小麦、饲料谷物、棉花、水稻、花生和油菜籽提供收入支持。

1. 直接补贴

2002 年农场法案中的向农民直接补贴,与 1996 年农业法案中生产灵活性合同 (PEC) 的支付相似。然而,2002 农业法案扩大了商品的涵盖范围,包括大豆、花生和其他油料。对于每种作物,并且基于历史播种面积和产量,支付率是固定的。

2. 反周期补贴

2002 年农场法案规定,只要市场价格达不到其有效的目标价格 (目标价格减去直接支付率),可提供反周期补贴项目 (CCP)。最高限度的反周期补贴 (CCP) 是有效的目标价格和市场贷款利率的差额。该补贴是基于农场历史面积和产量的。

例如,在 2005/2006 作物年,玉米的目标价为 2.63 美元每蒲式耳 (蒲式耳为计量单位,用于固体物质的体积测量),直接补贴率是 0.28 美元每蒲式耳,市场营销贷款利率是 1.95 美元每蒲式耳。由于本年度的平均价格是 2.20 美元每蒲式耳 (这将高于贷款利率),反周期支付 (CCP) 利率将约等于 0.15 美元。

如果本年度的平均价格达到 2.35 美元或更高,发放率将为零。如果市场价格等于或少于 1.95 美元的营销贷款利率,将达到最高补贴率 0.40 美元每蒲式耳 (图 3.14)。因为直接付款和反周期支付都是基于对历史面积和产量的,生产者收到的玉米支付款可以用来生产另一种作物。

3. 市场营销贷款计划

2002 年农业法案继续实行商品贷款项目与市场贷款的规定。商品贷款,也可以称为市场营销贷款,允许生产指定作物的生产者以抵押产品的方式接受政府发放的贷款。每单位产品的贷款率都是标准精确的。收获后,农民可能获得用于全部或部分新产品生产的贷款,范围扩大到小鹰嘴豆、小扁豆和干豌豆,马海毛、羊毛、蜂蜜等商品。

农民可以通过以下三种方法之一支付商品贷款：第一，偿还贷款加利息费用（从美国财政部借贷的 CCC 成本再加 1 个百分点）；第二，如果适用的话，在一个较低的贷款偿还率偿还贷款；第三，在贷款到期日没收作物抵押贷款的抵押品给商品信贷公司（CCC）。当市场价格低于贷款利率，农民可以以低于贷款利率的价格（除特长绒棉）来偿还商品贷款。

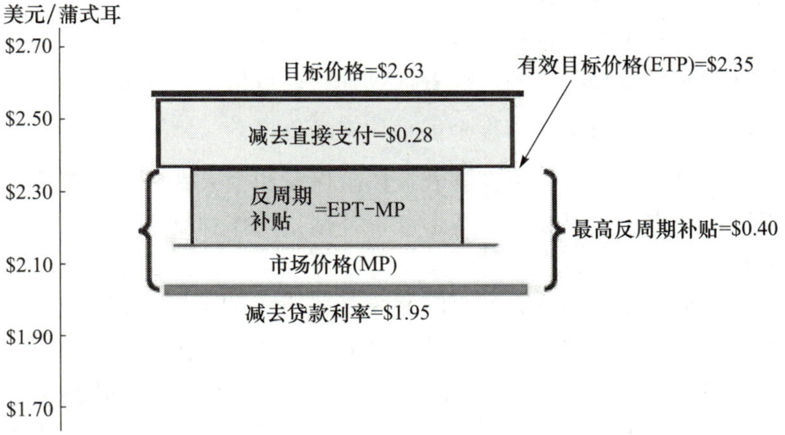

图 3.14　玉米反周期支付率的计算

4. 对农作物保险的补贴

美国政府还设有立法授权从 2002 年农场法案分出的农场项目。其中最重要的是补贴作物保险，在 2000 年农业和风险保护法中被延长。这些由美国农业部风险管理机构（RMA）实施的补贴，降低农民的作物产量和作物收入保险成本，从而鼓励保险业参与（USDA/RMA，2003 年）。对于 2003 作物年，作物保险计划的净赔款，即赔款和保费补贴的总和减去总保费，总计约 19 亿美元。

3.3.3　2014 年农业法案

1. 2014 年农业法案的出台

由于持续多年的农产品价格高企，美国财政赤字加剧，以及国际社会对美国农业高额补贴的不同意见，使得美国需要有新的农业法案来替代 2008 年法案（已于 2012 年失效）。2014 年的农业法案实际上已经比预期晚了两年。

2014 年农业法案的执行期为五年（2014—2018 年），主要内容涵盖以下九项：①改革农业收入补贴；②强化农业风险保障；③调整资源保护项目；④强化营养项目；⑤促进农村发展；⑥扩充研究、推广和相关项目；⑦继续发展可再生能源；⑧发展特种作物和有机农产品；⑨扶持新生代农场主和牧场主。

根据该法案，在 2014—2018 年期间，美国用于农业的支出约为 5 000 亿美元。其中 80% 用于营养项目，8%用于保险项目支出，5%用于农产品支出项目，6%用于环境保护项目。

2. 法案的重点内容

改革收入补贴：该农业法案的重点可以聚焦在以下两点：第一，取消收入补贴、反周期补贴、作物收益提升项目；第二，保留营销援助贷款，新增价格损失保障和农业风险保障。

市场贷款援助项目：市场贷款援助的目的是为生产者提供短期融资和弥补由于价格下跌带来的损失。允许生产指定作物的生产者以抵押产品的方式接受政府发放的贷款。每单位产品的贷款率都是事先公布的。收获产品后，农民可以用农产品抵偿贷款。

为了避免农户丧失抵押物，当价格低于贷款率和利息时，政府允许农户以低于贷款率和利息来偿还贷款，从而减少政府的库存压力。

价格损失保障：针对小麦、饲料、水稻、花生其他油料以及豆类，首先确定一个参考价格，当市场价格低于参考价格时，向生产者提供补贴。价格损失保障的计算方法是：

补贴＝(参考价格－年度全国平均市场价格)×补贴单产×85％

农业风险保障补贴：生产者可以在县农业风险保障和个人农业风险保障之间做选择。选择县农业风险保障的生产者可以在如下情形获得补贴：在作物年度中，某种作物的县收入低于县风险保障基准的86％。

个人农业风险保障补贴，当个人的实际收入低于个人农业风险保障收入时，补贴启动。个人农业风险保障无法以单个产品获得补贴，只能将全部农场作物纳入项目中。

总体上看，美国2014年农业法案还是以保障农业生产者收入和提升农产品竞争力为核心目标。在手段上更注重操作性，取消收入补贴等直接补贴，代之以多样化的风险管理方法，更强调发挥市场的作用，也使得农业支持保护更加具有隐蔽性。

3.4 美国农业的特点和发展经验

3.4.1 美国农业的特点

1. “以农立国”的传统

美国虽然作为移民国家，只有200多年的历史，但是由于有着“以农立国”的传统，又倚仗其得天独厚的条件，农业一直是国家的重要经济支柱。随着工业的发展，农业在美国经济中的比重逐渐下降，但政府对农业采取了支持和保护的政策，这使美国农业在世界上依然具有最大的竞争力。

2. 以高度商业化的家庭农场为基础

美国约有220万个农场，其平均规模为440英亩；农业劳动力有200多万人，占全国劳动力总数的2％左右。现在“公司农场”的数量在不断上升，有7万多个，虽然数量不大，但其面积和销售额在美国农场中所占的比例却较大。不过，公司农场的基础仍然是家庭农场。

3. 农业专业化程度很高

美国形成了著名的生产带，如玉米带、小麦带、棉花带等。早在1914年，美国农业就已经在很大程度上实现了种植专业化，这种格局保持至今。这种区域分工使美国各个地区能充分地发挥各自的比较优势，有利于降低成本，提高生产率。通畅的水陆运输网的建立更进一步促进了区域分工和专业化生产，而区域分工和专业化生产又有力地推动了附近地区相关产业的发展。

中北部玉米带：美国农业分区中所指的“中北部”是指大湖区附近的8个州，东起俄亥俄州、密歇根州，西北到明尼苏达州，西南到密苏里州。这是美国最著名的作物生产带，也是世界上最大的玉米生产区，因此有“玉米带”之称。这8个州大豆、小麦的生产在美国也占有重要地位，大豆农场占全国的54%。

大平原小麦带：位于美国中部和北部地区，北起与加拿大接壤的北达科他州和蒙大拿州，南至俄克拉何马州以及得克萨斯州的北部，共跨越9个州。这是个海拔500 m以下的高平原，地势平坦，土壤肥沃，通称“大平原”。

南部棉花带：传统的棉区，东起大西洋沿岸，西至得克萨斯州东部。第二次世界大战以后，棉花生产逐步向西发展。这里所说的棉花带位于平原地区，主要是北纬36°以南、密西西比三角洲的5个州，这里集中了全国大约1/3的棉花农场，播种面积超过160万公顷，产量占全国的36%。

4. 科学技术在美国农业中的广泛应用

美国农业的高生产率，有个坚实的支柱，那就是先进的科学技术。美国的农业技术在世界上位于领先地位。美国农业研究的基本目标可以概括为：在保护环境、提高环境质量的前提下，最有效地利用和节省资源，提高农业产量和利润率，改善农产品的品质，保持农业在国际市场上的竞争力。

在美国的农业中，实现更高的生产力一直是农业增长的推动力量。二十世纪下半叶以后，生产率增长的作用引人瞩目。生产力提高的原因有很多。例如，通过更多地使用农业投入如化肥、机械等，单位土地的玉米产量提高了。另外，通过发展新的技术，产品质量也得到了改善。

二十世纪末和二十一世纪初，美国农业科研的重点突出地表现在发展农业生物技术上。生物技术方面的研究可以归结为四大工程：基因工程、细胞工程、酶工程和发酵工程。其中的一些研究成果已经在二十一世纪初进入实用阶段。农业生物技术的重点研究领域是：农作物的高产和抗病、提高畜禽的免疫能力、扩大生物能源的来源、利用发酵工程研发具有商业价值的微生物；通过常规农业、发酵工程和食品加工工业的结合，扩大人类食物的来源，提高食品的营养价值。被称作“定向设计”的作物育种技术，按人们的要求来培育新品种，获得抗旱、高产、抗病虫害等性状。生物技术可以有效地提高畜禽的生产率，改善畜禽的生产性能，提高品质，增强对病害和内外寄生虫的抗性。美国在世界转基因产品的生产中占有最大份额。

众所周知，美国是世界上最大的农产品出口国，也是世界头号转基因产品出口国。美国政府负责管理和服务转基因产品生产与销售的政府部门主要有三个：美国农业部、美国环境保护署（FPA）和美国食品与药物管理局。一方面，由于转基因产品拥有巨大的市场潜力，美国政府对这类产品的研究、开发和产品生产化一般持积极支持的态度。另一方面，由于某些转基因产品有可能对人类健康和生态环境产生影响，美国政府对该类产品进入消费市场设立了一套完整、严格的申请、检验和批准的程序和制度。

3.4.2 国家扶持农业发展的经验

在上百年的时间里，美国国会通过了大量有关农业的法律，形成了比较完整的指导农业和农村发展的法律体系。立法是政府制定农业政策、实施农业计划的基础，后者必须以法律为依据。各项农业法律不仅规定了政府对农业政策的基本取向，而且还规定了政府干预经济发展的基本权限，政府行为只能限定在法律规定的范围之内。

1. 政府对农业进行比较有效的宏观调控

作为发达的市场经济国家，美国主要依靠市场力量对资源进行合理配置。政府过去信奉不干预的“自由放任主义”。但是，二十世纪三十年代严重的农业危机迫使罗斯福政府实行新的农业政策(“新政”)，开了经济干预的先河。此后，美国农业在国民经济中所占的份额虽在不断下降，但政府仍然重视农业的基础地位，对农业采取了有力的价格保护和收入支持政策。美国农业的宏观调控有三个特点：一是有专司政府调控职能的机构(商品信贷公司)，并建立了巨大而灵活的联邦储备体系；二是有充足的财政支持；三是政府实行农场主“自愿”的农业计划，并用价格、信贷、补贴等手段予以有力的配合。美国虽然不可能消除大小农场主收入的巨大差别，但农业生产者作为一个整体，其经济地位有了明显提高。当然，政府为保护农业也付出了很大的代价。

2. 政府对农业的发展实行有力的资金支持

美国的农场经营基本上是私人投资。农场主解决资金问题，主要有两个途径：一是政府的农产品抵押贷款计划，即如果在作物收获之后价格偏低，农民可以用农产品进行抵押而不偿还贷款；二是政府提供信贷担保。农业贷款期限短则1～5年，长的可达40年，利率都比较低。在农业发展的早期，与农业发展有关的基础设施，因为投资大、收效慢，曾经是政府投资的重点。美国政府对农业投资实行税收优惠，税收减免可达到应税收入的50%。农业投资被认为是农场主合法的避税所在。美国实行的作物保险制度也有利于农业发展。

3. 重视科技的作用，形成了教育、研究、推广“三位一体”的体系

美国政府一直把农业的教育、研究和技术推广作为自己重要的职责，形成了极有特色的“三位一体”的体系，被许多国家所仿效。它有效地提高了农业技术在农业发展中的作用，是美国农业发展的重要经验。这个体系有三个特点：①由州农学院同时承担教育、研究和推广三项任务，使三者结合在起，互相促进，并切实为农业生产服务；②每年的研究推广计划由基层向上申请，推广站提供的服务应尽量满足农业生产的需要；③推广经费由联邦、州和县共同负担。美国农业科学研究的经费充足，它主要来自公共部门和私人公司两大系统，二者互相补充，前者侧重于基础研究和应用研究，后者侧重于新产品开发和应用研究。

4. 发展服务型的农业合作社

农场主合作社在美国的一体化农业服务体系中占有重要的地位。在家庭经营占绝对优势的美国，为了解决单个农场难以解决的问题，需要非营利的合作社提供各种服务，降低生产成本。农业合作社提供的服务主要有：①销售和加工服务，是沟通农场主和市场的重要渠道。销售的农产品中，最重要的是牛奶、肉类、谷物和油料、水果、蔬菜。这类合作社的业务不仅包括产品的集中、储存到谈判价格、组织拍卖等各个环节，而且进行深加工，生产出可供直接消费的产品，为农场主获取尽量多的利润。②供应服务。也提供多方位的服务，包括销售石油产品、化肥、农药、饲料、种子、农机及其零配件等等，在全国农业投入物市场中占有相当可观的份额。此外，它们还提供种类繁多的科技服务，如土壤测试、防疫、育种、奶牛改良、作物监测直到经济核算和法律咨询。③信贷服务。在农场主所得的贷款中，合作系统占有的份额越来越大。目前农业合作信贷体系提供的贷款已占全部农业贷款的2/5左右，包括季节性经营贷款、弥补周转金不足的中期贷款、用于基本建设的长期贷款和支持

出口的贷款等四大类。④农村电力合作社和农村电话合作社。⑤服务合作社，这是上述几类合作社以外的专门从事某些服务的合作社，如运输、仓储、烘干、人工授精、灌溉、火灾保险、住房等等。

复习思考题

1. 美国玉米生产和贸易的现状和特点是什么？
2. 美国大豆生产和贸易的现状和主要特点是什么？
3. 美国农业政策的变化趋势是什么？

第4章　加拿大农业经济

加拿大位于北美洲北半部，东濒大西洋，西临太平洋。国土面积998万千米^2，仅次于俄罗斯，位于世界第二位。2016年加拿大人口为3 600万。人口密度仅为每平方千米3人。人口的预期寿命为80岁。全国人口分布极不均匀，仅魁北克省和安大略省南部就集中了全国人口的2/5。官方语言是英语和法语，其他语言为17.5%。加拿大是西方七大工业化国家之一，城市化水平为81%，制造业和高科技产业都很发达。加拿大经济的对外依存度很大。

加拿大经济在第二次世界大战期间和战后开始迅速发展，并成为全世界最富有的国家之一。加拿大是一个资源加工型的国家，许多产品在世界上占有重要地位。加拿大又是技术密集型的国家，工农业的技术装备比较先进，劳动生产率高，加拿大的经济实力在工业国家中居第七位。

与其他的工业国家相比，加拿大的经济规模小，2016年的经济总量为1.5万亿美元，人均国民收入为42 000美元，美国的经济规模是加拿大的大10多倍。加拿大国民的生活水平却是全世界最高的之一，其原因是加拿大的生产率居世界前列。

4.1　加拿大农业生产

在过去的数个世纪中，加拿大农业一直是其国民经济的重要组成部分。2016年加拿大初级农业占GDP的比重仅为1.1%，农业劳动力占总劳动力的比重为1.5%。农业和农业食品部门创造的产值占到加拿大年GDP的6.7%。作为世界主要农产品生产者之一，加拿大以其品质上乘的谷物、油菜籽、蔬菜、肉类及奶制品闻名于世。农业种植技术、肥料和饲料技术、设备和管理技术都为其大量生产农作物和牲畜提供了基础。

4.1.1　土地资源和利用

加拿大地处北温带，四季分明。因为它处于高纬度，气候寒冷。2016年加拿大农业用地面积为6 300万公顷，仅占国土面积的6.4%，2016年加拿大可耕地为4 400万公顷，仅占全国国土面积的5%。这是因为它地处高纬度，很大一部分地区在北极圈内，气候寒冷，无法耕种。农业用地主要集中在加拿大的南部和与美国的交界处。

人均耕地约1.2公顷，排名世界第二，仅次于澳大利亚。从这点上看其耕地资源并不少。加拿大还有1 400万公顷的永久性放牧地。加拿大西、北、东三面分别靠着太平洋、北冰洋和大西洋，海岸线长达24.38万千米。加拿大的淡水和水利资源都十分丰富，五大湖与美国接壤，河流众多，领土的7.5%由淡水覆盖，占世界淡水水面的15%。加拿大的气候、土壤条件及地理环境差异较大。全国地势呈西高东低状，西部雨量较少而气候较温暖，东部大西洋各省则相反。加拿大的林业资源也居世界前列，森林覆盖率达到40%以上。

加拿大的农场全部集中在南部。加拿大最重要的农业区是通常所说的“大草原地区”，即阿尔伯塔、萨斯喀彻温和曼尼托巴三个省。那里的土壤以肥沃的棕土和黑土为主，土地较肥沃，是国家的粮仓。另外一个重要农区是“中部地区”，即安大略和魁北克两省。中部地区是加拿大人口最密集的工业区，农业主要集中在河流盆地，其南部是重要的畜牧业基地，主要种植饲料作物。“大西洋沿岸”各省的农业集中在沿岸地区，它的西部地区多山，主要有养牛业和饲料作物。“太平洋地区”只有一个省，即不列颠哥伦比亚省，大部分是高山和森林，木材蓄积量占全国的2/5，但耕地只占全省面积的2%。

加拿大的“北部地区”位于北纬55°以北，商业性的农场为数不多，但是该地区发展农业有很大的潜力。据估计，这个地区拥有120万公顷可供开垦的耕地及辽阔的放牧地。加拿大冬季漫长，大部分国土在零度以下，虽然光热条件不利于农业生产，但寒冷的气候也成为强有力的生物防治手段，因为很多病虫无法在寒冷的气候中生存。

4.1.2 加拿大的农场

2016年，加拿大共有农场19万个，平均农场规模高达330公顷。加拿大的农场分类与美国类似，基本上分为小型家庭农场、大型家庭农场和企业农场。小型家庭农场的总收入在25万美元以下，大型家庭农场的收入在25万美元及以上。在大型家庭农场这个类别里，50万美元及以上的为特大型家庭农场。与美国不同的是小型家庭农场的定义及分类。加拿大的小型家庭农场是指总收入在1万美元及以上，25万美元以下的农场。小型家庭农场又包括：退休农场、居住农场、低收入农场、商业性农场四类。退休农场和居住农场的含义与美国相同，低收入农场是指家庭总收入低于加拿大的最低收入指标（LIM），商业性农场是上述三类农场以外的其他小型家庭农场。商业性农场又分为小规模商业性农场和中等规模商业性农场，前者为1万美元及以上、10万美元以下的商业性农场，后者为10万美元及以上、25万美元以下的商业性农场。

随着人口的老龄化，加拿大农业人口的平均年龄不断提高。2016年，加拿大农业劳动力的平均年龄为55岁，55岁以上的农场经营者的比例为54%，而35岁以下农场经营者的比例为9%。平均农场规模继续扩大，从2006年的290公顷提高到2016年的330公顷。由于农业季节性强，加之农业人口短缺，加拿大农业中需要大量季节性劳动力。2000年以来，外国季节性或临时性农业劳动力的数量持续增加，2015年季节性或临时性劳动力已经占农业劳动力的57%。

4.1.3 加拿大的农业生产结构

农业生产结构的特点是种植业和畜牧业并重，按总收入的比重看，种植业约占55%，畜牧业约占45%。近年来，由于增加了油菜籽、大豆、玉米的种植，加拿大农场中种植农场的比重增加，畜牧农场的比重减少。

1. 种植业

种植业以粮食和油料作物为主，以水果蔬菜及其他特色作物为辅。在过去的30年中，加拿大种植业的一个重要变化是：小麦的播种面积比重下降，油菜籽（芥花籽油）的播种面积不断扩大。小麦的播种面积从二十世纪八十年代中期的1 500万公顷下降到2016年的930万公顷，而油菜籽的播种面积则从二十世纪八十年代中期的300万公顷上升到2016年的800万公顷（图4.1）。玉米的播种面积大体维持不变，2016年为130万公顷。

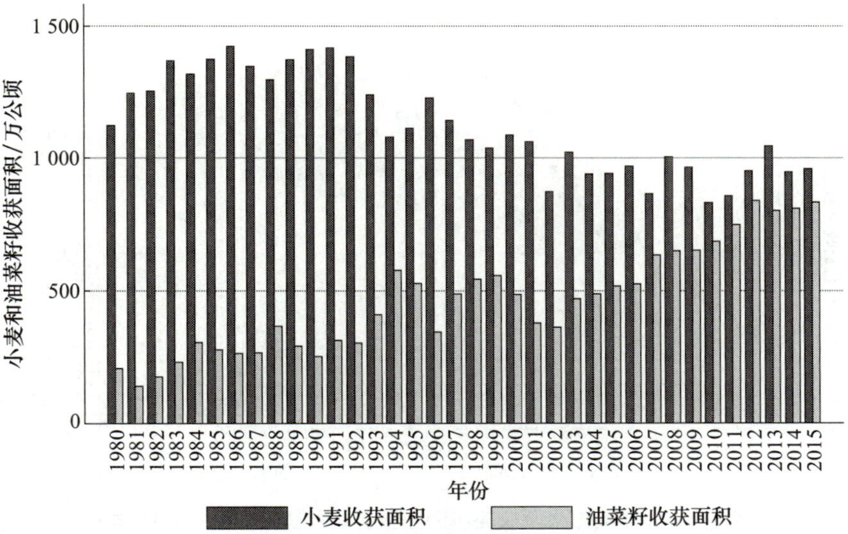

图 4.1　加拿大小麦和油菜籽收获面积的变化趋势（1980—2015 年）

小麦： 小麦是加拿大种植业中最重要的农作物和大宗农业出口商品。每年，加拿大大约有 900 万公顷的耕地种植小麦，2016 年，产量为 3 000 万吨（图 4.2）。其中近 2/3 用作出口。排在小麦后的大麦也是该国重要的粮食作物和主要出口的粗粮产品。该国所产的大麦、燕麦和玉米主要用作畜禽的饲料。加拿大的粮食主产区是大草原三省，农田面积占全国的 3/4，是国家的粮仓。那里的年降雨量在 330～510 毫米，土壤肥沃，但冬季严寒，无霜期只有 100 天左右。这种气候条件适宜于硬粒红春小麦和其他耐寒的谷类作物（大麦、燕麦等）的生长。这几个省的小麦产量占全国的 95%，大麦占全国的 90%。出口小麦和大麦几乎全部产自这几个草原省。

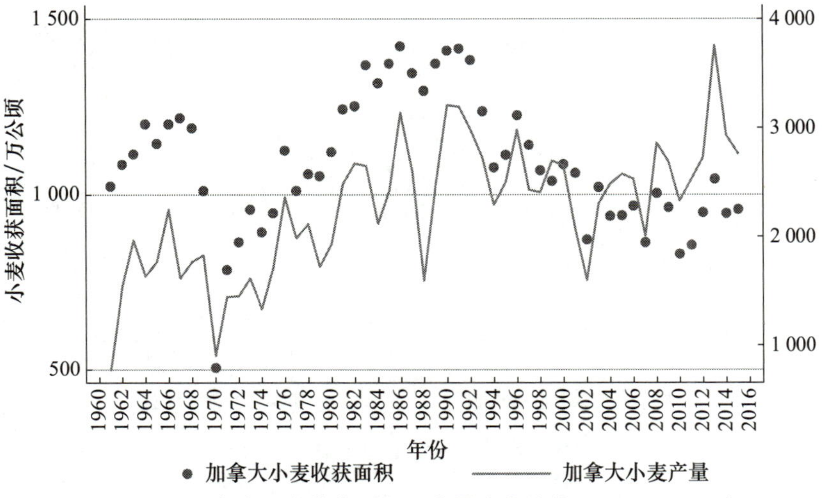

图 4.2　加拿大小麦收获面积和产量变化趋势（1961—2016 年）

玉米： 2016 年，加拿大玉米产量为 1 200 万吨（图 4.3），魁北克和安大略两省属于中部地区，那里的土壤条件好，气候也较温和，降雨量在 760～1 140 毫米，主要生产饲料作物，特别是玉米、燕麦和大麦。安大略省西南部（在五大湖地区，靠近美国的玉米带）是玉米的主产区。

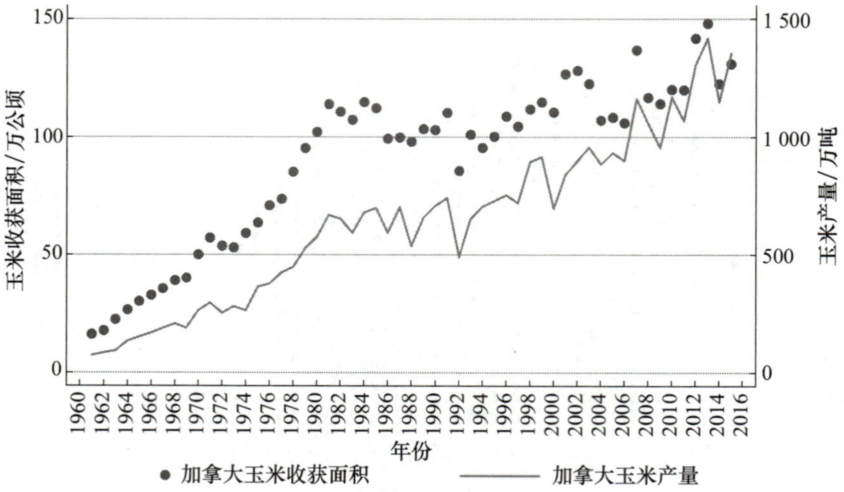

图 4.3 加拿大玉米收获面积和产量变化趋势（1961—2016 年）

芥花籽油（canola）：2016 年加拿大油菜籽的播种面积与小麦的播种面积大体相当，收获面积约为 800 万公顷，产量为 1 800 万吨（图 4.4），是种植业中产值最大的。芥花籽油（canola）的名字源于"**Can**（Canadian，加拿大）**o**（oil，油），**l**（low，低）**a**（acid，酸）。"芥花籽油曾经被认为是加拿大的特产，现在已经成为北美主要的商品之一。美国是芥花籽油的净消费国。其他主要的芥菜籽消费国有日本、墨西哥、中国和巴基斯坦。不过大多数芥花籽油和芥菜籽粗粉被出口到美国，较少被运往墨西哥、中国和欧洲。大豆是加拿大另一种重要的油料作物，2016 年收获面积为 220 万公顷，产量为 580 万吨。

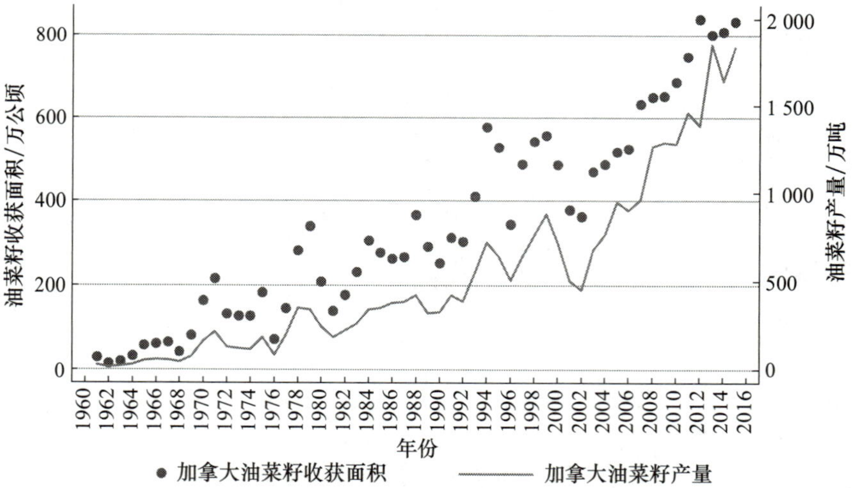

图 4.4 加拿大油菜收获面积和产量变化趋势（1961—2016 年）

2. 畜牧业

养牛业：加拿大的肉牛、奶牛的数量可观。加拿大大约有 1 200 万头牛，肉牛产值约占畜牧业生产总值的 30%。2016 年，加拿大生产牛肉 110 万吨（图 4.5），在畜牧业中位列第一。肉牛以其生长速度、繁育特征和肉质得到广泛认可。近年来，通过利用人工授精繁殖和胚胎移植，肉牛遗传改良得以加速发展。加拿大是中国的第三大肉牛、精子和胚胎的供应商，因其品种可适应多类型气候。其农业科技和众多的优良品种对中国农业的发展大有帮助，尤其适应干旱地区的农业发展需要。加拿大的中部地区是全国畜牧业最发达的地区。加拿大靠高效的管理制度、廉价的饲料、新的冷藏技术、严格的检验制度和优良的种畜，在国际市场上具有相当强的竞争力。

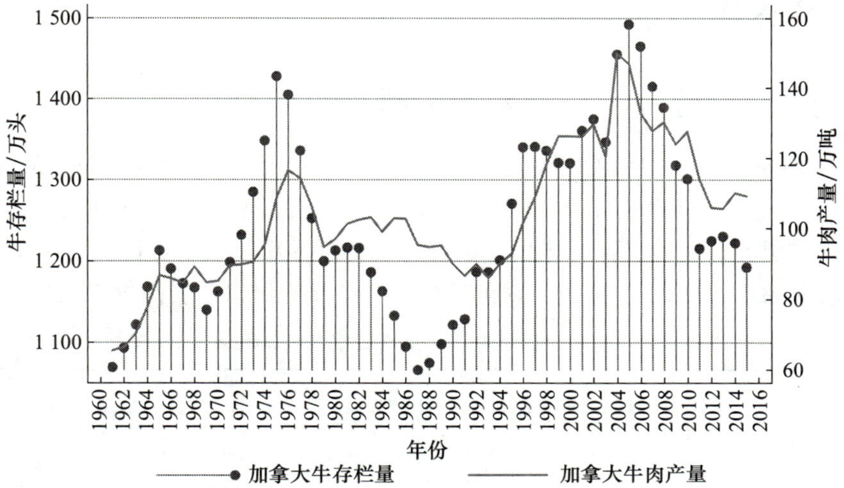

图 4.5　加拿大牛存栏量和牛肉产量变化趋势（1961—2016 年）

加拿大的奶制品加工业是仅次于红肉加工业的第二大食品加工业。由于采用了最新的技术，加拿大的奶制品可以有更长的保质期。2016 年，加拿大鲜奶产量达到 750 万吨。自 1956 年以来，加拿大的奶牛数量呈下降趋势，但从 1981 年至 2016 年期间，每头牛的产奶量却翻了一倍。

养猪业： 2016 年加拿大猪的存栏数约为 1 300 万头，猪肉产量为 200 万吨（图 4.6），在畜牧业中位列第二。加拿大养猪技术的一个新进步是个性化的定制配方饲养，该技术不仅可以降低饲料成本 10%左右，而且可以减少人工投入和防疫投入，并且减少污染物排放，有利于养猪业的可持续发展。

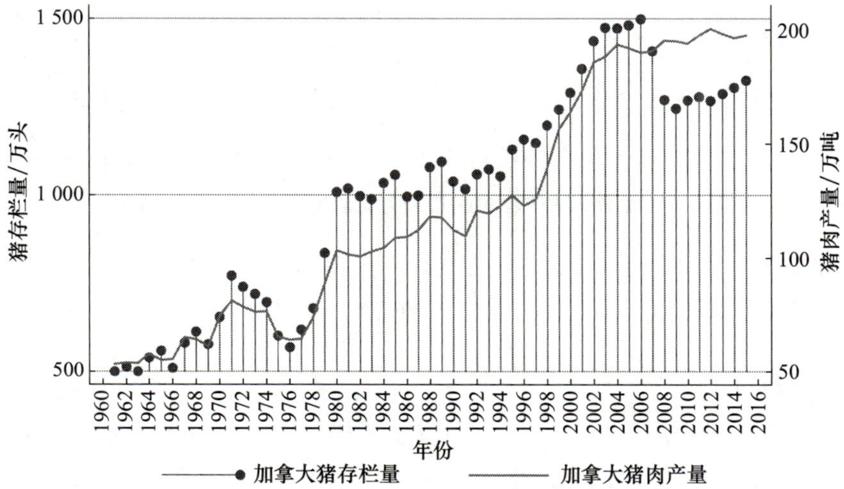

图 4.6　加拿大猪存栏量和猪肉产量变化趋势（1961—2016 年）

加拿大向美国出口的分割肉在逐年增加。根据相对贸易优势指数（RTA），加拿大在畜产品方面的比其竞争对手更高。加拿大活牛的贸易尽管因为2003年疯牛病暴发和贸易限制有所下降，但仍然显著高于美国、欧盟和墨西哥。

4.2 加拿大农产品贸易

4.2.1 农产品贸易基本情况及进口

2016年，加拿大农产品出口总额为426亿美元，农产品进口总额为324亿美元（表4.1，图4.7），农产品净出口顺差为102亿美元，占世界农产品和食品出口的3.3%。加拿大是位列美国、荷兰、巴西、中国、法国之后的世界第六大农产品和食品出口国。按产值来衡量，农业的出口比例约为50%，包括初级农产品的出口和食品饮料的出口。

表4.1 近年来加拿大农产品进出口情况（2012—2016年） 亿美元

项目	年份				
	2012	2013	2014	2015	2016
出口	440	450	469	438	426
进口	324	333	343	329	324

数据来源：FAO数据库。

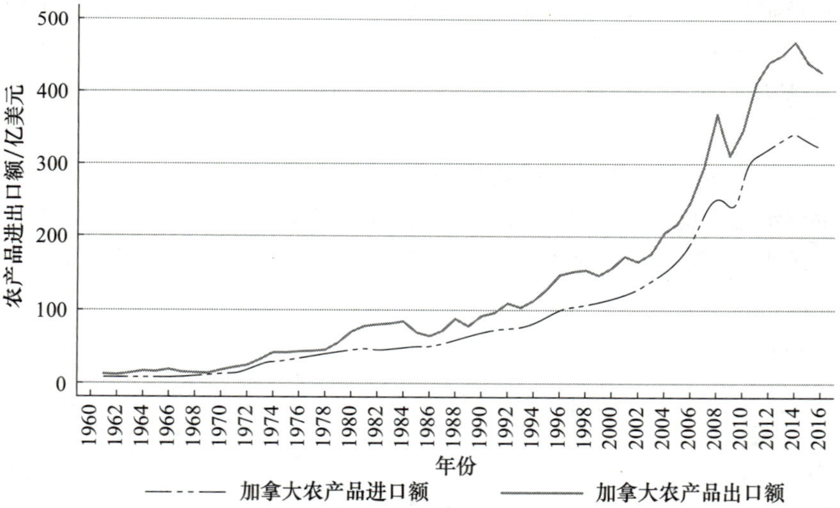

图4.7 加拿大农产品进出口额变化趋势（1961—2016年）

2016年加拿大农产品的进口来源国是美国、墨西哥、意大利、巴西、法国。2016年，加拿大从美国进口的农产品为185亿美元，占加拿大农产品和食品全部进口价值的约60%。

4.2.2 主要农产品出口情况

2016年，加拿大农产品出口的主要目的国是美国、中国、日本、墨西哥和印度。2016年，加拿大向美国出口农产品230亿美元，占加拿大全部农产品出口的54%。其他四个主要出口目的国大约占加拿大农产品和食品出口的22%，其余160多个国家约占1/4。加拿大农产品和食品出口对美国的依赖度从最高时 2002 年的 67.2%下降到 2016 年的 53%。加拿大的主要出口农产品是小麦、油菜籽、菜籽油、猪肉、大豆。

小麦： 2016 年，加拿大出口小麦 2 000 万吨（图 4.8，表 4.2），是世界主要小麦出口国。

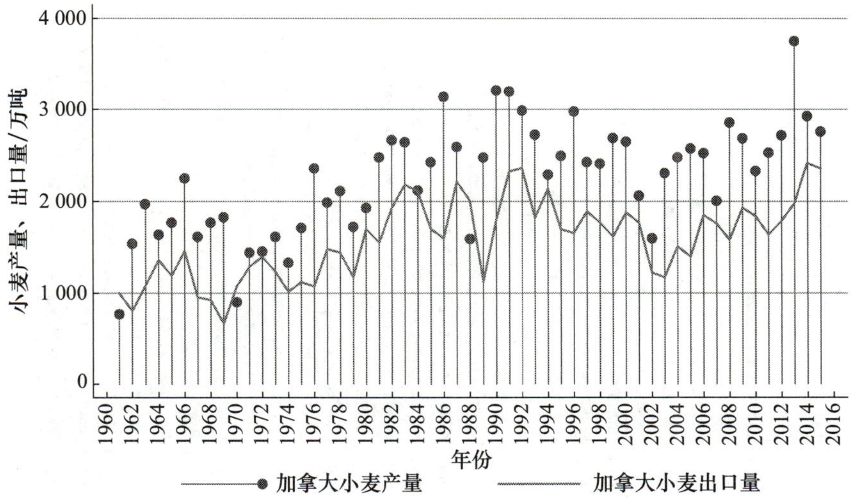

图 4.8　加拿大小麦产量和出口量变化趋势（1961—2016 年）

表 4.2　近五年来加拿大小麦的出口情况

年份	2012	2013	2014	2015	2016
出口数量/万吨	1 800	2 000	2 400	2 400	2 000

资料来源：联合国粮农组织数据库。

油菜籽和菜籽油出口： 在过去的半个世纪中，加拿大的油菜籽从无到有，不断增长。2003 年以后更是出现了暴发式增长。从 2002 年的 450 万吨增加到 2016 年的 1 800 万吨。在产量增长的推动下，油菜籽和菜籽油的出口也不断增长。2016 年加拿大出口油菜籽 1 100 万吨，菜籽油 290 万吨（图 4.9）。油菜籽和菜籽油的出口总值已经接近小麦的出口价值。

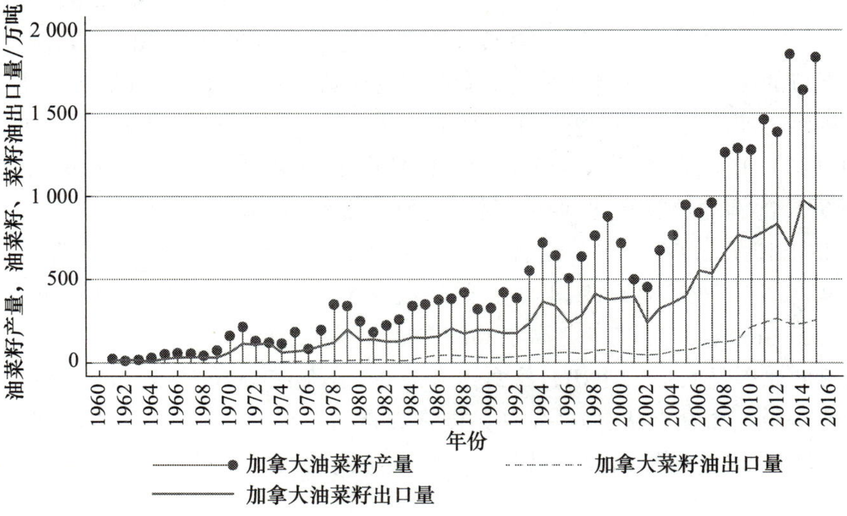

图 4.9　加拿大油菜籽产量和油菜籽、菜籽油出口量变化趋势（1961—2016 年）

猪肉：加拿大是仅次于美国和德国的世界第三大猪肉出口国（图 4.10）。2016 年出口猪肉 76 万吨，占世界市场的份额为 16%。加拿大的猪肉主要向德国、意大利、法国和英国出口，最近又向俄罗斯、古巴和波兰拓展。

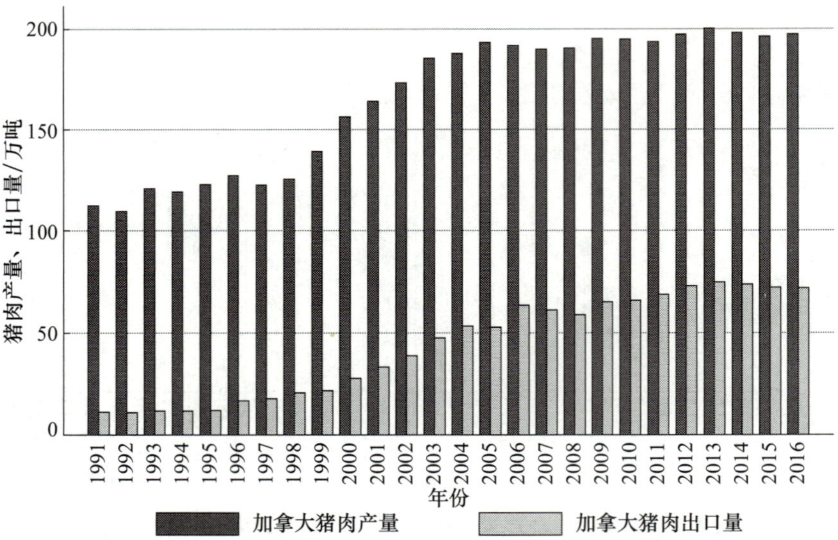

图 4.10 加拿大猪肉产量和出口量变化趋势（1991—2016 年）

4.3 加拿大的农业政策

长期以来，为解决农业问题，提高农民收入，加拿大对农业生产经营的各个方面进行广泛干预，制定了相当多的农业政策，形成了独特的农业政策体系。

4.3.1 加拿大农业政策的近况

纵向来看，加拿大农业支持总量（TSE）呈现下降趋势。根据 OECD 的统计，1986—1988 年 TSE 占 GDP 的比例为 1.7%，1995—1997 年这一比例下降到 0.8%，而在 2014—2016 年，这一比例已经降至 0.4%。当然，TSE 的绝对数量也是下降的。

在农业支持的结构上，直接针对生产者的支持下降幅度较大，整个的财政预算支出在二十世纪九十年代中期就更多向一般性领域倾斜，而非专门针对农场的项目。生产者支持水平（PSE）降低了，一般服务支持（GSSE）在 TSE 中的份额自 1986—1988 年以来几乎翻倍，接近 30%。更大比例的预算转向间接支持，包括农业科技创新系统等。

加拿大的 PSE 从 1986—1988 年的 36%下降到 2014—2016 年的 9%，低于 OECD 的平均水平。但是，2014—2016 年该国农业支持政策对生产和贸易的扭曲程度（potentially most distorting support）为 67%，高于 OECD 的平均水平，与过去 1986—1988 年的水平相近。这种状况的原因是长期对牛奶、家禽以及鸡蛋产业的市场支持。

参照美国经验，加拿大从 2008 年开始制定周期为 5 年的农业法案，即未来增长（growing forward，GF）农业政策框架。目前第二个 5 年期的法案已经到期[①]。

① 第二个法案的执行期为 2013 年 4 月 1 日至 2018 年 3 月 31 日。

4.3.2　加拿大农业政策的主要特征

这一政策体系，概括地讲，有以下几方面的特点。

1. 政府参与农产品销售

在加拿大，不仅是省政府，就是联邦政府也直接参加农产品的销售活动。早在二十世纪三十年代，联邦政府即负责包销几乎全国生产的谷物。1935 年，加拿大设立加拿大小麦局，直接介入农产品销售业务。小麦局按着当时市价，负责收购“草原省”生产的小麦、大麦和燕麦等产品的一定份额。农场主在交货时，即从小麦局得到现款。若小麦局在此后销售农产品中的收入抵偿不了收购农产品的支出，亏损将由国库来弥补。此法的实施，有效地避免了谷贱伤农，使农场主的过剩产品有了可靠的销路。继小麦之后联邦政府和省政府还建立了名目繁多的销售局，到 1971 年，加拿大就已建立起 96 个销售局，销售包括小麦在内的多种农产品。

2. 鼓励农产品出口

加拿大国内对农产品的消费需求远小于其国内农产品的生产供给。为此，寻求扩大农产品出口的措施，便成为加拿大历届政府的一贯做法。在促进农产品出口方面，政府采取的主要措施是：第一，对出口农产品进行直接的或变相的补贴，以提高加拿大农产品在国际市场上的竞争力；第二，由政府提供信贷支持，以赊销方式促进农产品出口；第三，政府成立专门机构，直接经营过剩农产品的出口业务。

3. 实行农产品价格支持政策

第二次世界大战以前，加拿大政府就采取过一些维持农产品价格的措施。1944 年，出台过农产品价格支持法。1958 年，又实行新的农产品价格支持法案——农业稳定法，该法一直沿用至今。根据这条法案，联邦政府设立了农业稳定局。农业稳定局的基本职能，是采取购进或发放补贴等办法，为加拿大的主要农产品提供价格保障。

加拿大联邦和省政府对农业的支持力度非常大，但各省之间有所差别。从 2003 年开始，加拿大联邦和省政府开始执行新的农业政策构架——“农业政策框架”，即 APF（Agricultural Policy Framework）。该政策框架的核心是建立长期的、统一的农业政策，提高农业部门的盈利能力，提高加拿大农业和食品部门应对国际竞争的能力，建立加拿大在食品安全、农业创新和环境保护方面的世界领袖地位。

加拿大农业收入稳定计划（Canadian Agricultural Income Stabilization，CAIS）是 APF 的核心部分。该计划分两部分：一部分是灾害援助；一部分是收入援助。政府在 5 年内出资 55 亿加元，联邦政府出 60%，省政府出 40%。为了参与该项目，农户需要向金融机构中开设的 CAIS 账户存入一笔钱，最低数目是他参考利润水平的 14%。也可以多存。参考利润水平是农场收益减去农场费用之后的五年移动平均数。

CAIS 的保护分两个部分：一部分是收入援助，指利润损失不超过 30%；另一部分是灾害援助，指利润损失超过 30%的部分。当发生后一种情况时，农户每从账户提取 1 加元，政府配套 4 加元，直到把损失补偿到参考利润水平的 70%为止。此外，农户还可以按收入援助部分，继续提取每 1 加元，政府配套 2.33 加元，直到利润达到参考利润的 85%。此后，农户每继续提取 1 加元，政府配套 1 加元，直到利润恢复到接近参考利润的水平。

4. 鼓励农场主削减生产

随着战后农业机械化程度的不断提高，加拿大的农业生产能力迅速增长，而同时世界农产品市场又趋于饱和。政府采取的收购和价格支持政策，犹如“火上浇油”，加剧了农产品的供求矛盾，导致农产品库存激增。巨量的农产品库存，使政府财政不堪重负。于是，联邦政府提出削减库存计划，鼓励和强制农场主缩减小麦播种面积，以期降低总产，缓解库存压力。除小麦外，加拿大还对其他积压严重的农产品实施鼓励削减生产政策。

5. 鼓励农业生产集中

为了促进农业生产的现代化，提高农产品的国际竞争力和农业效益，加拿大政府采取了鼓励农业生产集中的政策。二十世纪七十年代，加拿大开始执行小农场发展计划。这一计划规定，凡愿意放弃经营的小农场主，在出售其农场时，可得到政府的补贴；凡按销售协定购买土地的农场主，则可得到政府特别贷款。

总之，加拿大政府的农业政策在很大程度上促进了农业生产的发展，但由于加拿大农业受国际市场影响很大，因而，在政策制定和实施的过程中，都存在着一定的难度。

4.4 加拿大农业的特点和发展经验

4.4.1 加拿大农业的特点

总的来说，加拿大农业有以下显著的特点：

1. 农业劳动生产率高居于世界前列

加拿大是农业高度发达的国家，也是世界重要的粮食生产国。在农业生产总值中，种植业产值约占55%，畜牧业占45%。自二十世纪四十年代以来，加拿大农场的数量从70多万个减少到目前不到20万个，不论从农场面积还是从收入看，农场的规模都不断扩大。

2. 农业与食品业相结合，大大增强了农业部门在国民经济中的重要性

根据世界银行的资料，在加拿大国民经济中，一、二、三产业所占的份额分别为4%、40%和56%。在第一产业中，农业又次于采矿业。但是农业与食品工业在加拿大经济中的地位比农业本身要高得多，2016年农业与食品产业在GDP中所占的比重为6.7%，就业比重高达12.5%。农业食品部门包括农业投入（包括相关服务）、初级农业生产、食品、饮料和烟草加工业（FBT）和食品的批发、零售业。初级农业部门在加拿大经济中占有一席之地。2016年该部门创造的产值占GDP的1.1%，该部门创造的就业占全部就业的1.8%。

3. 以大型家庭农场和高度发达的机械化相结合为特色

加拿大的农场绝大多数是家庭农场，平均规模在300公顷以上。100公顷以下的小农场占农场总数的45%，500公顷以上的大型农场占总数的10%，但是机械化程度高，其中大功率的农业机械占很大比重。各种大型和高功率的农机具互相配套，许多田间作业可以一次完成，以节省人力、降低成本。就全国平均来看，目前大致是每个农业劳动力配备有两台拖拉机，承担120公顷耕地的耕作任务。为了获得规模经济和提高在国际市场上的竞争力，农场的规模预计会进一步扩大。与此同时，农场的平均规模变大，技术进步和生产率提高增加

了农场之间的相互兼并。

4. 农业生产高度专业化，主要农产品的产地非常集中

谷物生产主要在大草原三省，其中仅萨斯喀彻温一个省的小麦就几乎占了全国总产量的 3/5，而阿尔伯塔省的大麦又差不多占全国产量的 1/2。玉米的生产更加集中，安大略省的产量大致占全国总产的 3/4。

5. 农业生产受天气影响很大，作物单产低而不稳

由于主产区气候比较寒冷，一些重要的谷类作物的产地又特别集中，一旦气候不正常，产量所受的影响就很大。根据粮农组织的资料计算，加拿大谷物单产的波动系数在大国中属于比较高的，大致是中国的 3 倍。另外，加拿大的大田作物的耕作比较粗放，灌溉面积比例和单位面积施肥量大大低于其他发达国家。其中的主要原因之一是谷物市场需求不足，减少农业投入不但降低了成本，而且还减少了农产品过剩带来的麻烦。

4.4.2　加拿大农业的发展经验

1. 国家主要通过法律、法规来保护农业，设立相应的机构负责实施

加拿大农产品在国际市场上具有较强的竞争力，国家对农业的保护是一个重要的因素。但是这种保护主要不是靠补贴或关税，而主要通过发展农业的有关法律和法规来体现。例如，早在 1935 年，政府制订了《草原农场复兴法》，改良大草原地区的土壤，兴修水利设施，提供技术援助，更进一步加强了大草原各省作为国家粮仓的地位。

加拿大对农业的干预或扶持政策，都有明确的机构负责实施，联邦和省两级政府也有自己的职责范围：前者负责制定政策（涉及价格稳定，销售，向生产者提供信贷、保险和其他援助等）、农业科学研究、制定农产品质量标准和地区开发；省级政府主要负责实施有关政策、农业应用研究和推广、咨询等。如“加拿大小麦局”，它主管小麦的生产、运输、销售各个环节，并预测市场情况，执行价格支持政策，向生产者预付谷物的货款，与外国进口商签订出口合同。政府不直接干预农民和企业的生产经营，只是协助农民和企业赢得市场竞争，特别注重扶持中小企业、研究解决生产者提出的共性的困难和问题。

2. 执行严格的生产管理制度

加拿大已经建立起了较完备的农业生产管理制度。例如，在首都渥太华设有种子生产者协会，各省都有分会，专门管理谷物的良种培育工作。凡是培育良种的农场都必须参加这个协会。同时，协会又与农业部所属的有关科研机构和农业大学保持着密切的联系。这些农场必须按照国家规定的良种繁育程序，只许可繁育一个品种，并且要经过连续 3 年的试种示范，只有各方专家鉴定合格的优良品种才允许到农业部登记，由该协会发给证书。另外，中介组织的作用很大。加拿大农业生产中，以各类专业协会为主要形式的中介组织发挥着非常重要的作用，负责生产的技术服务、生产信息的提供、生产的销售、生产者与加工者利益平衡、生产过程的衔接等项工作。

3. 重视农业科学研究，加强对农业科研的投入

加拿大的农业科研有互相密切配合的网络，它包括联邦农业部、各省农业主管部门、农业大专院校和工业企业。农业部下属的科研局是部里最大和最重要的机构。它有 6 个直属研

究所，在全国有52个研究机构，在各地还有研究站。联邦一级的科研机构侧重于基础理论方面，省级和大专院校、企业的科研则偏重于应用研究。在农业科研的投入方面，加拿大在发达国家中处于较领先的位置，在联邦政府对自然科学的总支出中，农业科研的比重约占12%。在农业技术进步的推动下，加拿大农业的全要素生产率不断增长，成为推动农业产出增长的主要动力源泉。

复习思考题

1. 加拿大农业生产的主要特点是什么？
2. 加拿大农产品贸易的主要特点是什么？
3. 加拿大农业收入稳定计划（CAIS）的主要内容是什么？

第5章 巴西农业经济

巴西以足球、咖啡生产和桑巴舞闻名于世。巴西是南美洲面积最大、人口最多的国家。

巴西联邦共和国位于南美洲东南部。北邻法属圭亚那、苏里南、圭亚那、委内瑞拉和哥伦比亚，西邻秘鲁、玻利维亚，南接巴拉圭、阿根廷和乌拉圭，东濒大西洋，海岸线总长约7 400千米。2016年人口总数为2.08亿，首都为巴西利亚，主要语言为葡萄牙语。国土面积855万千米^2，仅次于俄罗斯、加拿大、中国和美国，为世界第五大国家。

巴西大部分地区地势平坦，海拔200米以下的面积占全国总面积的2/5。世界著名的亚马孙平原约300万千米^2，占国土面积的1/3以上。巴西国土面积的80%位于热带地区，南部部分地区为亚热带气候。由于地处热带和亚热带，大部分地区年均降雨量在2 000～3 000毫米。北部亚马孙平原属热带雨林气候，年平均气温27～29℃。中部高原属热带草原气候，分旱、雨季。

巴西矿产极为丰富，铁矿石蕴藏量约480亿吨且大部分是富矿。铁矿砂含铁量高达60%以上，且多为露天矿，可供开采数百年。石油储量丰富，约占世界石油总储量的8%，产量世界第二，出口量世界第一。巴西淡水资源丰富，淡水拥有量占全球的12%。

巴西是世界十大经济体之一。2016年GDP总量1.8万亿美元，人均GDP为8 700美元，预期寿命为71岁。巴西的二元经济十分典型，贫富差距极大。一方面，占人口10%的高收入者拥有全国50%的财富；另一方面，贫困和营养不良的低收入者为数众多。城乡差别和地区差异相当突出。城市化比较迅速，城市人口从二十世纪八十年代初期的68%上升到现在的85%。

5.1 巴西农业生产

农业在巴西国民经济中占有举足轻重的地位，也是巴西外汇收入的重要来源。2015年农业占国内生产总值的5%，农业食品部门占GDP的比重为28%，农业食品部门的就业人数占全国就业人口的37%。

巴西是世界上咖啡、糖、橙子、橙汁的最大生产国，是大豆、牛肉、禽肉、玉米等的主要生产国。由于拥有2亿人口且经济在迅速增长，巴西也是一个重要的农产品消费市场。橙汁、咖啡和蔗糖长期是巴西农业的支柱产品，其产量均居世界榜首。

5.1.1 耕地资源

巴西土地开发潜力大，拥有世界上面积最大的未开垦的土地。2015年巴西农业用地占国土面积的比例为33%，农业用地总量为2.8亿公顷。可耕地为8 000万公顷，在世界可耕地开发利用潜力资源中，巴西首屈一指。由于地处热带、亚热带地区，许多地方一年耕作两次甚至三次。水资源储量约为美国的3倍。巴西农业进一步扩张的潜力很大，被称为“二十一世纪的世界粮仓”。巴西的人均耕地面积为0.39公顷，比世界平均水平高50%。

巴西的台地（Brazil’s cerrado）：葡萄牙语中cerrado（热带高原）可以翻译成封闭的、

难以进入的荒地。巴西台地的面积大约有2亿公顷，约占国土面积的1/4。可以用于种植农作物的面积约为1.2亿公顷。目前只有1/4的台地被用于种植和放牧。

5.1.2 农业区域布局和农场发展

巴西的农业主要集中在东南部地区和中西部地区。东南部地区是巴西传统的农业地区，土地肥沃，水量充沛，交通方便，但开发程度高，小农场多，地价高。十九世纪六十年代以后，在政府的鼓励下，农业逐步向中西部发展，这一地区土地平坦，地价低，适合发展大农场，但土地不如东南部地区肥沃。巴西东南部地区的农场规模只有30公顷左右，机械化程度低，竞争力低下，农民往往通过合作社参与市场竞争。中西部地区的农场规模要大得多，65%的农场在1 000公顷以上。资本密集，使用先进的机械和现代技术。农业生产以市场为导向，主要生产大豆、棉花。中西部由于地价低，故农产品的竞争能力很强。

就全国范围来看，巴西农场总数大约为500万个，大约有160万个规模较大的商业化农场，这些农场主要位于巴西的中部台地，产量约占巴西农业总产值的3/4。而数量众多的小农场仅占巴西农业产量的7%。

5.1.3 巴西农业生产结构

1. 种植业

大豆、玉米、甘蔗是巴西最重要的三种农作物。无论从播种面积还是从产值看，大豆都是巴西最重要的农作物。

大豆：近几十年来，巴西农业发展的突出特点是迅速发展了大豆生产。巴西大豆产量已超过亚洲的总产量，占世界总产量的1/4，成为仅次于美国的世界第二大大豆生产国。据估计，巴西大豆农场生产成本比美国低20%。2016年，大豆产量达到9 600万吨（图5.1）。尽管巴西大豆产量的80%是转基因大豆，但巴西是世界上最大的非转基因大豆生产国。巴西和阿根廷加在一起的大豆产量已经超过美国。

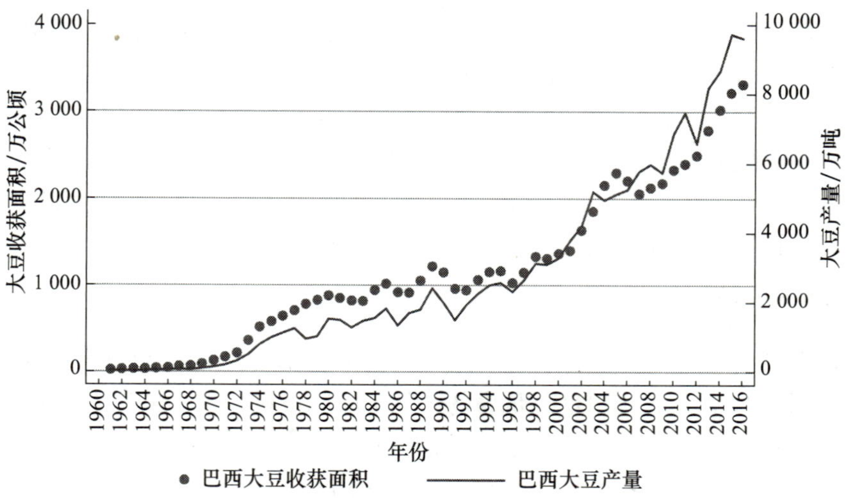

图5.1 巴西大豆产量和收获面积的变化趋势（1961—2016年）

玉米：巴西是世界第三大玉米生产国，玉米是巴西最重要的饲料作物，占种植业总产值的 10%。巴西粮食生产以玉米为主，玉米占巴西粮食产量的 78%。2005—2015 年，巴西玉米产量从 3 500 万吨增加到 8 500 万吨（图 5.2），产量增加的原因是玉米生产向中西部地区的扩张，并且与大豆进行轮作。即在大豆收获后，很快种植玉米。巴西玉米主要服务于国内的畜牧业，近年来，由于国际市场价格高企，巴西玉米出口不断增加。

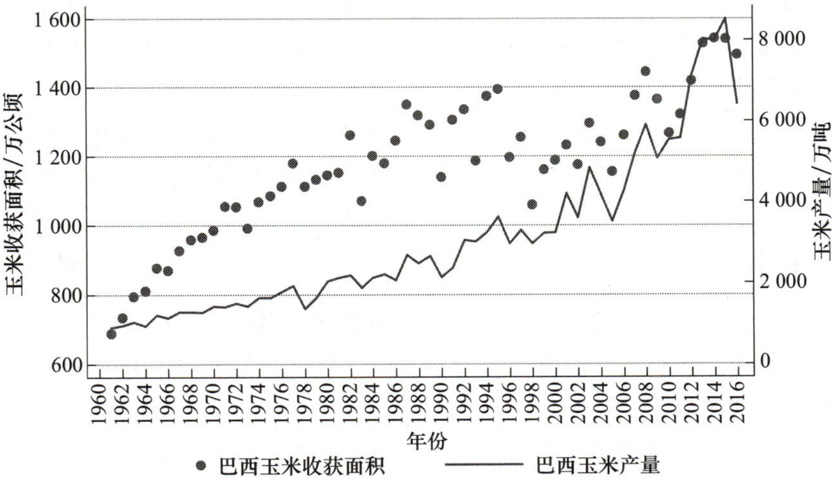

图 5.2　巴西玉米收获面积和产量变化趋势（1961—2016 年）

甘蔗：甘蔗是巴西最重要的农作物之一，主要分布在巴西的东北部地区，并有向南部地区扩张的趋势。巴西的甘蔗大约一半用来生产糖，一半用来生产乙醇。巴西是世界最大的糖生产国和出口国，占世界产量的 20%，2016 年，甘蔗产量超过 7.7 亿吨（图 5.3），是世界上最大的甘蔗生产国。从二十世纪七十年代中期以来，巴西开始实施用甘蔗加工乙醇以取代汽油的计划，以解决能源不足的问题，因此甘蔗的种植面积大增。

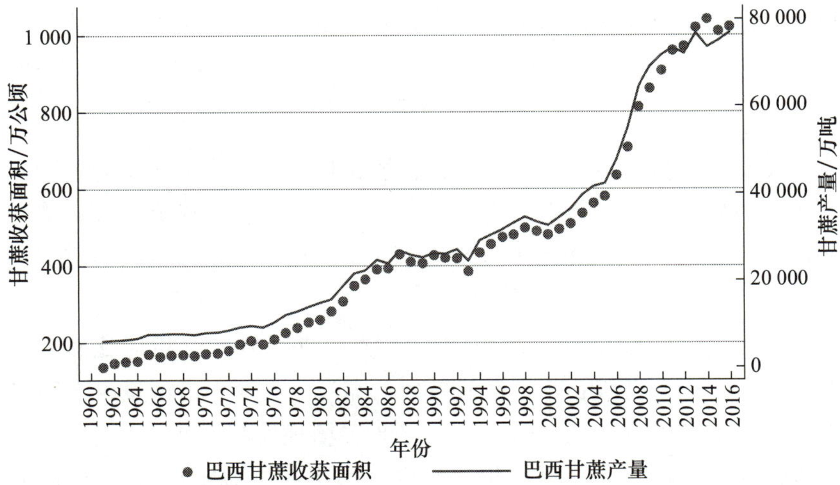

图 5.3　巴西甘蔗收获面积和产量变化趋势（1961—2016 年）

乙醇：巴西利用乙醇作为燃料的技术走在世界前列，巴西的生物能源占全球生物能源总量的32%。巴西是世界第二大乙醇生产国，排在美国之后。2014年，巴西和美国的乙醇产量加在一起占世界乙醇产量的80%以上，巴西乙醇产量在很大程度上取决于糖价和乙醇价格的比较，2005年以后，由于糖价上涨，巴西乙醇产量是下降的。

小麦：自2000年以来，巴西小麦的收获面积和产量增长迅速，收获面积从2000年的110万公顷提高到2016年的220万公顷，产量从2000年的170万吨提高到2016年的680万吨。巴西小麦主要集中在南部地区，通常在大豆或玉米收获后复种。

水稻：巴西水稻生产集中在南部地区，与大豆、玉米、甘蔗等主要作物比，水稻生产利润微薄，故产量不大，以满足国内市场为主。2016年，稻米的产量为1 100万吨，水稻产量超过了日本。

2. 其他种植业

橙子：巴西是世界最大的橙子生产国，约占世界产量的60%。2016年，橙子产量1 700万吨。巴西生产的橙汁颜色深、纯度高、含糖量高，畅销国际市场。巴西橙子生产和橙汁的生产和出口集中在圣保罗州。

咖啡：巴西是世界著名的咖啡之国，从十八世纪早期开始种植，咖啡生产主要集中在东南部地区。巴西是世界最大的咖啡生产国，咖啡产量约占世界咖啡产量的30%，2016年，咖啡产量300万吨。

棉花：巴西是世界第五大棉花生产国，产量排在中国、印度、美国、巴基斯坦之后。从二十世纪九十年代开始，巴西棉花生产由东南部向中西部地区转移。近年来，巴西棉花生产大起大落，受国际金融危机和棉花价格下跌的影响，2008—2009年，棉花播种面积和产量大幅度下降，但2000—2011年，播种面积和产量又大幅度反弹。2014年，棉花产量为140万吨。

干豆：巴西是世界上最大的干豆生产国之一，2016年，干豆产量260万吨。干豆在巴西各州均有种植，但产量以东南部地区最多，并有向中西部台地扩展的趋势。干豆以满足国内市场为主。

3. 畜牧业

巴西畜牧业发展有着得天独厚的优势，其牧场面积相当于耕地面积的3倍。广阔无垠的牧场是发展畜牧业的良好条件。养牛的头数和牛肉的产量均占世界第2位，猪的头数名列世界第3位。2016年牛的存栏数为2.2亿头，猪的存栏数为4 000万头，鸡的存栏数为13.5亿只。

养牛业：尽管受到国际金融危机的影响，但巴西的牛肉生产相对比较稳定。2016年，巴西牛肉产量930万吨，是巴西农业中产值最大的部门。巴西牛肉产量仅次于美国，为世界第二大牛肉生产国，牛肉出口为世界第一。乳畜业农场规模相对较小，主要集中在东南部，但近年来有向西北部扩张的趋势。集约化的奶牛场集中在大城市附近。2016年，牛奶产量为3 400万吨（图5.4）。

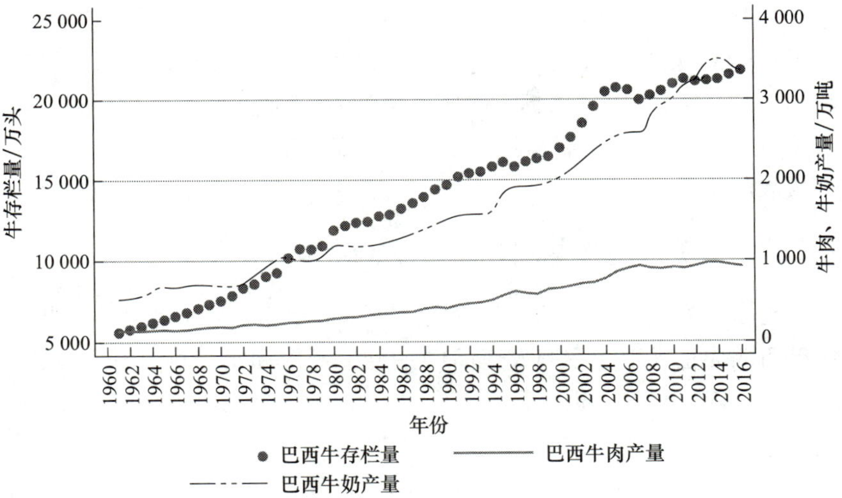

图 5.4　巴西养牛业变化趋势（1961—2016 年）

养鸡业：巴西是世界第三大鸡肉生产国，排在美国和中国之后。由于巴西人均收入水平提高导致的国内需求增加和强劲的国际市场需求，巴西鸡肉产量增长迅速。目前，鸡肉产量几乎占巴西肉类产量的 50%。与美国类似，养禽业主要由大型公司主导，成本主要取决于国际市场上玉米和大豆的价格。2016 年，鸡肉产量为 1 400 万吨（图 5.5），是畜牧业中仅次于养牛业的第二大部门。

养猪业：近年来由于国内需求的迅速增长，以及由于玉米产量增长导致饲料价格稳定，巴西猪肉生产增长迅速。2016 年，猪肉产量为 350 万吨。尽管中西部地区的猪肉产量增长很快，但 70%的巴西猪肉产量集中在南部地区。

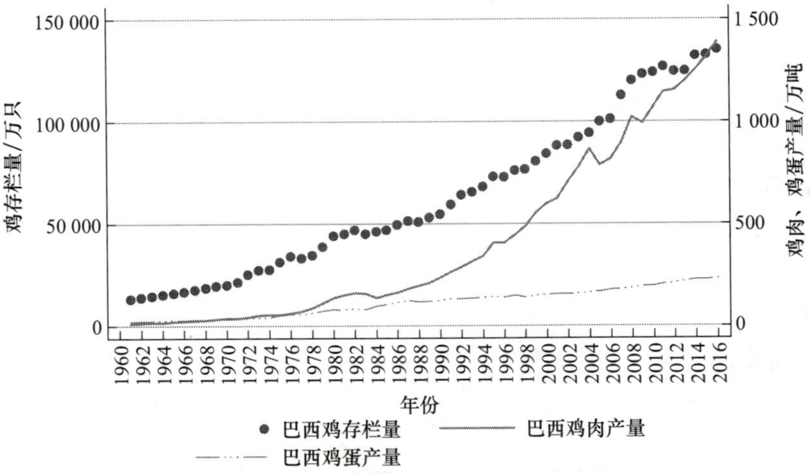

图 5.5　巴西养鸡业变化趋势（1961—2016 年）

5.2　巴西农产品贸易

巴西十六世纪初沦为葡萄牙殖民地，1822 年获得独立。自从十六世纪以来，巴西经济一直是依靠大量输出农产品而得到发展的。十六世纪前期主要是向欧洲输出巴西红木，十六世纪后期大量种植甘蔗，又成为欧洲蔗糖的供应基地，被称为“糖的文明中心”。十九世纪中叶又大量发展咖啡和橡胶，成为欧美这两种产品的最大供应者，巴西又被称为“咖啡王国”。长期以来，在对外贸易中，蔗糖、咖啡、橡胶这三种产品的出口额约占巴西外汇总收入的80%。从历史上看，巴西工业和其他经济部门都是依靠出口农产品，换回资金、技术、设备的基础上发展起来的。

5.2.1 农产品贸易的基本情况及进口

过去的十年是巴西农业大发展的十年，宏观经济的稳定、农业生产率的提高和不断扩大的耕地面积使巴西成为世界上一系列农产品的主要生产国和出口国，其主要出口产品包括：大豆及大豆产品、牛肉、鸡肉、糖、乙醇、咖啡、橙汁等。

1. 农产品进出口数量

自2000年以来，巴西农产品出口每年以20%的速度增长。2016年期间，巴西农产品出口高达696亿美元，平均占全球农产品出口的10%。巴西已经成为继美国、荷兰之后世界上第三大农产品出口国。农产品国际贸易是巴西贸易顺差的主要来源，农产品贸易顺差逐年增长，占全国贸易顺差的2/3以上。2016年，巴西农产品贸易顺差高达600亿美元，加工农产品的出口迅速增长，所占比重不断提高（表5.1，图5.6）。

表5.1 近年来巴西农产品进出口情况（2012—2016年） 亿美元

项目	年份				
	2012	2013	2014	2015	2016
出口额	801	839	808	727	696
进口额	105	114	106	83	97

数据来源：FAO数据库。

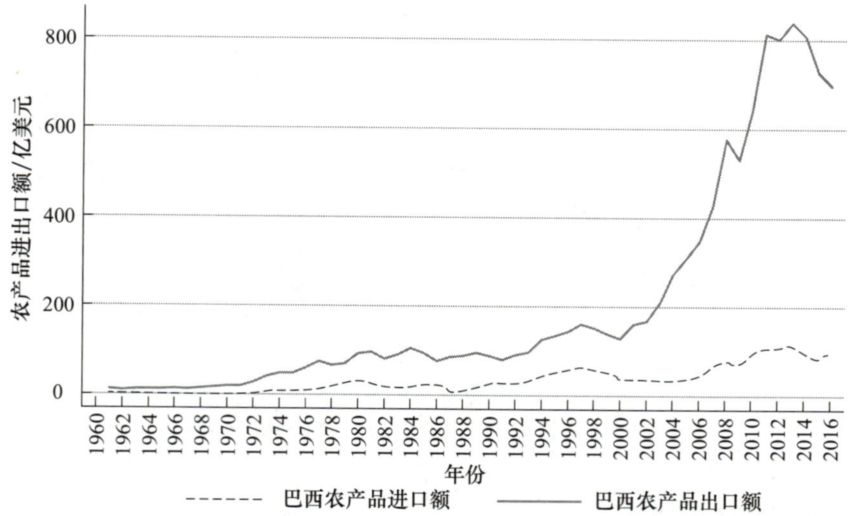

图5.6 巴西农产品进出口额变化趋势（1961—2016年）

2. 农产品进口：小麦和大米

巴西除了出口农产品外，也进口国内竞争力较低的农产品，主要是小麦和大米。随着巴西经济的增长和收入水平的提高，国内小麦的需求不断增长。2016 年，巴西进口小麦 690 万吨，是世界上位列埃及、印度尼西亚、阿尔及利亚、意大利之后的第五大小麦进口国，小麦进口约占国内供给量的 1/2（图 5.7）。阿根廷、美国、加拿大成为巴西小麦进口的主要来源国。巴西虽然也出口大米，但却是一个大米净进口国，2016 年，巴西进口大米 71 万吨，出口大米 63 万吨，净进口大米 8 万吨。

2016 年巴西农产品进口的主要来源国是阿根廷、乌拉圭、巴拉圭、美国、中国。

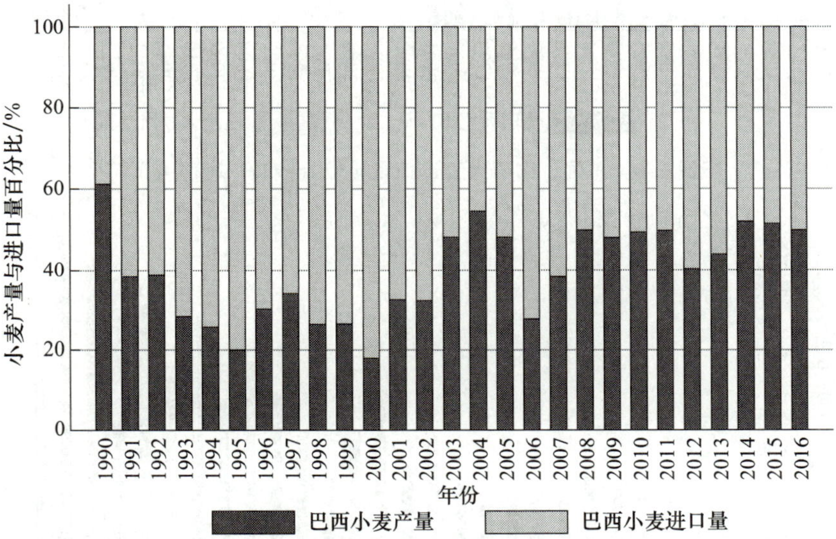

图 5.7　巴西小麦产量和进口量比较（1990—2016 年）

5.2.2　农产品出口

巴西农产品出口集中在几个主要的商品上，近年来，大豆、豆粉、豆油、糖、咖啡占巴西农产品出口的 50%以上，禽肉和牛肉占 19%。

1. 粮食出口

大豆：巴西是仅次于美国的世界第二大大豆出口国，2016 年出口大豆 5 200 万吨（图 5.8），约占国际大豆出口量的 1/3。由于大豆价格的上涨，按出口价值衡量，巴西大豆出口每年增长 20%以上，中国是巴西大豆出口最重要的市场，约占巴西大豆出口的 1/2。出口欧盟的份额为 28%。2016 年，巴西还出口豆粕 1 400 万吨，出口豆油 130 万吨，这三类大豆产品加在一起，出口价值 250 多亿美元，占巴西全部农产品出口价值的 1/3。

玉米：受国际市场玉米价格走高的影响，巴西从 2001 年开始出口玉米，此后出口量迅速增长，2007 年突破 1 000 万吨，2012 年猛增至 2 000 万吨，2016 年，巴西出口玉米 2 200 万吨（图 5.9）。巴西成为世界第三大玉米出口国，排在美国和阿根廷之后。

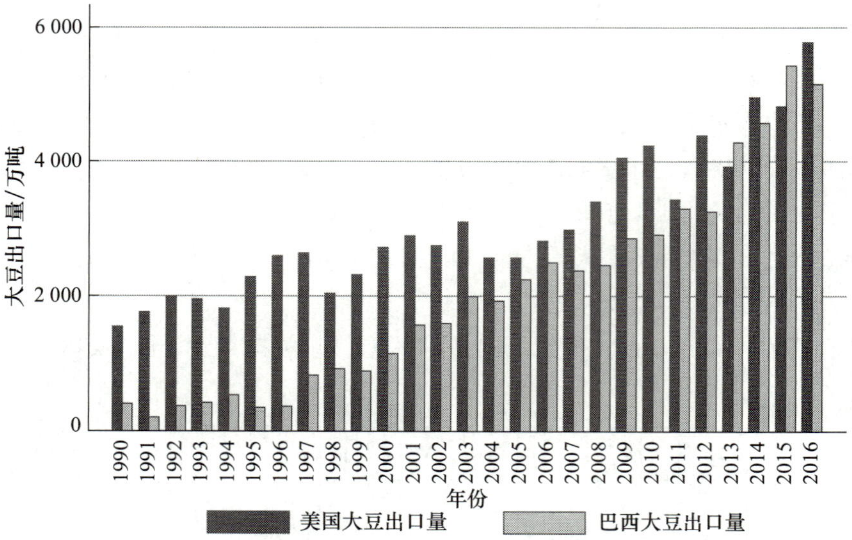

图 5.8 美国、巴西大豆出口量比较（1990—2016 年）

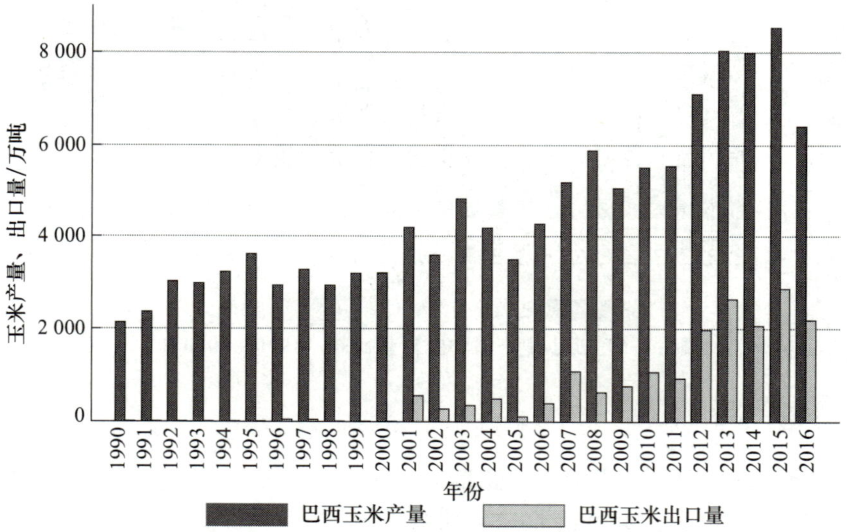

图 5.9 巴西玉米产量和出口量变化趋势（1990—2016 年）

2. 其他种植业产品及加工品出口

咖啡：咖啡是巴西的标志性产品，也是巴西重要的出口农产品（图 5.10）。巴西也是世界上最大的咖啡出口国，约占世界咖啡出口的 30%。2016 年，世界咖啡出口总量为 720 万吨，总价值约为 200 亿美元。其中巴西出口咖啡 180 万吨，约占世界咖啡出口的 1/4，出口市场主要是欧盟和美国。其他重要的咖啡出口国还包括越南、哥伦比亚、印度尼西亚、德国。咖啡的进口国排名前五位的是美国、德国、意大利、日本、西班牙，均为发达国家。

烟草：巴西是世界上最大的烟草原料出口国。2016 年，全球烟草原料出口 240 万吨，总出口额 110 亿美元。巴西出口烟草原料 47 万吨，占全球烟草原料出口的 20%，这一比例大大高于世界其他烟草原料出口大国印度和中国。

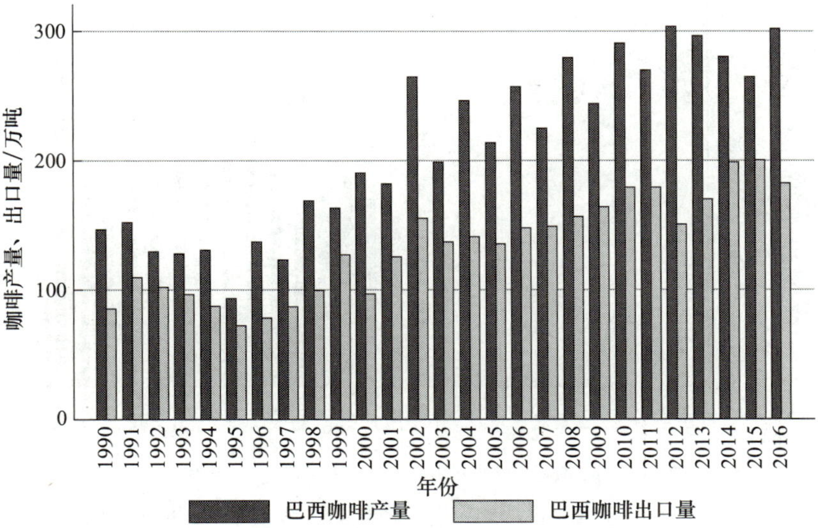

图 5.10　巴西咖啡产量和出口量变化趋势（1990—2016 年）

糖： 巴西糖出口约占巴西农产品出口的 15%，是仅次于大豆的第二重要的出口农产品。巴西是全球第一大糖出口国，约占世界糖出口的 1/2。2016 年巴西出口原糖 2 400 万吨，提纯糖 530 万吨（图 5.11），由于国际市场对糖需求的旺盛增长和糖价的走高，巴西糖的出口不断增长。

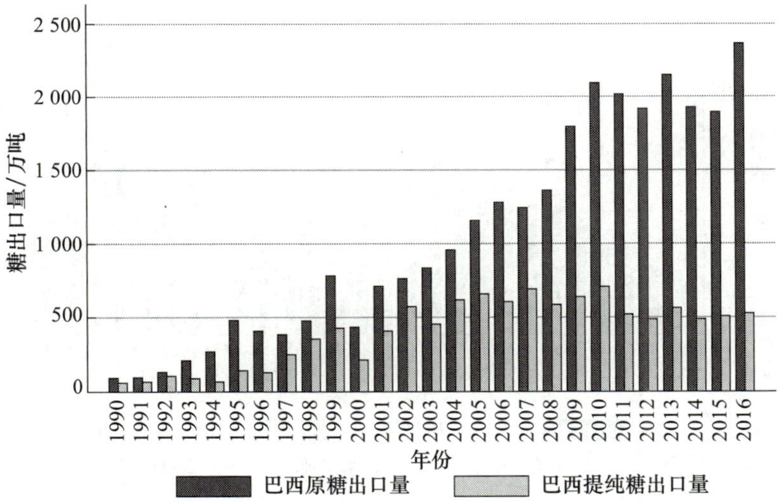

图 5.11　巴西糖出口量变化趋势（1990—2016 年）

橙汁： 巴西是世界上最大的橙汁出口国，2016 年出口橙汁 230 万吨，其出口的橙汁是世界第二大橙汁出口国比利时的 3 倍。

3. 畜禽产品出口

鸡肉： 鸡肉是巴西第三大出口农产品，占农产品出口的 8%。巴西是世界上最大的鸡肉出口国，约占全球出口的 40%。2016 年巴西出口鸡肉 400 万吨（图 5.12）。由于没有受到禽流感的影响，巴西的养禽业近年来发展很快，在亚洲市场上特别是中东国家具有很强的竞争力。

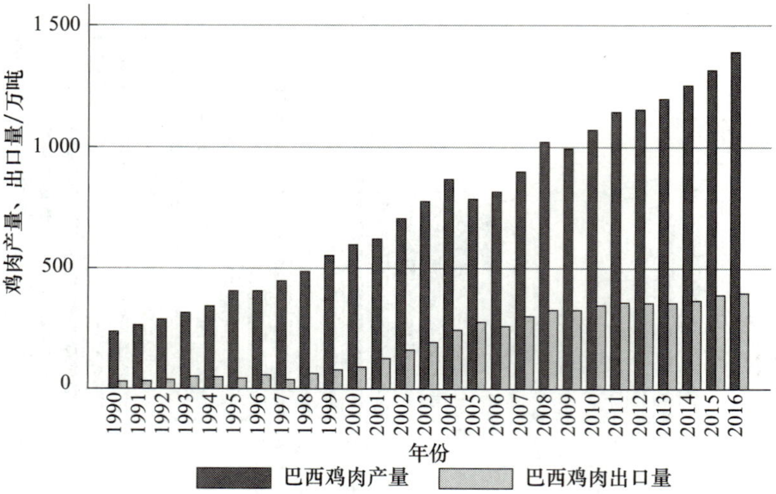

图 5.12 巴西鸡肉产量和出口量变化趋势（1990—2016 年）

牛肉：2004 年，受美国疯牛病恐慌的影响，美国牛肉出口大幅度下降。巴西取代了美国成为世界最大的牛肉出口国，牛肉出口迅速增加。受 2008 年金融危机的影响，牛肉出口有所下降。牛肉是巴西畜牧业最重要的出口产品，2016 年，巴西出口牛肉 430 万吨（图 5.13），牛肉出口占巴西农产品出口的 6%。

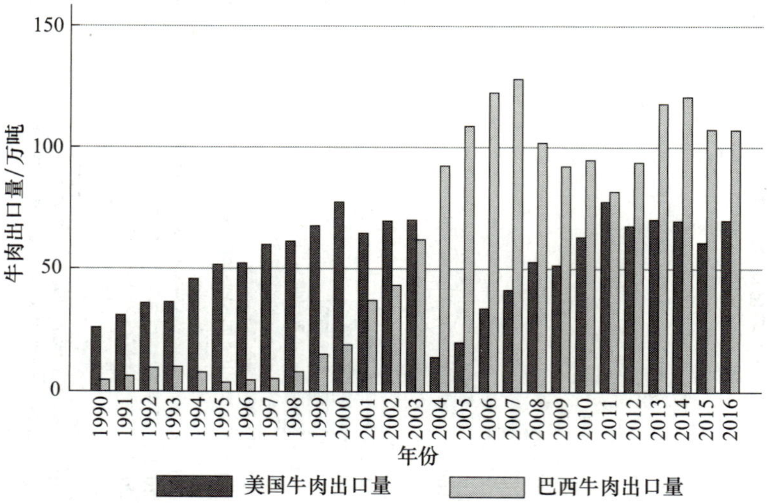

图 5.13 美国、巴西牛肉出口量比较（1990—2016 年）

巴西农产品出口最大的目的国是中国。中国加入 WTO 后，巴西对中国农产品的出口快速增加。2016 年巴西向中国的农产品出口高达 180 亿美元，约占巴西农产品出口总额的 1/4。中国已经稳居巴西农产品出口的第一大目的国。其他重要的农产品出口目的国还包括荷兰、美国、德国、日本。

5.3 巴西的农业政策

巴西主管农业政策的是两个部门，一个是农业部（MAPA），另一个是农业发展部（MDA），前者主要负责商业化农业，后者主要负责小规模的家庭农业。在二十世纪九十年代中期以前，巴西对农民的补贴是负的，此后转为正补贴。2005年的PSE的水平大约为6.76%，2015—2017年的PSE的水平大约为2.7%，与澳大利亚、新西兰大体相当，大大低于OECD国家的19%的平均水平。对小麦、玉米、大米等与进口竞争的产品以及棉花的支持水平较高。生产者补贴PSE的具体形式为：2/3是信贷优惠，1/3是市场价格支持。

5.3.1 农村金融政策

1. 信贷优惠

巴西曾长期受困于宏观经济的不稳定，市场利率极高，优惠利率可以抵消高利率对农业的打击。政府首先对二十世纪八九十年代宏观经济不稳定时期积累的农场负债做了重新安排，增加农业部门的流动性。

农村优惠信贷主要是由全国农村信贷系统SNCR提供的。信贷优惠资金的主要来源是银行（40%），国家要求银行或者将28%的存款以义务储备的形式放在中央银行，利率为0；或者以低于市场利率的控制利率贷给银行用于农村放贷。利率非常优惠，生产性贷款利率为6.75%，投资性贷款利率为6.75%～9.5%。而市场利率为20%～25%。

2. 农业保险政策

限于国家财力和地区之间的不平衡发展，农业保险主要在较发达地区实行。巴西的农业保险具有以下特色：由联邦中央银行独家负责农业保险，其他银行只作为代理。分备耕、种植、管理和销售等四个阶段进行保险（与发放农业信贷同步进行）。保险范围以生产成本为上限。政府和农民各自负担50%的保险金，促进农民通过参加农业保险的方式来降低农业生产风险。

3. 解决农民的债务危机

巴西农民的债务问题由来已久，由于此前非常高的通货膨胀率，而农场的产出价格受政府控制，投入品价格却不断飞涨，曾经累计的未清偿债务高达430亿美元。自1995年以来，巴西政府一直采取一些措施来解决农民的债务危机问题。其中一项重要措施是通过立法的形式允许到期不能还债的农民可以继续与放款者协商而延期还贷。

5.3.2 价格支持政策

最低保证价格政策（PGPM）包括联邦政府购买方案（AGF）和联邦政府贷款方案（EGF）。联邦政府购买方案（AGF）的目的过去是保证食品安全，现在转向了对农户的收入支持；联邦政府贷款方案（EGF）为农场以及合作社提供短期优惠贷款，帮助它们更好地出售农产品。

具体的销售合同方案包括：PEP、VEP、PEPRO、PROP四种。PEP是使用最多、且对国内市场价格和出口价格影响最大的销售合同方案。该方案给那些支付最低价格给生产者的批发商一个由拍卖决定的对等支付。当中西部的农民把产品提供给南部的加工企业或批发商时，政府将两地之间的价差（主要是运费）补贴给后者，鼓励他们到内陆地区去收购农产品，从而为内陆地区农民提供价格支持。该计划实际运作中有三种作物从中获益：棉花、玉米和小麦。VEP的内容与PEP基本相同，区别是它只针对政府拥有的储备。PEPRO方案类似价格补贴，直接支付给农户。运行机制与PEP类似，由政府支付市场价格和最低保证价格之间的差额。PROP则是利用远期合同为生产者提供了套期保值的手段，但近年来在粮食销售中用得较少。

5.3.3 农产品贸易政策

巴西是南方共同市场（MERCOSUR）的成员①。这一组织几乎与所有的拉丁美洲国家都签署了自由贸易协定。2007年，这一组织与以色列签订了自由贸易协定，2010年与埃及签订了自由贸易协定，与欧盟的自由贸易协定正在谈判中。这一组织成员间的农产品进口是零关税，与其他国家的农产品平均关税是10%。

5.4 巴西农业发展的特点

第一，农业资源丰富，增产潜力很大。巴西的农业资源得天独厚，土地资源、生物资源、水资源等都十分丰富。巴西仍处在“拓展农业边疆”的发展阶段，耕地面积仍在不断扩大，国家可耕地总面积可以达到3亿公顷。巴西农业增产的潜力极大，甚至有专家认为，巴西将是“二十一世纪的世界粮仓”。

第二，巴西农业仅占国内GDP的5%，但却成为一个世界性的生产部门。巴西是世界上咖啡、糖、橙子、橙汁、干豆的最大生产国，是大豆、牛肉、禽肉、玉米等的主要生产国。

第三，农业以出口产品为主，但粮食尚需进口。由于拥有充足的土地、水资源、良好的气候，巴西农业的国际竞争力非常强，农场的生产成本相对比较低。在政府的大力推动下，巴西开发了一系列适合中西部酸性土地的农业高产作物品种。政府鼓励生产大豆等出口作物，以赚取更多的外汇，同时也可减少对咖啡等传统出口作物的过分依赖。农业仍是国家赚取外汇的主要部门之一。小麦需要进口，主要是气候条件不太适合种小麦。

巴西农产品出口快速增长的同时，农产品的出口结构从热带产品向加工产品转变。加工农产品目前已经占巴西农产品出口的3/5，初级大宗农产品占2/5。

第四，国内农产品的消费格局正在发生变化。由于巴西是世界第五大国家，经济在高速增长，人口增长和人均收入水平的提高，对高品质、多样化食品的需求不断增加。

第五，大豆生产发展迅速。近几十年来，巴西农业发展的突出特点是迅速发展了大豆生产。从二十世纪七十年代中期以来，巴西开始实施用甘蔗加工乙醇以取代汽油的计划，以解决能源不足的问题，因此甘蔗的种植面积大增。与此同时，棉花本来是巴西的第二大出口产品，因棉田纷纷转产甘蔗和大豆，出口的结构也有明显的调整。

第六，大庄园主农业和小农并存。巴西的土地占有状况极不均衡。全国的良田大部分掌握在大庄园主手里，其规模大得惊人，最大的可以达到几万甚至几十万公顷。他们经营现代化的商业性农场，以生产大豆、甘蔗、咖啡等出口农产品为主。另一方面，占农场总数85%的是自给性小农，劳动生产率和经济收入都很低。巴西还有无地的农民1 200万，他们生活在社会的底层，多半仍处于赤贫状态。财富分配的不均等依然是一个严重的问题。无地农民运动要求对土地进行重新分配。农村60%的人口为贫困人口。

---

① 南方共同市场是巴西、阿根廷、巴拉圭、乌拉圭四国于1991年建立的一个关税同盟，成员国之间实现自由贸易，并建立起对非成员国进口产品的共同关税壁垒。该组织的正式成员还包括委内瑞拉和玻利维亚，而委内瑞拉又在2017年8月被无限期中止成员国资格。

第七，交通运输和港口运输仍是制约巴西农产品出口的重要因素。随着巴西农业重心从东南部地区向中西部地区的转移，交通运输、储存、港口设施越来越成为巴西农业发展的制约因素。与美国、中国、俄罗斯等大国相比，巴西更加依赖公路运输。在巴西，公路运输占全部货物运输的 60%，铁路运输只占巴西全部货物运输的 25%，与其他国家差异较大[①]。巴西的公路总里程为 180 万千米，为全球第四。从巴西中西部到港口的平均距离为 1 000 千米，大宗农产品的运输基本上靠卡车运输。巴西大约只有 12%的公路是路面硬化的，而邻国阿根廷的这一比例约有 30%。由于长期缺乏投资，巴西的公路通行状况很差。运输设施不足和低效率增加了农产品特别是大宗农产品的物流成本，导致同一农产品港口地区的价格和内陆地区价格差别非常大。巴西的铁路网主要集中在东南部地区，铁路总里程大约只有美国的 1/7。另外，巴西内陆水运潜力很大，目前水路运输仅占全部运输的 13%。

由于粮食产量的快速扩张，巴西的粮食存储设施严重不足，估计储存能力缺口在 4 000 万吨以上。储存能力不足加大了粮食价格在不同季节的差别，特别是在收获季节，由于农场急于出售农产品，导致价格大幅度下降，进而降低了农场的收入。

巴西海岸线长，大约有 50 个海港，海路运输在农产品贸易中发挥着关键作用。巴西海港由于投资不足，规模小、吞吐能力低、效率低，费用高。巴西推出了“全国交通物流规划”，提出在 2008—2023 年期间，通过大规模投资改变巴西运输过度依赖公路运输的状况。该计划确立了数百个铁路、公路、码头、机场等建设项目，但由于资金缺乏，这些项目很多没有落实。

复习思考题

1. 巴西为什么被称为“二十一世纪的世界粮仓”?
2. 巴西农业生产的主要特点是什么?
3. 巴西农产品贸易的主要特点是什么?

---

① 公路运输的比例在美国是 32%，中国是 50%，俄罗斯只有 8%；铁路运输的比例在美国是 43%，中国是 37%，俄罗斯是 81%。

第6章　阿根廷农业经济

阿根廷位于南美洲南部，面积为278万千米^2，次于巴西，是拉美第二大国。东濒大西洋，西与智利以安第斯山脉为界，北部和东部与玻利维亚、巴拉圭、巴西、乌拉圭接壤。边界线总长25 728千米，南北最大距离3 700千米，东西最大距离1 460千米。地势西高东低，阿空加瓜山海拔6 964米，是安第斯山脉最高峰，也是南美第一高峰。山地面积占全国面积的30%。东部和中部的潘帕斯草原是著名的农牧区，北部查科平原，多沼泽洼地，有大面积森林；南部是有名的巴塔哥尼亚高原。海岸线5 000多千米。主要河流是拉普拉塔河及其上游的巴拉那河和乌拉圭河、巴拉圭河。

阿根廷气候多样，四季分明。南部属寒带，冬季温度低于零度；北部属热带气候，全年雨量丰沛；中部属亚热带和温带气候，气候温和，12月至翌年2月为夏季，3月至11月为冬季，冬季也不结冰、不下雪。阿根廷年降水量很不均匀，东北角高达1 000毫米以上，中部和北部500～1 000毫米，西部200毫米以下，巴塔哥尼亚地区也在200毫米以下。

阿根廷首都布宜诺斯艾利斯，始建于十六世纪，现已成为全国的政治、经济、文化、金融和交通中心。布宜诺斯艾利斯是阿根廷第一大城市以及南美地区第二大城市（仅次于巴西的圣保罗）。该城市位于国家东部，居民1 300万，占全国人口的30%，工业产值占全国的2/3。

2016年，阿根廷GDP总量为5 500亿美元，人口为4 400万，人均GDP为13 000美元。

6.1　阿根廷农业生产

2016年阿根廷的农业面积为1.5亿公顷，可耕地为3 900万公顷，人均耕地面积为0.9公顷，远高于世界平均水平。农牧业发达，素有“粮仓肉库”之称，是世界粮食和肉类主要生产和出口国之一，主要种植大豆、玉米、小麦、甘蔗和葵花籽等。阿根廷是世界豆粕、豆油的最大出口国，葵花籽油的第四大出口国，蜂蜜的第二大出口国，梨的第四大出口国，玉米的第二大出口国，高粱的第三大出口国，大豆的第三大出口国，农业生产对国民经济具有重要的贡献，农业占国民生产总值比重近30%。

6.1.1　农地资源

潘帕斯草原又称南美草原或阿根廷草原，现大部分已开垦成农田和牧场，盛产大豆、玉米、小麦、牛肉、水果、蔬菜等，是阿根廷最重要的农牧业区，牧草丰美的草原到处是良种牛群。草原上种植的玉米，大部分是用来饲养牛、羊，牛肉产量很高。

潘帕斯草原的大牧场放牧业，是世界大牧场放牧业的典型代表。这里发展的大牧场规模大，不少大牧场的草场面积在 5 000 公顷以上，经济效益良好。

6.1.2 农业生产结构

1. 种植业

种植业是阿根廷农业的主要部门之一，主要种植大豆、玉米、小麦、大麦、高粱、甘蔗、葵花以及少量的大米、棉花。

大豆： 大豆的播种面积和产量增长迅速，1980 年，阿根廷的大豆收获面积为 200 万公顷，产量 350 万吨；2000 年大豆收获面积为 860 万公顷，产量为 2 000 万吨；2016 年，大豆收获面积 1 950 万公顷，产量高达 5 900 万吨（图 6.1，图 6.2）。产量仅次于美国、巴西，位居世界第三，产值 130 亿美元，居种植业之首。

阿根廷的大豆单产低于美国 10%（表 6.1），未来仍有增产潜力。

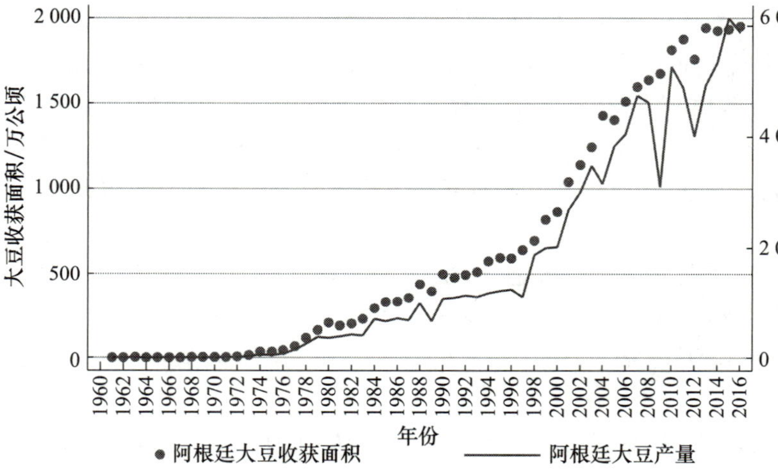

图 6.1 阿根廷大豆收获面积和产量变化趋势（1961—2016 年）

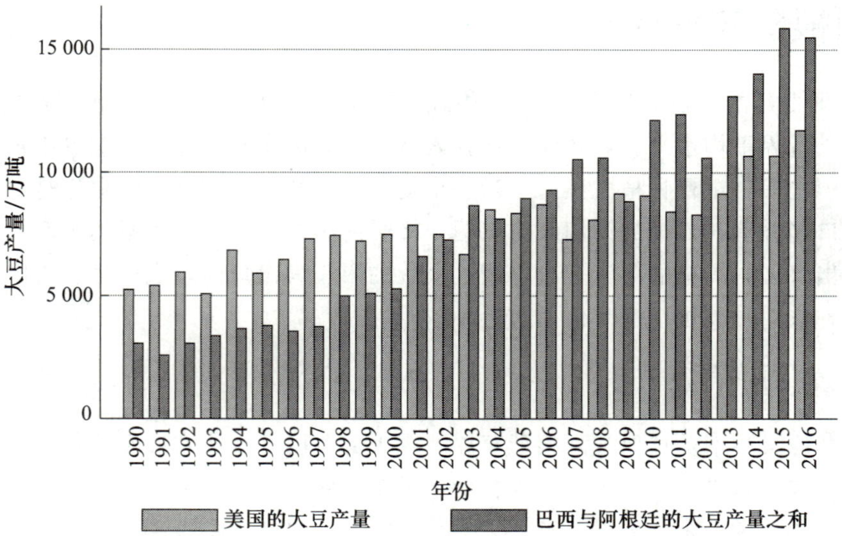

图 6.2 巴西与阿根廷大豆产量之和与美国的大豆产量比较（1990—2016 年）

表 6.1 美国、巴西、阿根廷大豆单产比较 千克/公顷

区别	2016 年	2014—2016 年平均
美国	35 000	33 000
巴西	29 000	29 300
阿根廷	30 100	29 900

玉米：玉米是阿根廷种植业中的第二大作物，也是阿根廷最重要的饲料作物，2016 年收获面积 530 万公顷，产量为 4 000 万吨（图 6.3），产值 38 亿美元。在过去的五十年里，尽管产量波动很大，但阿根廷的玉米产量呈现长期增长趋势。阿根廷的玉米产量在南美洲仅次于巴西，是世界第四大玉米生产国。

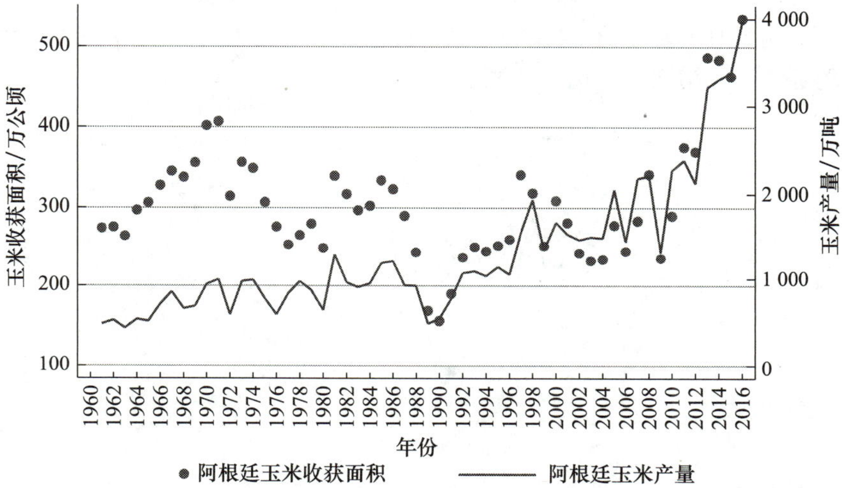

图 6.3 阿根廷玉米收获面积和产量变化趋势（1961—2016 年）

小麦：小麦是阿根廷重要的粮食作物，2016 年收获面积为 560 万公顷，产量为 1 900 万吨。阿根廷小麦的收获面积和产量波动很大，自 2000 年以来，小麦的收获面积和产量呈现下降趋势。

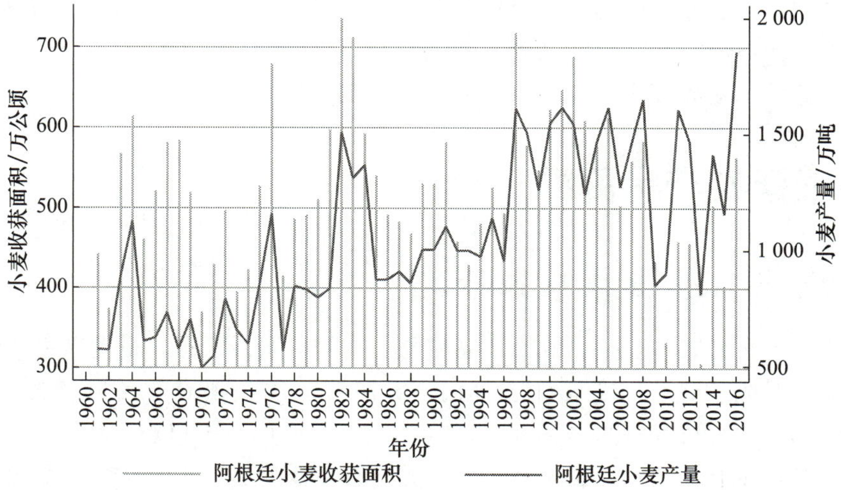

图 6.4 阿根廷小麦收获面积和产量变化趋势（1961—2016 年）

甘蔗：阿根廷最重要的经济作物首推甘蔗，也是阿根廷最主要的糖料作物。2016 年，阿根廷甘蔗产量为 2 200 万吨。

葵花籽：阿根廷是世界第三大葵花籽生产国，葵花籽产量虽然大大低于乌克兰和俄罗斯，但高于中国的产量。葵花籽也是阿根廷的第二大经济作物，2016 年产量 300 万吨。

水果：葡萄是阿根廷最重要的水果，2016 年葡萄产量 180 万吨。阿根廷年产葡萄酒 140 万吨。阿根廷的其他水果蔬菜主要是苹果、柠檬、马铃薯、梨，产量分别为 97 万吨、170 万吨、180 万吨、91 万吨。

2. 畜牧业

2016 年阿根廷牛的存栏数为 5 300 万头，该国畜牧业历史悠久，牲畜品种及畜牧水平在世界上均占先进地位。牛肉生产在阿根廷的经济活动中占有重要地位，阿根廷农牧业 GDP 的 35%～40%来源于牛肉生产。2016 年，牛肉产量 260 万吨（图 6.5）。阿根廷是继美国、巴西、中国之后的全球第四大牛肉生产国。

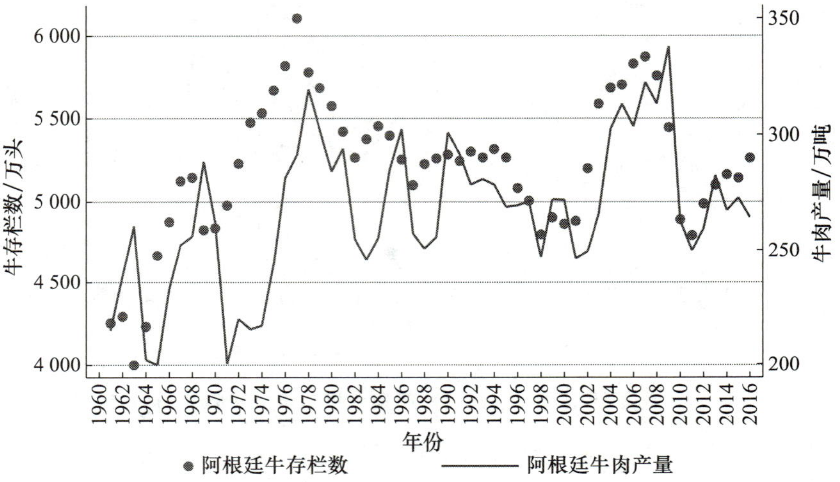

图 6.5 阿根廷牛存栏数与牛肉产量变化趋势（1961—2016 年）

牛奶：牛奶业是畜牧业中的又一个重要部门，2016 年，牛奶产量为 990 万吨。

鸡肉：2016 年鸡肉产量为 190 万吨，鸡蛋产量 51 万吨。

猪肉：养猪业的规模较小，2016 年猪肉产量仅为 28 万吨。

6.2 阿根廷农产品贸易

6.2.1 农产品进出口基本情况

由于阿根廷的自然条件良好，其农产品贸易一直保持顺差状态，是世界主要的农产品出口国之一，农业是阿根廷出口创汇主要部门。2016 年，阿根廷农产品出口为 348 亿美元，进口为 20 亿美元，净出口高达 328 亿美元（表 6.2，图 6.6）。出口农产品中，1/4 为未经加工的初级农产品，主要是大豆、玉米和小麦。另外有 1/3 是加工农产品，如豆粕、面粉、大豆油、葵花油。农产品出口占阿根廷外汇收入的 60%。

表 6.2　近年来阿根廷农产品进出口情况（2012—2016 年）　亿美元

项目	年份				
	2012	2013	2014	2015	2016
出口	407	401	358	327	348
进口	19	18	17	16	20

数据来源：FAO 数据库。

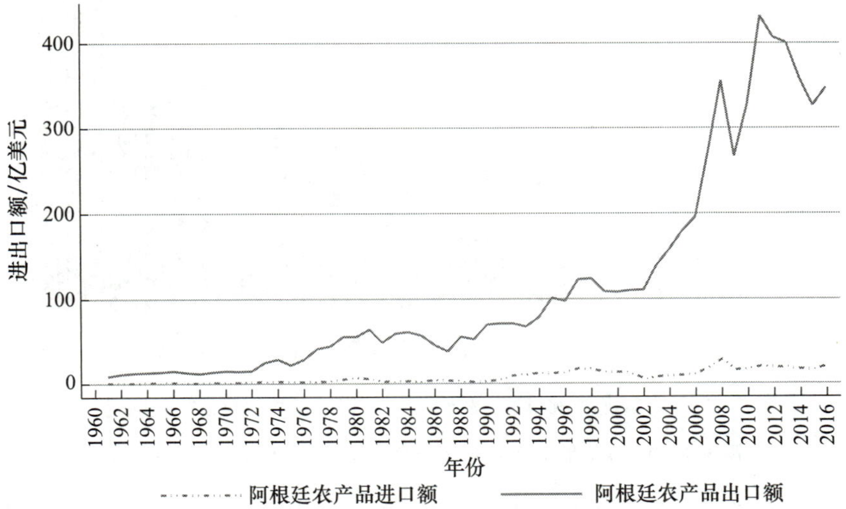

图 6.6　阿根廷农产品出口额和进口额变化趋势（1961—2016 年）

6.2.2　主要农产品出口情况

1. 粮食出口

大豆及大豆产品：作为阿根廷最重要的出口产品，2016 年，阿根廷出口豆粕 2 900 万吨，大豆油 580 万吨，是世界最大的豆粕和豆油出口国。出口大豆 900 万吨（图 6.7），大豆出口量位列世界第三。这三种产品的出口总价值高达 170 亿美元。

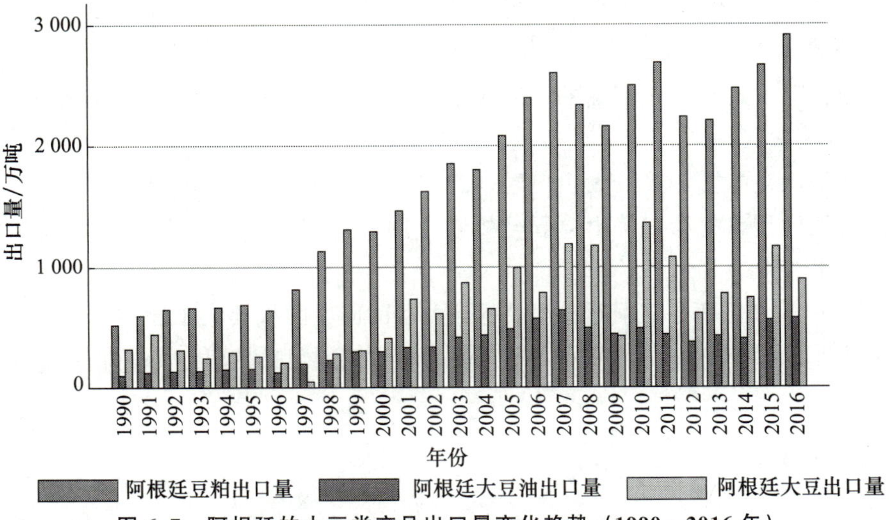

图 6.7　阿根廷的大豆类产品出口量变化趋势（1990—2016 年）

玉米：阿根廷是仅次于美国的世界第二大玉米出口国，阿根廷的玉米生产是出口导向的，玉米出口比率平均为60%，最高可达85%。受国际市场玉米价格上涨的刺激，阿根廷玉米出口持续快速增长（图6.8）。2016年，阿根廷出口玉米约2 500万吨，出口价值42亿美元。

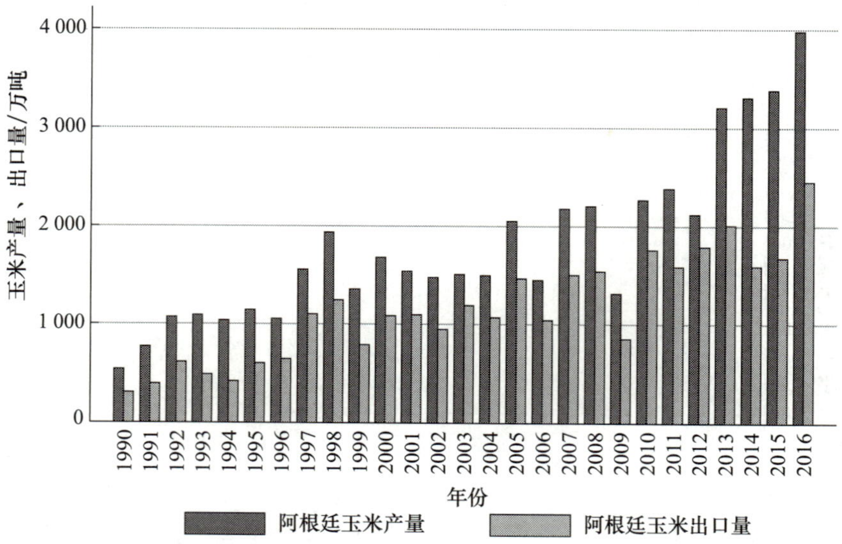

图6.8 阿根廷玉米产量和出口量变化趋势（1990—2016年）

小麦：阿根廷曾经是世界小麦的主要出口国，但近年来小麦产量和出口不断下降，2016年，出口小麦1 000万吨，出口价值19亿美元。小麦出口比率平均为50%左右。此外，阿根廷还出口小麦粉60万吨。

2. 畜产品出口

阿根廷一直是畜产品出口大国，牛肉出口是国民经济产值的重要组成部分，也是外汇的主要来源。近年来为稳定国内牛肉价格，政府采取限制牛肉出口措施，阿根廷牛肉出口量有所下降。2016年阿根廷牛肉出口量仅为15万吨，出口价值约10亿美元，远低于澳大利亚、巴西、印度、美国、新西兰、欧盟、加拿大和乌拉圭。

3. 其他农产品及加工品出口

葵花籽油：阿根廷是葵花籽油的第四大出口国，2016年出口葵花籽17万吨，葵花籽油60万吨。

蜂蜜：阿根廷是蜂蜜的第二大出口国，2016年出口蜂蜜8万吨，仅次于中国。

水果：阿根廷是梨的第四大出口国，排在中国、比利时、荷兰之后。2016年出口梨31万吨，出口苹果9万吨。

2016年，中国和巴西是阿根廷农产品的最大目的国，阿根廷向中国的农产品出口约为34亿美元，向巴西出口约为30亿美元。其他主要出口目的国包括越南、印度、埃及等国家。

6.3 阿根廷的农业政策

阿根廷农业由于竞争力强，很少得到政府的直接支持，政府对农业的直接补贴很少。阿根廷农业政策的核心是顺应市场化改革的趋势，为农业松绑减负，不断改善农业的外部环境。这是阿根廷农业政策与美国、欧盟等地的最大不同之处。

第一，发挥政府的谈判作用。在 WTO 谈判中，致力于减少农产品贸易限制，建议削减关税和补贴。推动农产品贸易自由化是政府外交的主要目标之一。

第二，改革口岸政策。取消或降低出口税和各种检查费用，降低农产品出口成本。取消或降低农业生产资料进口关税和进口限额，从而降低了农产品的生产成本。

第三，改善运输系统。阿根廷把改善运输系统、提高运输效率、降低运输成本列为重要项目。如疏通河道、加深河床，使大吨位远洋货船直达内河。改造公路，拓展运输线路等等。

第四，不断提高农产品产量。政府专门成立农业技术研究中心，致力于开发高产农业品种，大豆、马铃薯、棉花相当一部分采用了转基因种子，产量、抗病能力大大提高。重点研发无公害农药，鼓励发展有机农业，开发出了达到欧洲标准的无害蜂药，解决了抗生素残留问题。

第五，提供培训。向中、小生产者提供一些财务、社会、技术和组织支持，向农民提供利用期货市场的咨询支持，以其用现代交易手段来规避市场价格风险。

6.4　阿根廷农业的特点

第一，农产品净出口数额大。农业是阿根廷出口创汇的支柱。农业出口大约占阿根廷全部出口的 60%，显示了阿根廷在农业方面的优势。

第二，农业发展的波动较大。近年来，小麦的收获面积和产量不断下降，出口量也不断下降。

第三，大庄园农业与小农并存。全国的农业主要掌握在大庄园主手里，规模非常大，有的农场规模高达几十万公顷，经营现代化商品化农业。而占农场总数 80%以上的小农，劳动生产率和收入都比较低。

第四，机械化程度高。大庄园农业在播种、耕地、施肥、喷药、收割、运输等各环节都使用大型机械，机械化程度非常高。每个农场都拥有多种机械。

第五，社会化服务发达。农场与商业性涉农服务公司保持着密切联系，在农业投入供给、生产、运输、销售、储存等各个环节，涉农公司可以为农场提供上门服务。

第六，地区专业化的格局初步形成。东北部地区主要种植水果、棉花、茶叶；西北部地区主要种植甘蔗、水果；西部安第斯山区主要种植葡萄和其他水果；潘帕斯草原主要种植粮食、油料以及发展畜牧业；南部巴塔哥尼亚高原以养羊业为主。

复习思考题

1. 阿根廷农业生产的主要特点是什么？
2. 阿根廷大豆生产和贸易的主要特点是什么？
3. 阿根廷与巴西农业生产的异同点是什么？

第7章　澳大利亚农业经济

澳大利亚的全称澳大利亚联邦（The Commonwealth of Australia），地域辽阔，位于南半球。澳大利亚也是世界上唯一独占一片大陆的国家，南北距离约 3 700 千米，东西约 4 000 千米，国土面积为 774 万千米^2，居世界第六，仅次于俄罗斯、加拿大、中国、美国和巴西。包括 6 个州和 2 个地区，新南威尔士州、维多利亚州、昆士兰州、南澳大利亚州、西澳大利亚州以及塔斯马尼亚州、北部地区、首都直辖区。

2016 年人口有 2 400 万，人口居住非常集中，90％的人都居住在城市。首都堪培拉，人口 30 万。最大的城市为悉尼，人口 400 万。第二大城市为墨尔本，人口 340 万。2016 年 GDP 总量为 1.2 万亿美元，人均国民生产总值为 50 000 美元。人口的预期寿命为 81 岁。由于人口非常稀少，澳大利亚是一个贸易国家，很大部分生活必需品都需从国外进口。

澳大利亚北部约 1/3 的国土面积处于南回归线以北，属于热带，而其余地区则属温带。澳大利亚气候干燥，全国 35％的面积为沙漠地带，年平均降雨量不足 250 毫米；北部地区属于热带草原气候，是全澳雨水最多的地区；东部地区降雨量适中，年均降雨量 500～1 200 毫米；西南角属夏热干旱、冬温多雨的亚热带地中海式气候。1/3 的国土面积是非农业用地，主要是沙漠和一些分散的矿山；1/3 的国土面积是半干旱地区，主要用于粗放式的牛、羊放牧；1/3 的国土面积水量充沛，主要农业活动是养羊、牛，种植小麦和其他粮食作物。

澳大利亚按人口衡量是一个小国，本国生产的产品不能满足本国人口的多样化需要。生产和出口本国具有比较优势的产品，包括农产品、矿产品和能源产品。进口本国不具备比较优势的产品，如制成品。

澳大利亚拥有丰富的矿产资源，是铁矿石生产大国，采矿业散布于整个澳大利亚。雇佣的人员规模不大，资本密集程度高。产品以出口为主，主要出口国为东亚地区。澳大利亚的必和必拓（BHP BILLITON）是全球最大的采矿业公司①。

7.1　澳大利亚农业生产

澳大利亚曾经是英国的殖民地，经济长期以农牧业为主，小麦、羊毛、牛肉是驰名国际市场的三大产品。2015 年，农业 GDP 占总 GDP 的比重为 2.5％。农村人口仅占全国人口的 10％，农业人口的数量为 380 000，占总人口的比例不足 2％。2016 年澳大利亚的农场数量约为 8.6 万个，平均农场规模为 4 300 公顷，在全球是最大的。

7.1.1　农业用地

2016 年澳大利亚约有 4 600 万公顷的可耕地，人均耕地面积为 2 公顷以上，是世界上人

① 全球三大矿业公司分别是澳大利亚的必和必拓、巴西的淡水河谷以及英国的力拓集团。

均耕地面积最大的国家，约为世界平均水平的 10 倍。可灌溉农田仅占全部农业用地的 0.4%。澳大利亚的农业面积约为 3.7 亿公顷，约占国土面积的 1/2，大约有 3.2 亿公顷的永久性草地适合放牧。澳大利亚绝大部分土地土壤中缺少磷、氮等适合农作物生长的成分，草场和粮食作物区必须靠经常不断地施用化肥。澳大利亚农业用地的地表土层很薄，存水困难。此外，还有盐碱化土壤和酸性土壤以及一些自然灾害等。

7.1.2 农业生产结构

1. 种植业

小麦：作为澳大利亚最主要的农作物，2016 年，小麦收获面积 1 100 万公顷（图 7.1），产量 2 200 万吨，大约有 8 000 个种植小麦的农场——平均规模为 1 300 公顷。近年来小麦的产量大约为 2 000 万吨，国内需求大约 600 万吨。

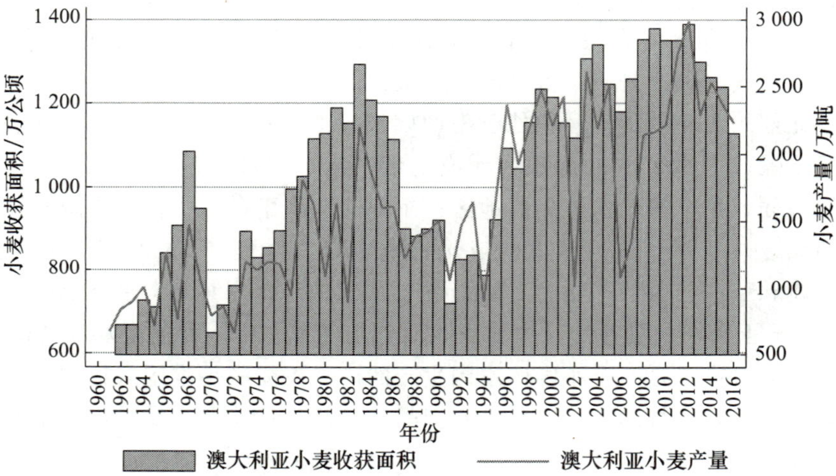

图 7.1 澳大利亚小麦收获面积和产量变化趋势（1961—2016 年）

大麦：澳大利亚是世界重要的大麦生产国之一（图 7.2），大麦是澳大利亚第二大农作物，2016 年产量 900 万吨，约占全球大麦产量的 6%。澳大利亚稻米和玉米的产量不大，2016 年产量分别为 27 万吨和 40 万吨。

油菜籽：在过去的五十年中，澳大利亚油菜籽的产量在波动中不断增长。油菜籽是澳大利亚的主要油料作物，2016 年油菜籽收获面积为 240 万公顷，产量为 290 万吨。

棉花：棉花是澳大利亚的主要农作物之一。2014 年产量为 88 万吨。产棉区主要集中在新南威尔士州，产值约占全国的 3/4。

甘蔗：甘蔗是澳大利亚产量最大的农作物，也是澳大利亚最重要的经济作物（图 7.3）。2016 年，甘蔗收获面积为 45 万公倾，产量为 3 400 万吨，位于东北部的昆士兰州是最集中的产地。澳大利亚是世界最大糖出口国之一。

水果：澳大利亚盛产水果。主要品种有葡萄、苹果、香蕉、橙子、菠萝、梨、桃、猕猴桃、牛油果及其他许多热带水果。澳大利亚的葡萄生产很丰富，2016 年，葡萄产量 180 万吨，澳大利亚的葡萄酒酿造业也较发达。

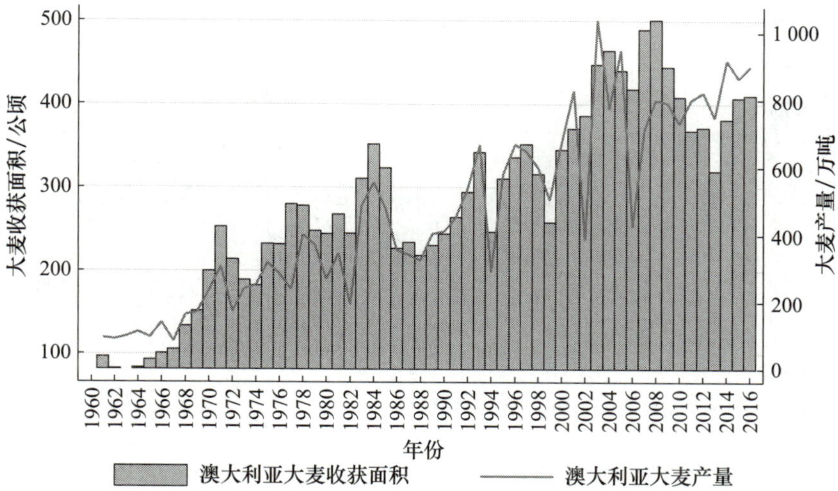

图 7.2　澳大利亚大麦收获面积和产量变化趋势（1961—2016 年）

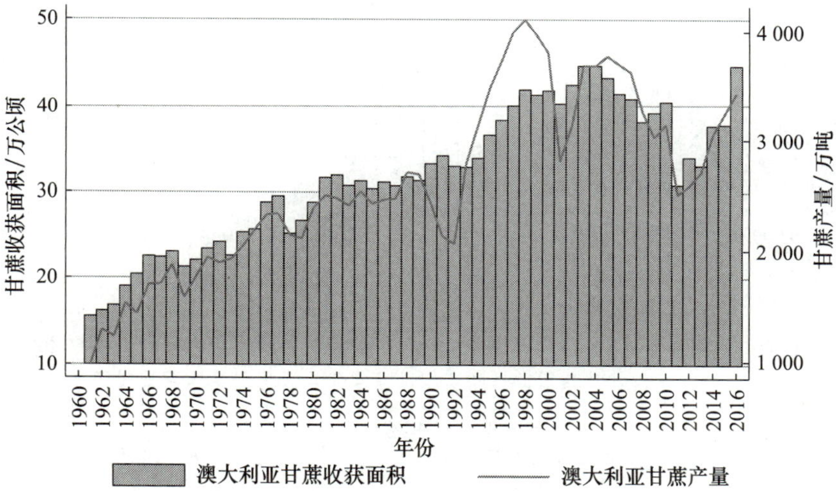

图 7.3　澳大利亚甘蔗收获面积和产量变化趋势（1961—2016 年）

2. 畜牧业

养牛业：澳大利亚畜牧业很发达，养牛业的水平非常高（图 7.4）。养牛业是澳大利亚畜牧业中最大的部门，2016 年，牛肉产量 240 万吨，牛奶产量高达 770 万吨。澳大利亚大约有 20 000 家以养牛为主的牧场，平均规模为 30 000 公顷。近年来出现了由粗放放养向围栏喂养转变的趋势。

羊肉与羊毛：澳大利亚尤以牧羊业闻名世界。羊毛及羊肉的产值就占农业总值的 15%。该国现有羊总数为 7 600 万只，其中山羊 360 万只。2016 年，羊肉产量 68 万吨（图 7.5），是仅次于中国的世界第二大羊肉生产国。羊毛产量达 36 万吨，澳大利亚是世界最大羊毛生产国和出口国。羊毛生产曾是澳大利亚最重要的产业之一，但其重要性在不断下降。大约有 18 000 家以养羊为主的牧场平均规模为 6 000 公顷。

其他畜禽：家禽业也是澳大利亚畜牧业的重要组成部分。2016 年，澳大利亚鸡肉产量为 120 万吨。养猪业的规模较小，2016 年，猪肉产量 38 万吨。

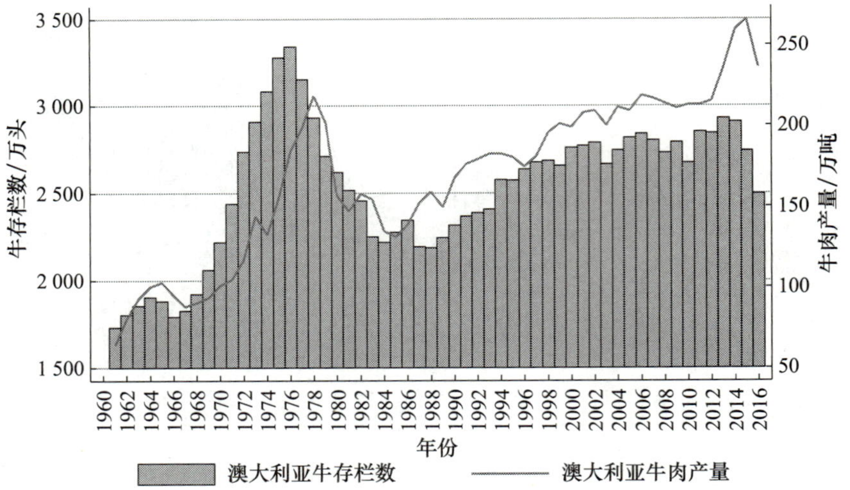

图 7.4 澳大利亚牛存栏数和牛肉产量变化趋势（1961—2016 年）

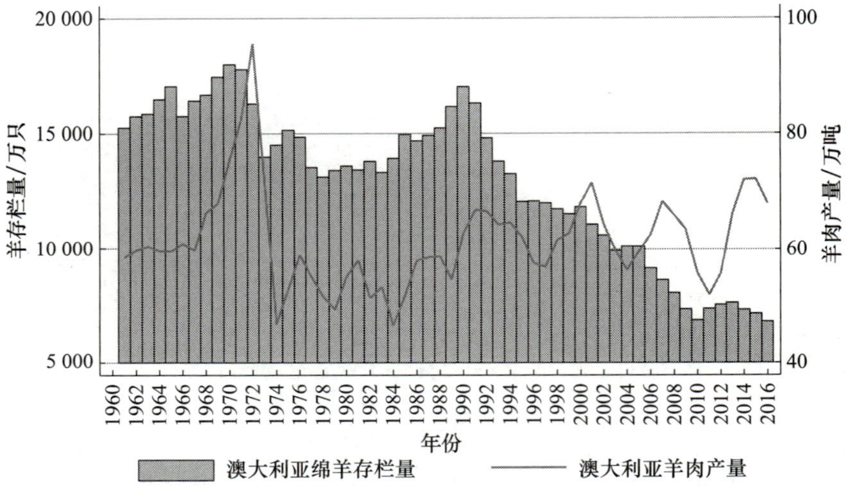

图 7.5 澳大利亚绵羊存栏量和羊肉产量变化趋势（1961—2016 年）

7.2 澳大利亚农产品贸易

7.2.1 农产品进出口基本情况

澳大利亚是一个以贸易立国的国家，约 70%的农产品需要出口。澳大利亚农产品的主要消费市场在海外。2016 年澳农产品出口 306 亿美元，进口 124 亿美元，净出口 182 亿美元（表 7.1，图 7.6）。

表 7.1 近年来澳大利亚农产品进出口情况（2012—2016 年） 亿美元

项目	年份				
	2012	2013	2014	2015	2016
出口	377	378	353	326	306
进口	123	121	128	121	124

数据来源：WTO 数据库。

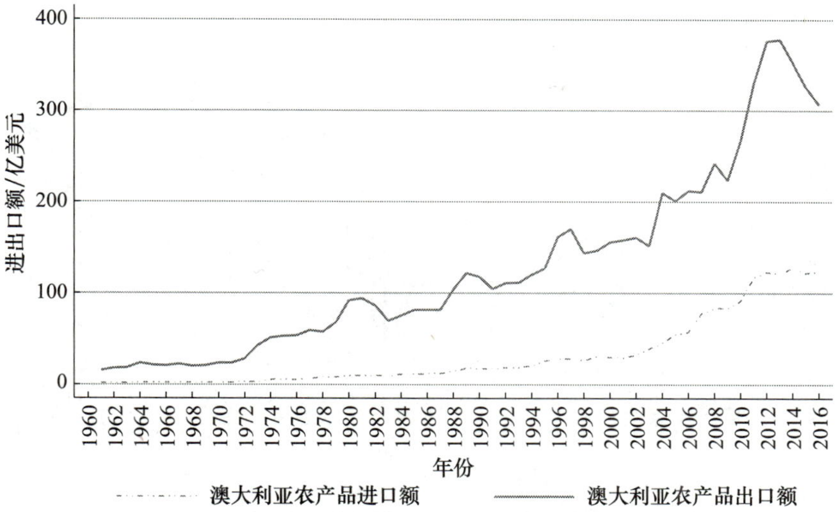

图 7.6　澳大利亚农产品进出口额变化趋势（1961—2016 年）

澳大利亚长期以来积极倡导贸易自由化，主张公平贸易和反对各种形式的不正当竞争，并于 1995 年 1 月正式成为世界贸易组织成员。为适应世界贸易组织的各项规则和要求，澳大利亚基本建成了较为成熟的机构组织形式和外贸管理体制。然而农业是澳大利亚的基础产业，是外汇收入的主要来源。面对日益抬头的农产品国际贸易保护主义，为其自身农场主的利益，为保持农业领域在国际市场中的竞争优势，澳大利亚依然采取了一定的农业和农产品保护措施。另外，澳大利亚是凯恩斯集团（Cairns Group of Agriculture Exporting Countries，见第 2 章 2.5 节附录）成员之一。

7.2.2　农产品出口

1. 种植业出口

小麦：小麦是澳大利亚最主要的农作物，也是该国最主要的出口农产品。2016 年，澳大利亚出口小麦 1 600 万吨。受产量波动的影响，小麦出口量波动很大，但总体上看，小麦出口呈长期增长趋势（图 7.7）。澳大利亚也是全球主要小麦出口国之一，位居第五，出口至 50 多个国家和地区。每个出口目的地国家年度间的出口数量波动幅度较大。最重要的市场是伊朗、伊拉克、埃及、原苏联国家、中国、印度尼西亚、日本、韩国和马来西亚等。

大麦：澳大利亚是仅次于法国的世界第二大大麦出口国，2016 年出口大麦 580 万吨，出口价值 11 亿美元。

油菜籽：二十世纪九十年代以来，澳大利亚油菜籽的出口量快速增长（图 7.8）。2016 年，出口油菜籽 220 万吨，出口价值 9 亿美元。

棉花：澳大利亚是世界第四大棉花出口国（图 7.9）。2016 年出口棉花 72 万吨，出口价值 12 亿美元。棉花出口比率高达 80%。

2. 农业加工品出口

糖：澳大利亚是世界主要的原糖出口国之一，排在巴西之后，列世界第二。蔗糖也是澳大利亚的主要农产品之一。最集中的产地是昆士兰州，产量约占全国的 95%。国内原糖产

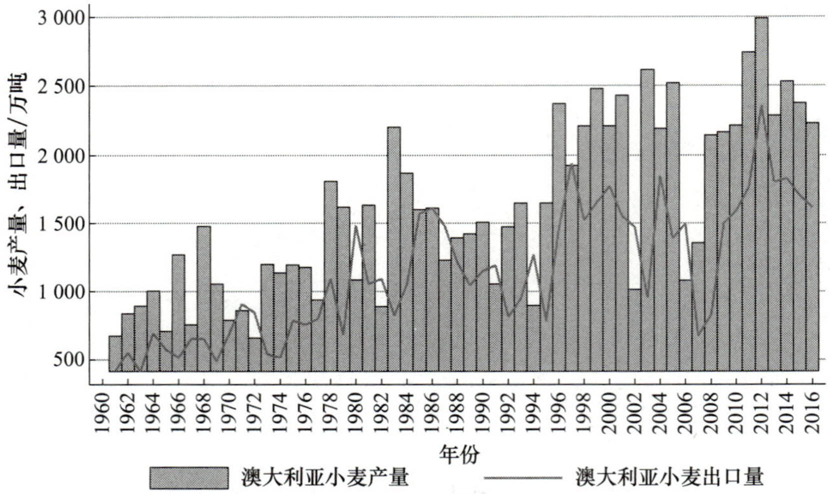

图 7.7　澳大利亚小麦产量和出口量变化趋势（1961—2016 年）

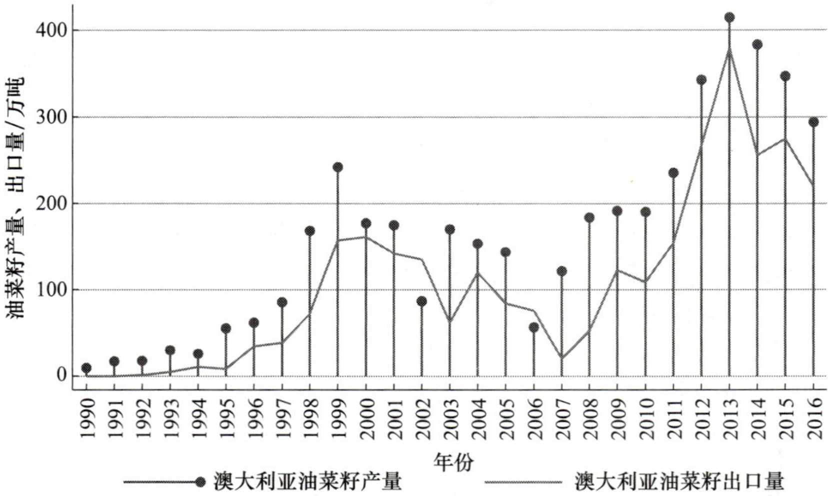

图 7.8　澳大利亚油菜籽产量和出口量变化趋势（1990—2016 年）

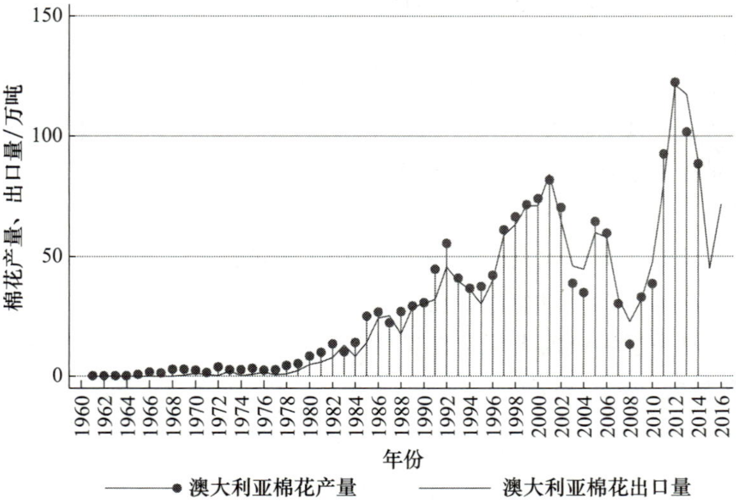

图 7.9　澳大利亚棉花产量和出口量变化趋势（1961—2016 年）

量的 75%以上皆用于出口，自二十世纪九十年代以来，原糖出口量不断下降（图 7.10）。2016 年，澳大利亚出口提纯糖 14 万吨。

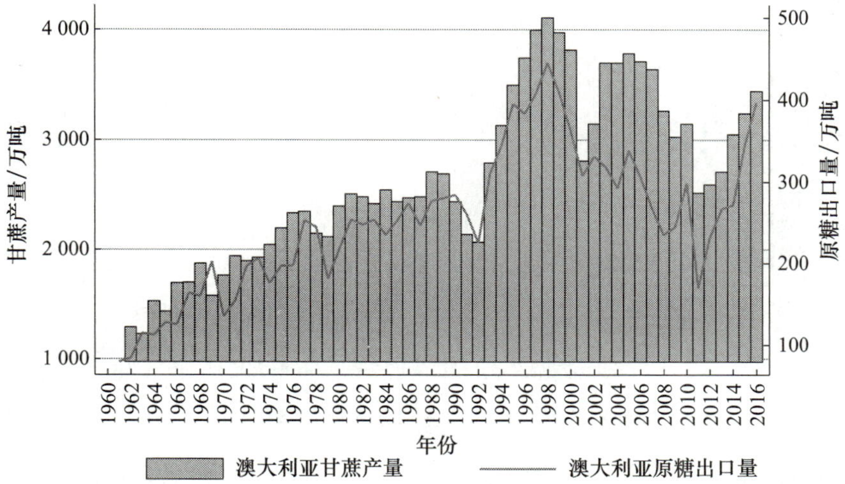

图 7.10　澳大利亚甘蔗产量和原糖出口量变化趋势（1961—2016 年）

葡萄酒：澳大利亚是世界五大葡萄酒出口国之一。葡萄酒出口从二十世纪八十年代开始起步，出口量不断增长（图 7.11），2016 年出口葡萄酒 100 万吨，价值 17 亿美元。

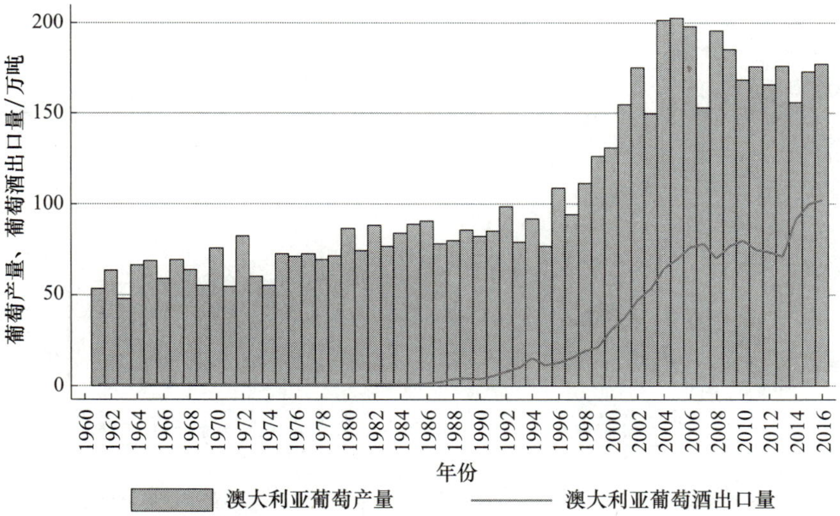

图 7.11　澳大利亚葡萄产量和葡萄酒出口量变化趋势（1961—2016 年）

3. 畜牧业出口

牛肉：澳大利亚是世界第二大牛肉出口国，2016 年出口牛肉 99 万吨，价值 52 亿美元，出口价值超过小麦出口价值。主要的出口市场是美国和日本。活牛市场不断扩大（图 7.12），亚洲市场增长迅速——如菲律宾、韩国、印度尼西亚，中国和印度市场的潜力巨大。

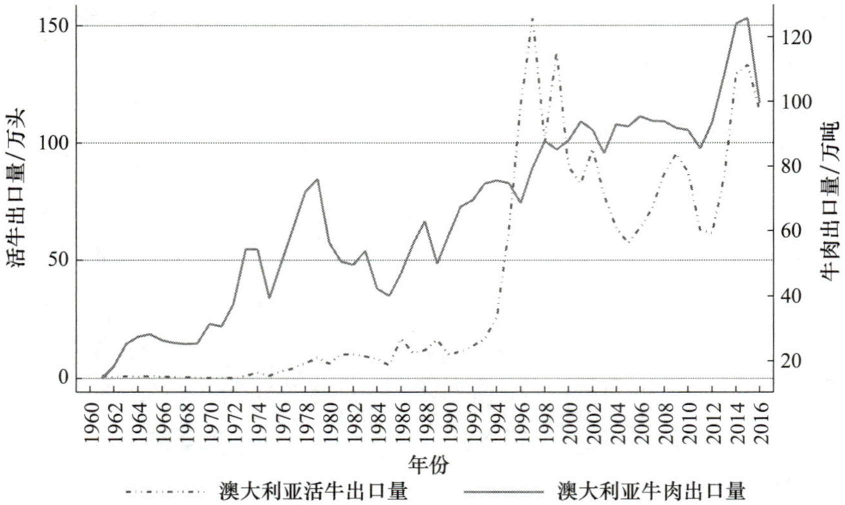

图 7.12 澳大利亚活牛和牛肉出口量变化趋势（1961—2016 年）

羊毛、羊肉：澳大利亚是仅次于新西兰的世界上第二大的羊毛出口国，2016 年出口脱脂羊毛 2 万吨，出口价值 2 亿美元，羊毛出口量占本国羊毛产量的 98%。大约有 70%的澳大利亚羊毛出口到东亚——主要是中国。羊毛、羊肉等羊产品是澳大利亚出口的一大支柱。2016 年，出口羊肉 41 万吨，价值 18 亿美元，出口价值在畜牧业中仅次于牛肉，此外，澳大利亚还出口活羊约 200 万只（图 7.13）。

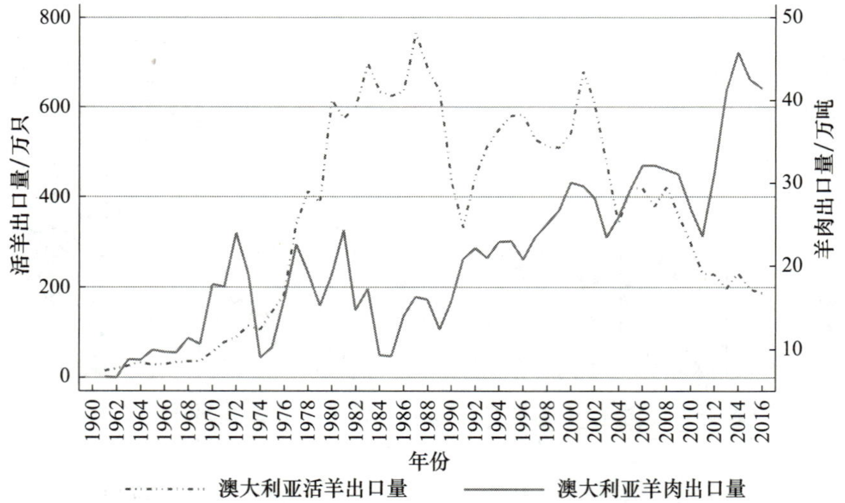

图 7.13 澳大利亚活羊和羊肉出口量变化趋势（1961—2016 年）

澳大利亚人口只有 2 400 万，不到 40%的农业产出即可满足国内需求。该国政府在制定农业政策时，着眼点一方面在于保证农民基本利益的同时，如何调动农民的积极性参与国际市场竞争，扩大本国农产品在国际市场的份额。另一方面澳大利亚是农业生产大国，内需有限，面对世界贸易组织提出的市场开放、公平竞争的原则，必然面对其他农产品大国的产品进入本国市场的威胁。因此，如何既不违反世界贸易组织农业协议的原则，同时又能充分有效地保护本国市场，也是澳大利亚农业政策的重要内容。

7.3 澳大利亚农业政策

澳大利亚为凯恩斯集团成员，其按对生产者补贴估计值（PSE）计算，澳大利亚国内农业支持在过去十年来比较稳定，2016年为1.7%，大大低于经合组织平均19%的水平。澳大利亚在农产品市场准入实行单一关税制方面，比大多数市场经济国家表现积极。澳大利亚长期以来竭力倡导实施多边贸易体制，在凯恩斯集团中，强调农业领域深化多边贸易体制改革的重要性，并率先采取措施较大幅度地降低关税水平，改善其自身农产品市场准入的条件。

7.3.1 严格的进口检疫

澳大利亚虽在单一关税制方面按照世界贸易组织的要求进行了较大幅度的改革，但农产品市场准入的保护依然存在，而且保护性相当隐蔽，这就是人所共知的澳大利亚极其严格的农产品进口检疫制度。与其他大陆或国家相比，澳大利亚对进口农产品采取了近乎苛刻的检疫方法和规则。澳大利亚四面环海，其70%左右的农产品要对外出口，如果一旦受到外来农畜疫病的侵害，将会构成对澳大利亚农牧业的致命打击。澳大利亚几乎动用了世界上最先进的科学仪器和技术手段，对进口农产品进行检查，并总能提出检验结果不符合进口要求的“科学证明”。而正是各国采用科学标准的模糊定义，往往成为两国贸易纠纷的导火索。尽管世界贸易组织规定各国可以为防止农畜疫病的扩散采取必要的措施保护本国的农业安全，但是澳大利亚的检疫制度正是利用了这些条款的不确定性，几乎限制了绝大多数农、牧及相关产品进入澳大利亚市场，这种做法已经引起了许多世界贸易组织成员对该国的不满。例如二十世纪九十年代后期发生的澳大利亚与加拿大关于鲑鱼进口的贸易争端，两国因对检疫的科学方法在认同上存在分歧，双方各持己见，险些造成两国农产品贸易战。

7.3.2 小麦出口垄断

澳大利亚是世界重要的小麦出口国，小麦出口约占全球小麦市场的9%。为了保持竞争力，澳大利亚多年来坚持“单窗口”的小麦出口政策，澳大利亚小麦局获得了垄断出口权。但由于小麦局在执行联合国“石油换食品”计划中，涉嫌提供交易回扣，加上业界主张改革小麦出口体制的呼声日益高涨，澳大利亚政府收回了小麦局的垄断出口权。在政府收回了小麦局的垄断出口权后，政府一共收到了46家公司的小麦出口申请，但只批准了两家。澳大利亚联邦农业部向两家谷物公司发放了小麦出口许可证，从而打破了澳大利亚小麦局多年来对澳大利亚小麦出口业务的垄断局面。澳大利亚小麦公司获准向伊拉克出口30万吨小麦，西澳大利亚州的一家谷物公司获准向印度尼西亚出口50万吨小麦。

7.3.3 国内支持

原则上，澳大利亚反对任何形式的国内支持。凯恩斯集团普遍国内支持的程度不高，澳大利亚为凯恩斯集团成员。就传统手段上的农业保护而言，澳大利亚几乎取消了目前世界各国最广泛使用的对农产品的价格补贴，而趋向于为世界贸易组织认可的“绿箱”操作。主要的支持措施包括：一般性服务，如农产品的研究与开发、病虫害控制、推广咨询和培训服务、产品检验、营销、促销及各种基础设施服务；为粮食安全目的的公共储备；国内粮食援助；不挂钩的收入支付；收入保险和收入安全计划；自然灾害救济；农业产业结构调整资助；环境计划、区域经济发展援助计划等。

“促进澳大利亚农业发展”一揽子方案是直接面向农民和农村经济发展的最大支持。其主要内容有：第一，“农业经济计划”。用于帮助农村地区实行产业调整，创建国际和国内信息网络，提高农产品质量和安全性，该计划中的部分资金还用于教育和培训，提高农场主、雇员及管理人员的商业技能。第二，向一些农村社区和机构团体提供资金帮助，提高其在农业、园艺、水产、渔业等相关农业领域进行人员培训的能力。第三，帮助农民开展农业创新和进行农业多元化，并提供一定的资金支持。第四，对困难农民补贴，有些农户由于自然或人为的各种原因，陷入经济困境，无法继续从事农业生产，政府给予一定的资金补助，转向其他领域。第五，金融管理支持，帮助农民进行资金管理，提供特别服务将农民在盈利年税前的资金存入专门账户，用于对欠产年的补贴；减灾扶持，农民遇到各种自然灾害后，可以获得部分收入补助。第六，农村老人扶持，协助低收入的老年农民将其农场资产转移至其子女，并立刻享受老人抚恤金。

7.3.4 出口信贷

澳大利亚是经合组织中使用政府出口信贷最多的国家之一，资金额仅次于美国，通过出口信贷带动农产品出口的比例则位居经合组织之首。澳大利亚政府出口信贷一般为一年期的买方信贷，主要补贴产品是粮食作物，特别是小麦，接受出口信贷的国家大多数是最不发达国家和粮食净进口国。

亚洲金融危机期间，澳大利亚曾大量向韩国和印度尼西亚提供政府出口信贷，这种举动后来被世界贸易组织认为不符合《农业协议》的精神。政府出口信贷在某种程度上也是政府对出口进行补贴的一种方式。近年来，经合组织为扩大农产品出口而提供政府出口信贷支持有增加的趋势。

7.4 澳大利亚农业的特点

综观澳大利亚农业的发展，可以发现有以下特点：

第一，农产品出口占有重要地位。由于澳大利亚人口少、国内消费市场容量小，而农产品的种类多，产量高，因此，不得不主要依赖出口，国际市场成为澳大利亚农产品竞争的主要目标。

现在澳大利亚已经成为世界上重要的农产品生产和出口国，农业生产高度依赖于国际市场。它的羊毛和肉类的出口分别占世界的第一、第二位，还是世界第三大小麦出口国。

第二，畜牧业比较优势明显。澳大利亚的农业面积约为 3.7 亿公顷，约占国土面积的 1/2。澳大利亚 90%的农业用地为粗放的天然牧场，与自然资源相适应，畜牧业得到重视和发展，畜牧业在农业中的比重比较大。

第三，农场规模不断扩大，专业化程度不断提高。澳大利亚农业实行高度专业化、社会化生产，农场数随土地和资本的逐渐集中而不断减少，规模在逐渐扩大。澳大利亚农业发展在相当长时期内一直为混合农业发展模式。随着农业生产发展和农业用具规模扩大，农业高度商品化促进了高度专业化，出现了某些工艺专业化，即一个生产单位只完成产品生产全过程的某一个环节。这种专业化的出现与自然条件的影响、产品国际化有着密切联系，是农业现代化的一个重要标志。

第四，农业科技水平高。澳大利亚是典型的人少地多的国家，农业劳动力逐年减少。为保证农业持续发展，大量采用替代农业劳动力的农业机械，农业机械化程度高。同时，努力开辟高科技在农业中的应用领域，这些高科技包括遥感技术、农用电子计算机系统和生物技术。现在，全澳大利亚约有农业科技人员3 000人，其中大学约占1/3，科学和产业研究组织约占1/3，非农业系统约占1/3。还形成了一套完备的农业技术推广体系。由于重视农业科技的应用与提高，使澳大利亚的农业生产率比其他发达国家的平均水平高20%。

澳大利亚是世界上电脑网络普及率最高的几个国家之一。网络电子市场为农民提供市场价格、需求量、产品种类等信息。自从有了远程网络，越来越多的农民直接做出口生意以减少流通环节，使自己的产品在国际上更具有竞争力。澳大利亚的网络咨询业比较发达，不仅能够提供较为准确的信息，也为自己的咨询服务承担法律赔偿责任。

复习思考题

1. 澳大利亚农业政策的主要内容和特点是什么？
2. 澳大利亚农业生产的主要特点是什么？
3. 澳大利亚小麦生产和贸易的主要特点是什么？

第8章　日本农业经济

日本国是个岛国，由北海道、本州、四国、九州4个大岛和3 900多个小岛组成，统称日本列岛。国土面积37.8万千米^2，相当于我国国土面积的1/25。首都东京是国际性的大都市，人口约1 300多万，东京都市圈人口超过4 000万。东京既是日本的经济、金融、商业中心，又是日本的文化教育中心和最大的交通枢纽。

日本2016年的人口总量为1.27亿，预期寿命为82岁，人口老龄化趋势明显，65岁及以上人口已经占总人口的26%。日本人口的自然增长率是−0.2%，据估计，到2020年，日本的人口将下降到1.24亿。日本是世界人口密度最大的国家之一，日本城市化水平高于美国、欧洲等发达国家或地区，2015年城市化率为93%。日本的生活水平很高，主要由于日本的高教育水平和高技术熟练水平导致工业发达。

日本山地和丘陵约占总面积的80%，多火山、地震。最高峰为富士山，海拔3 776米。沿海平原狭小分散，其中关东平原最大。海岸线长而弯曲，约3万千米，多海湾和良港。

日本的气候为温带海洋性季风气候，夏秋多台风，年平均气温在10℃以上。大部分地区年降雨量为1 000～2 000毫米。日本有大小湖泊600多个；河流湍急，水力资源丰富，但不利于航行。日本土壤贫瘠，主要为黑土（火山灰）、泥炭土以及泛碱土，大部分冲积土已开垦为水田，形成特殊的水田土壤。

日本的资源贫乏，80%以上的资源依赖进口。85%的煤需要进口，有限的煤炭资源分布在九州北部和北海道的沿海地区。日本有少量的铁矿资源，且品质较低。铁矿石100%需要进口。日本99%的石油需要进口，是世界主要石油进口国之一。核能开发较早，拥有50多所核能发电站，森林面积约为2 400万公顷，占国土总面积的2/3，是世界上森林覆盖率最高的国家之一。日本的专属经济区面积约相当于国土的10倍，渔业资源丰富，但由于过度捕捞等原因，资源量近年逐渐下降。

日本是世界第三大经济体，日本的人口和GDP均大约是美国的40%。2016年GDP总量约为4.9万亿美元，人均GDP为3.9万美元，是一个典型的高收入国家。二十世纪八十年代末，日本经济出现严重泡沫，1990年泡沫破灭，日本地产、股票价格不断下降，很多家庭、公司由此背上沉重负担，经济一直处于紧缩状态。政府为了避免工业和金融企业的倒闭，大力增加公共支出，2015年，日本公共债务已经达到GDP的200%以上。

8.1　日本农业生产

在1960年以后的二十多年中，日本经济迅速增长。人口也迅速增长。在此期间，日本的饮食从依赖大米、蔬菜和鱼转向了更加多样化，包括了更多的肉类产品和奶产品。自1990年以来，日本的经济增长和人口增长都放慢了，对食品的需求不再增长了。近20年来，日本除稻米自给有余外，其他作物的种植面积和总产逐年减少，自给率下降，进口增加。现在，日本的食物热量自给率只有40%，农产品产值自给率70%。2016年，农业占GDP的比重只有1%。农村人口占总人口的比重为6%。

8.1.1 农业用地

由于多山，日本农业用地仅占全部国土面积的12%，农田地块狭小细碎，难以保持有效率的农业生产。随着城市化的推进，日本的农地面积不断下降。1960年，农地面积大约为600万公顷，下降到2016年的大约450万公顷，其中耕地面积420万公顷，人均耕地面积0.03公顷。

8.1.2 农户的分类

根据《日本农林普查》规定，农户是指经营的土地面积在0.1公顷及以上，或者农产品年销售收入在15万日元及以上的家庭。

在日本农林水产省的统计中，农户分为销售农户和自给农户。前者是指经营的土地面积在0.3公顷及以上，或农产品年销售收入在50万日元及以上的农户；后者则是指经营的土地面积在0.3公顷以下，或农产品年销售收入在50万日元以下的农业家庭。

销售农户又分为三类：即专业农户、第一种兼业农户、第二种兼业农户。第一种兼业农户是指家庭成员中至少有1人从事非农业生产、且50%以上的收入来源于农业；第二种兼业农户是指家庭成员中至少有1人从事非农业生产且兼业收入高于来自农业收入的农户。目前，销售农户占农户总量的比例约为55%，自给农户约在45%。在日本，自给农户不在农场认定标准之内。

日本农户的规模也有扩大趋势。以销售农户为例，2015年户均耕地经营规模为2.2公顷。除北海道之外，面积超过10公顷的农业经营体（包括销售农户和法人经营组织）占总数的2%左右，经营面积占总面积的27%左右。①

8.1.3 农业生产结构

1. 粮食生产

大米：作为日本国民的主食，稻米播种面积占全部耕地面积的1/3以上。2016年，大米收获面积为150万公顷，产量约为800万吨。日本大米的单位面积产量居世界之首。从二十世纪六十年代以来，日本大米收获面积和产量均呈不断下降趋势（图8.1）。

小麦：小麦是日本第二大粮食作物，但无论是收获面积还是产量都远远小于大米。2016年日本小麦收获面积为21万公顷，产量为80万吨（图8.2）。

玉米：日本玉米产量很小，从二十世纪六十年代开始，玉米收获面积和产量快速下降，从二十世纪九十年代开始，已经基本上不种玉米（图8.3）。

大豆：日本大豆的收获面积和产量都不大，2016年大豆收获面积为15万公顷，产量为24万吨（图8.4）。

---

① 更详细内容参见叶兴庆，翁凝．拖延了半个世纪的农地集中——日本小农生产向规模经营转变的艰难历程及启示．中国农村经济，2018（1）。

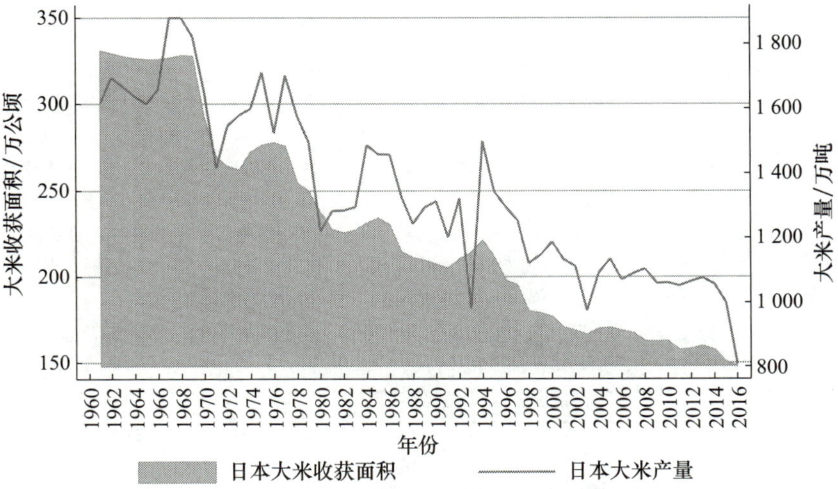

图 8.1　日本大米收获面积和产量变化趋势（1961—2016 年）

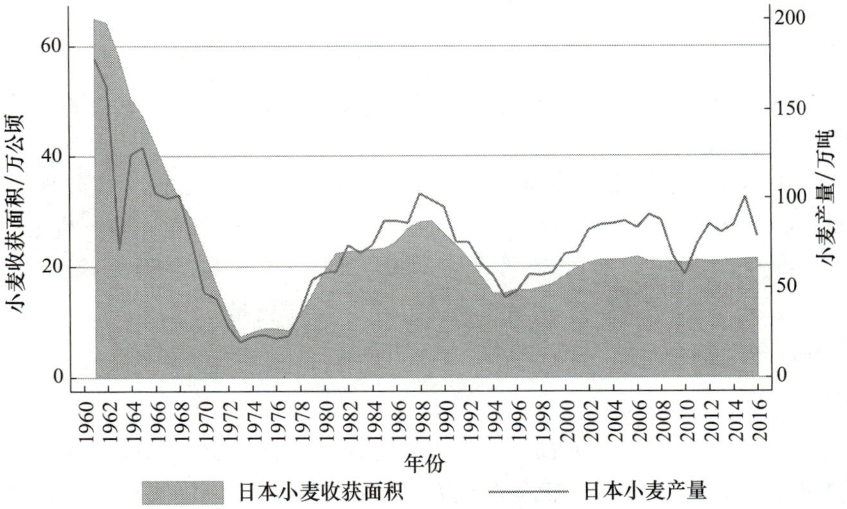

图 8.2　日本小麦收获面积和产量变化趋势（1961—2016 年）

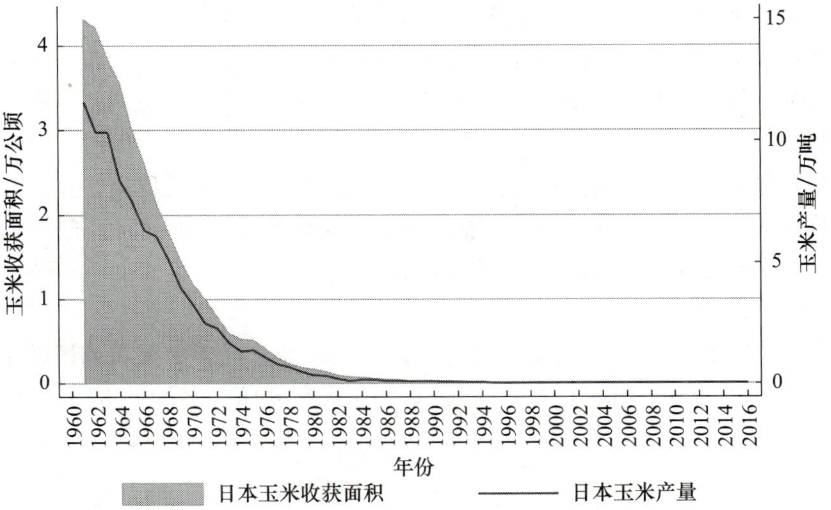

图 8.3　日本玉米收获面积和产量变化趋势（1961—2016 年）

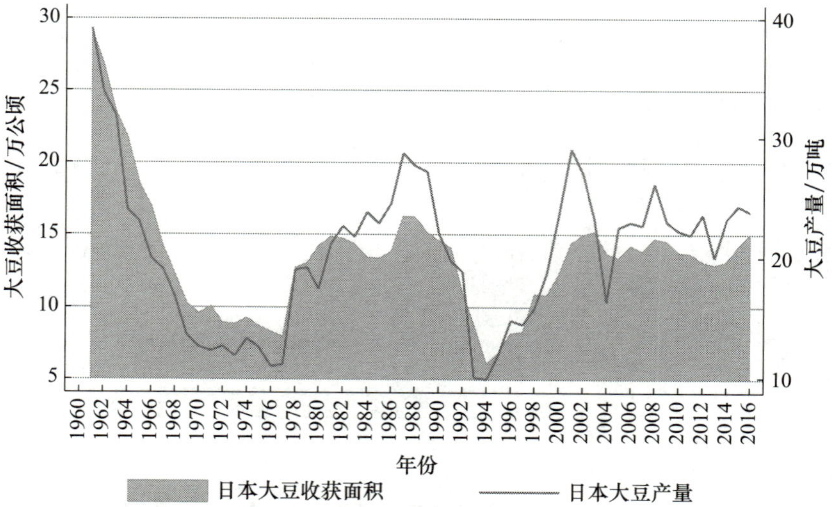

图 8.4 日本大豆收获面积和产量变化趋势（1961—2016 年）

2. 其他种植业生产

甜菜： 日本北海道地区气候凉爽，适合甜菜生长。甜菜是日本最重要的经济作物，2016 年甜菜产量为 320 万吨。

蔬菜： 近 30 年来蔬菜的年人均消费量一直保持在 110 千克左右。蔬菜种类繁多，主要的有 20 多种。2016 年，新鲜叶、茎类蔬菜 270 万吨，马铃薯 220 万吨，卷心菜 140 万吨，番茄 74 万吨，竹笋 59 万吨，洋葱 55 万吨，胡萝卜 57 万吨，黄瓜 55 万吨。

水果： 日本的主要水果是苹果、梨、葡萄，年人均消费量 38.8 千克。2016 年日本苹果产量为 77 万吨，梨产量为 28 万吨，葡萄为 18 万吨。

3. 畜牧业

畜牧业的规模不大，但在日本农业中越来越重要，包括牛奶、牛肉、鸡肉、猪肉。日本的畜产主要集中在北海道等牧草地较多的地方。目前日本的农户均实行集约化饲养，或由几家共同饲养，或一家饲养数百头家畜，这样既可以节省时间，又可以降低费用。日本农家还对家畜实行机械化喂养，利用电子计算机进行管理。2016 年，日本牛奶产量为 740 万吨，产值在畜牧业中位列第一。牛肉产量仅为 51 万吨，产值 14 亿美元。家禽业在畜牧业中占有重要地位，2016 年，鸡蛋产量 260 万吨，鸡肉产量为 230 万吨。猪肉产量约为 130 万吨（图 8.5）。

日本的牛奶和奶产品，不论是农场价格还是零售价格，都比美国高得多。比如，日本的牛奶零售价格是美国的两倍。日本农产品高价格的原因既有地理原因，也有政府政策的因素。日本地理位置离主要奶产品供给基地美国、西欧、澳大利亚、新西兰等均较远，故日本奶产品消费的 40%靠国内生产。

日本的人均畜产品消费量大大低于其他发达国家，甚至低于中国和韩国的水平，但高于泰国、印度尼西亚和印度等国家，如日本的人均肉类消费只有美国的 35%，牛奶消费只有美国的 25%。

4. 渔业

日本是世界渔业大国。在日本近海的太平洋北部渔场为世界三大渔场之一，鱼类资源丰

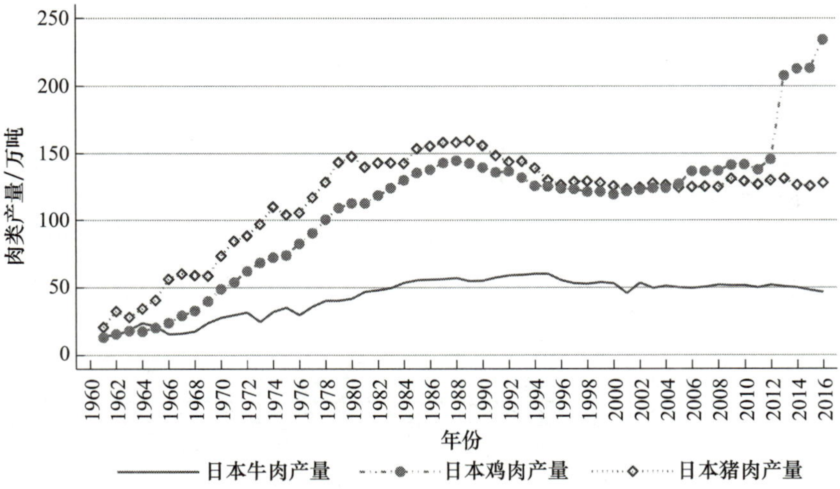

图 8.5　日本主要肉类产品产量变化趋势（1961—2016 年）

富。日本是世界上食鱼最多的国家，水产品在日本人的饮食中占有重要地位。二十世纪六十年代日本的捕鱼量大幅度增加，远洋渔业、近海渔业也有所增加，但是随着世界各国先后划定了 200 海里渔业水域，加之燃料费上升，远洋渔业受到打击。

近年来，日本进口的鱼贝类数量和金额都达到了历史最高点，主要的进口国依次为美国、中国、韩国和泰国。养殖虾的进口数量大幅度增加，主要来自中国、印度、越南等亚洲国家。

8.2　日本农产品贸易

8.2.1　农产品进出口基本情况

日本是一个农业耕地资源十分有限、农产品高度依赖进口的国家。目前是世界最大的食品进口国，其国内消费的食品 60%依赖进口（但主食大米自给有余），这一国情使战后日本成为世界各国中少数对本国农业保护程度最深、保护时间最长的国家之一。

2016 年，农产品进口 517 亿美元（表 8.1，图 8.6），是继美国、中国之后世界第三大农产品进口国。农产品出口 40 亿美元，出口远远小于进口，净进口高达 477 亿美元，是除中国之外世界第二大农产品净进口国。

表 8.1　近年来日本农产品进出口情况（2012—2016 年）　亿美元

项目	年份				
	2012	2013	2014	2015	2016
出口	33	31	32	35	40
进口	665	613	580	526	517

数据来源：FAO 数据库。

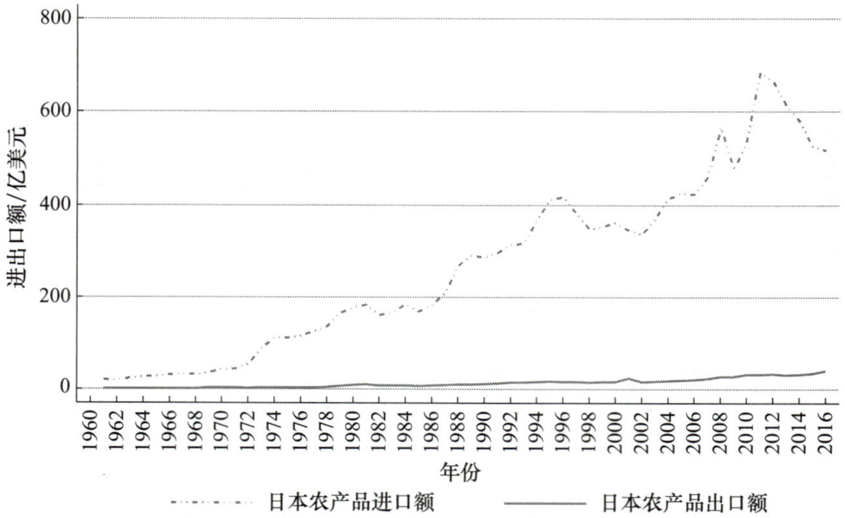

图 8.6 日本农产品进出口额变化趋势（1961—2016 年）

8.2.2 主要农产品自给率和进口

1. 粮食自给率和进口

大米：日本大米基本可以自给，允许少量进口（图 8.7）。2016 年，进口大米 69 万吨，出口少量大米。1960 年以来，日本大米的自给率一直可达到 100%。在 WTO 农业协议推动下，日本于 1994 年开放了大米市场，允许大米进口，但对大米进口采取配额管理，日本对配额外进口的大米征收 1 千克 341 日元的从量税，相当于 778%的关税。2013 年，日本将大米关税降低至约 280%的水平。

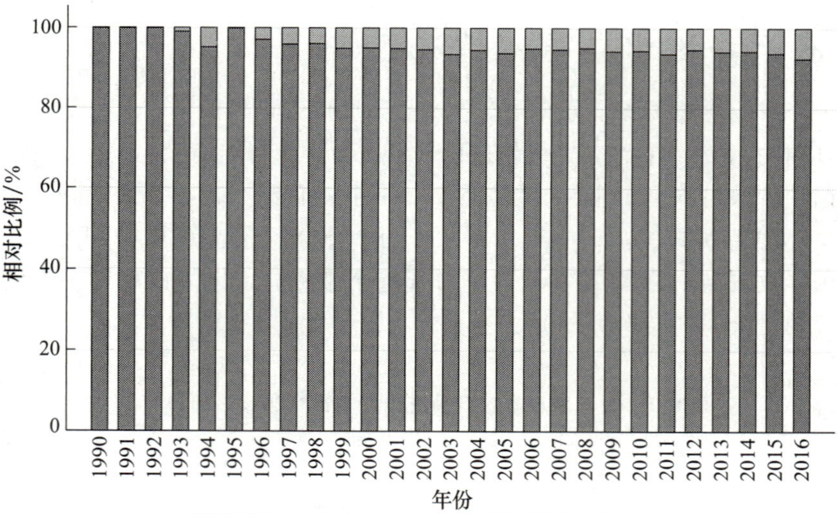

图 8.7 日本大米产量与进口量相对比例变化趋势（1990—2016 年）

小麦：日本是全球五大小麦进口国之一。2016 年日本进口小麦 540 万吨，国内生产仅 80 万吨，进口比率为 87%（图 8.8）。

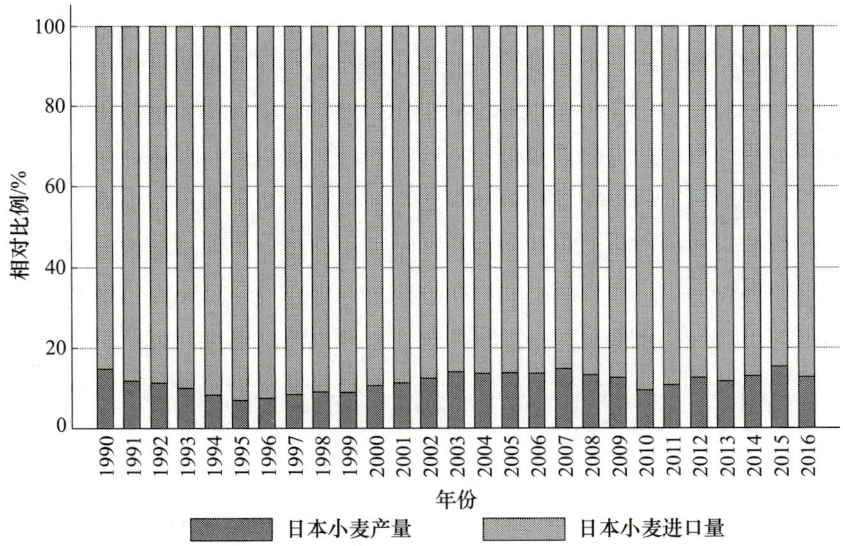

图 8.8　日本小麦产量和进口量相对比例变化趋势（1990—2016 年）

大豆：2016 年日本进口大豆 310 万吨，国内产量仅为 24 万吨，自给率约 7%（图 8.9）。

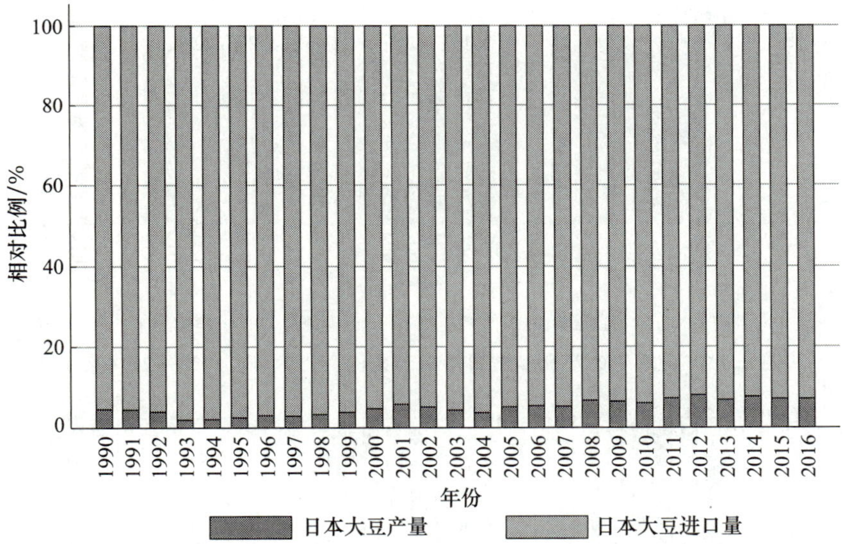

图 8.9　日本大豆产量和进口量相对比例变化趋势（1990—2016 年）

玉米：日本国内畜牧业所需的玉米几乎全部依赖进口。2016 年日本进口玉米 1 500 万吨，进口率几乎 100%（图 8.10）。

2. 畜产品自给率和进口

牛肉：日本是仅次于美国的世界第二大牛肉进口国。日本的牛肉自给率约为 50%（图 8.11），2016 年进口牛肉 50 万吨。

猪肉：日本是全球最大的猪肉进口国，2016 年进口猪肉 86 万吨。猪肉自给率约为 70%（图 8.12）。

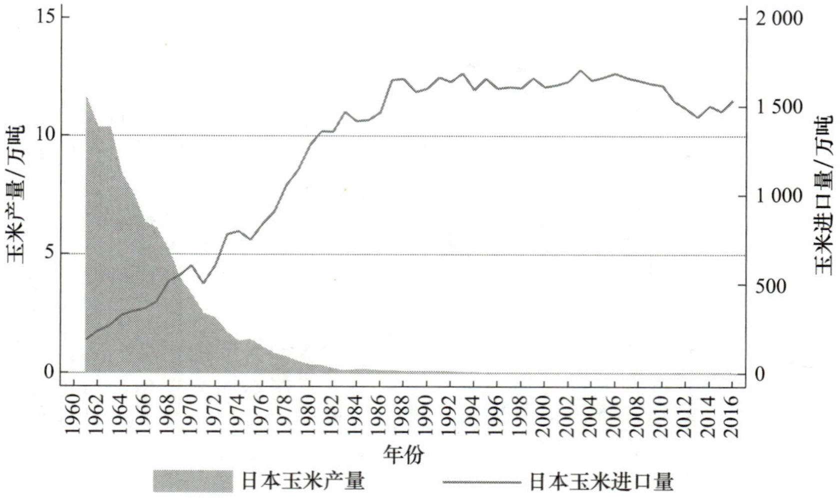

图 8.10 日本玉米产量和进口量变化趋势（1961—2016 年）

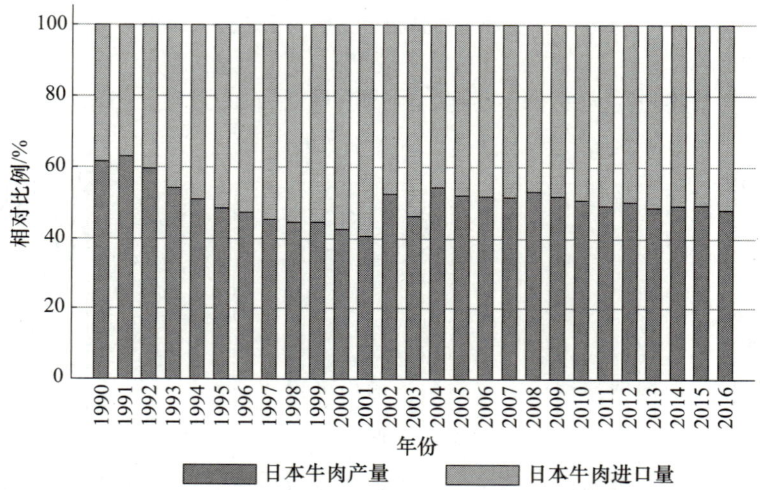

图 8.11 日本牛肉产量和进口量相对比例变化趋势（1990—2016 年）

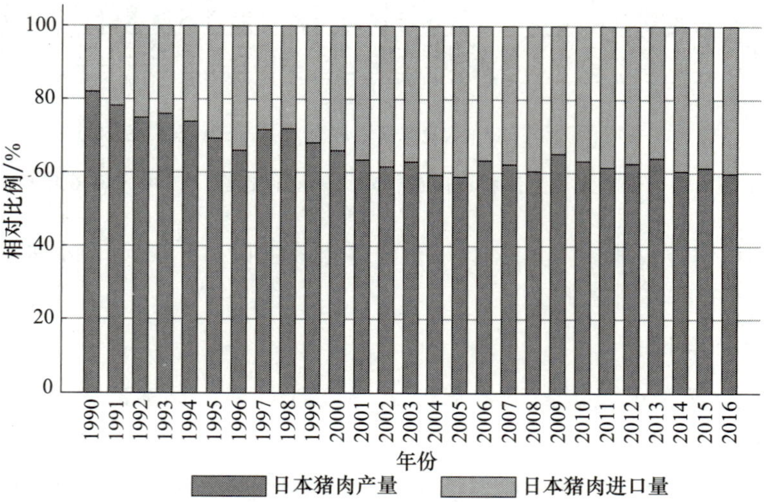

图 8.12 日本猪肉产量和进口量相对比例变化趋势（1990—2016 年）

鸡肉： 日本鸡肉的国内自给率约为 80%（图 8.13），2016 年进口鸡肉 55 万吨，日本是世界最大的鸡肉罐头进口国，2013 年进口鸡肉罐头 43 万吨。

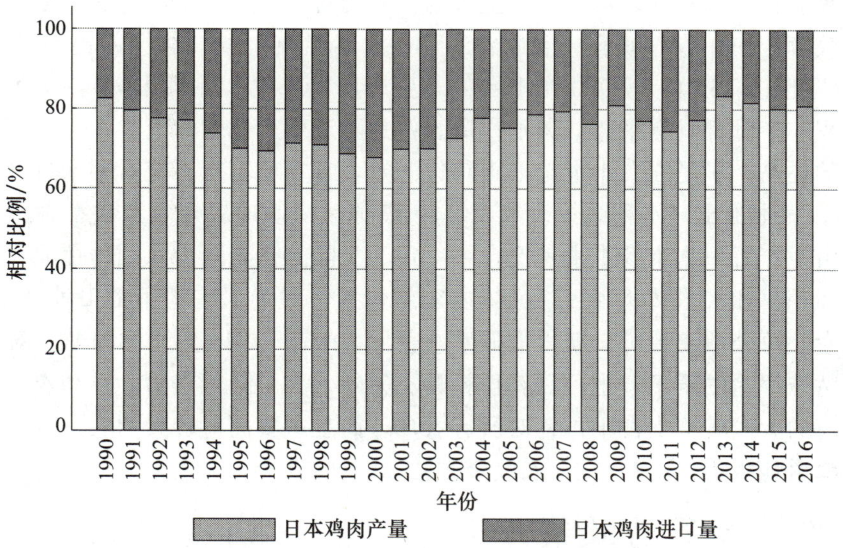

图 8.13　日本鸡肉产量和进口量相对比例变化趋势（1990—2016 年）

3. 其他农产品进口

随着收入水平的提高，日本对花卉的需求量增加。当前世界花卉年销售额达 2 000 亿美元，日本花卉销售额占世界第一，年约达 180 亿美元。近 10 年来，日本的花卉进口持续增长，主要来自荷兰、泰国、新西兰、新加坡、美国以及中国。

2016 年，日本进口烟草 4 万吨，进口天然橡胶约 70 万吨。

美国是日本农产品进口的第一大来源国。2016 年，日本进口美国农产品 120 亿美元。其他农产品主要进口来源国是中国、澳大利亚、泰国、加拿大、巴西。

8.3　日本的农业政策

日本在战后相继颁布《土地改良法》和《农地法》，促进了自耕农经济的发展。1961 年又颁布《农业基本法》，内容涉及农业产业结构调整、农产品价格、农业经营、农民收入等多个方面。此后，农业基本法又经过了多次修改。

近几十年来，日本的粮食自给率一直在下降，提高粮食自给率是日本农业政策的重要目标。进口粮食可以获得价格更低的、更多样化的食品，但进口粮食也面临着国际市场价格波动、贸易禁运、世界粮食减产等风险。

日本对国内农业生产继续进行保护，维持农业的多功能性。日本对农业的支持水平总体上仍然很高。尽管支持水平很高，农业很难从其他部门吸收资源和劳动力。2000 年，日本颁布《食品、农业、农村基本纲要》，取代了于 1999 年废止的农业基本法。新的法案更加强调农业的多功能性。该基本纲要每五年修订一次，2015 年 3 月完成第三次修订。下面从大米的相关政策、农产品贸易政策以及农民收入稳定项目几个领域展现日本农业政策的特征。

8.3.1 大米政策

日本的粮食自给率较低，但是作为主粮的大米的自给率一直很高，这得益于长期以来一系列的农业政策。如在战前就有《谷物法》(1921 年颁布) 和二战期间出台的《粮食管理法》(1942 年颁布)，以及于 1960 年出台的《生产成本与收入补偿法案》。这些政策对保障稻米播种面积和产量都具有很大的激励作用。但是随着生产技术的进步，居民稻米的消费量并没有相应的提高，于是在二十世纪七十年代开始，日本就不得不应对稻米过剩的问题。

2002 年，日本推出《水稻政策改革大纲》，将原来由政府决定农户水稻种植面积的政策废除，改为由生产者根据市场供求状况自主决定。实际上是要减少水稻种植面积，提高其他作物的播种面积。如大米转移项目，具体内容就包括：对于那些利用稻田种植小麦、大麦、大豆的生产者，每公顷土地可以获得最低 920 美元，最高 6 933 美元的补贴。对于种植一些工业用途或特殊用途的稻田，也可以获得补贴。另外，为了降低支出，推动农场重组，2008 年开始，政府的大米转移支付不再针对所有农户，而是主要面对较大的农户（家庭农户 4 公顷以上，北海道地区 10 公顷以上，农民合作社 20 公顷以上）。

8.3.2 农产品贸易政策

2015—2017 年，日本的 PSE 比例为 46%，大约是 OECD 国家的 2 倍。农产品价格远远高于国际市场价格，大约是国际市场价格的 2 倍。日本的价格支持主要是通过关税和关税配额实现的。关税配额制度适用于主要的农产品如大米、小麦、大麦、奶产品。

从 1999 年开始，日本使用关税配额制度来限制农产品的进口。针对大米、小麦、大麦、奶产品、淀粉等主要农产品，配额内的关税很低，但配额以外的进口关税非常高。比如，2010 年，大米的配额为 76.7 万吨，配额外关税约为每吨 2 928 美元。对于配额内的进口，政府所有的公司具有独家进口权，获取很高的利益。日本对进口农产品的卫生检疫措施非常严格。

8.3.3 农场收入稳定项目

稳定农户收入主要的手段包括：促进农户生产规模的提高、直接补贴、改善农业基础设施等。如 2000 年开始对生产条件较差的丘陵和山区的农户根据田亩面积进行补贴。日本的农场收入稳定项目 1998 年开始实施，政府不再干预市场价格。针对的产品包括蔬菜、水果、大米、大豆、牛奶。当市场价格低于历史平均价格时，农户可以得到价格差的 80%乘以当期产量的补偿。农户参加该项目完全是自愿的。

8.4 日本农业发展的特点

日本的农业发展，可以概括为以下几个特点：

第一，耕地面积不断减少，农业生产处于停滞或下降状态。

土地和劳力的稀缺限制了农业生产。有限的、不断下降的土地资源严重限制着日本的农业生产。1961 年耕地面积有 570 万公顷，目前逐步下降到 420 万公顷。其他部门对劳动力的需求减少了农业劳动力。日本和欧美的大规模经营相差甚远，是典型的人多地少国家。

第二，规模经营小且兼业农户比重增大。

日本农业以小规模经营为主，但是经营 3 公顷以上的农户在增加，耕地向较大农户集中的趋势也日益明显，骨干农户的旱地大规模化尤为显著。此外，以销售为目的的协业（合作）经营体的水田规模的扩大也很显著，平均每个经营体的耕地是农户的 19 倍。

第三，公司和团体参与农业生产。

由于日本农户和农业劳动力减少，农业法人不断增加，农户开始成立公司、农协等团体，进行大规模生产。就日本的农协组织而言，自上而下，分为三个层次，处于最基层的是市町村农协，习惯上叫单位农协；都道府县建立的是地方农协，称作“县联”；农协的全国性组织，按照业务不同，各立门户。与农民打交道最多的，是单位农协。在日本农村，它的触角无处不在，无论是插秧割稻卖粮，还是农民生老病死，单位农协一揽子全包。农协的业务主要有四项：生产指导、组织流通、信用服务和开展互助共济。

日本耕地少，土地细碎，只有实行专业化集约经营，才是农业的根本出路。于是，日本政府把大量的涉农业务委托给农协，农协围绕着专业化，开展了全方位的生产指导。大到农业发展总体规划，小到农户选种育苗、打药追肥，农协都一手操办。农协设有“营农指导机构”，聘用营农指导员，走村串户，提供信息，帮助农民制订增收计划，推广新品种、新技术，解决生产中遇到的问题。近些年来，日本农村青壮劳力不断涌向城市，在地里干活的，除了老人便是妇女。对此，农协又实行了集约经营，优良品种、先进的耕作方式、新型农机具，便通过农协接手的业务，间接传到了农民手里。

第四，粮食自给率低。

日本食物供给将继续严重依赖进口。从 1960 年到 1990 年，日本农业生产增长迅速，但仍然满足不了国内对食物需求的增长，导致大量进口粮食。自 1990 年以来，国内农业生产逐步下降，进口继续增长直到二十世纪九十年代中期，此后保持水平。食物进口占食品总需求的 60%，将继续扮演重要的作用。人口下降将导致食物需求下降，劳动力将从农业部门流向其他部门。

第五，农业科研体系发达。

日本在全国建有由国立和公立科研机构、大学、民间（企业等）三大系统组成的农业科研体系。国立机构的研究人员与科研经费都约占总数的 10%。地方公立机构的研究人员占总数的 25%，科研经费接近 30%。近几年里，民间机构的研究人员与科研经费增长迅速，分别占总数的 40%左右。大学的研究人员和科研经费分别约占 28%和 20%。农业的推广服务主要通过政府的农业改良普及事业和农协进行，从中央到地方形成了一套完整的体系。农协的近 2 万名营农指导员与普及中心密切配合开展工作。

乌拉圭回合谈判后，为增强农业在国际上的竞争力，日本政府提出了以下四个方面的对策：

(1) 政府确定新的预算框架，大力扶持降低农业生产成本的技术开发与应用，特别要对民间系统的研究给予资助，进一步加强国家、地方政府与民间的合作。

(2) 培育划时代的水稻新品种和开发新一代水稻生产技术，该计划是进一步培育适合直播的高品质、抗低温和抗倒伏品种。同时，开发适应大规模经营、直播和低投入栽培的新一代的水稻生产技术。

(3) 开发新的乳牛与肉牛相结合的仔牛生产技术。为了提高牛肉的自给率，大量繁殖优质“和牛”。

(4) 开发能减轻劳动强度的未来型农业技术，着重于改善园艺业的劳动强度，如研制瓜果等自动收获机器人，用传感器从外部判断瓜果的成熟度，以进行有选择的适期收获等。在施肥和病虫害防治方面，通过使用遥控无人驾驶机器人，以减轻劳动强度。目前，在水稻栽培上已开始使用无人驾驶飞机进行飞播、防治病虫害和喷施化肥等，水果和根菜类的收获也已进入机械化的实用阶段。

复习思考题

1. 日本成为世界最大农产品净进口国的原因是什么？
2. 简述大米生产在日本农业经济中的作用。
3. 日本主要进口什么农产品？分析日本农产品贸易的特点。

第9章　印度的农业经济

印度共和国位于南亚次大陆的印度半岛上，东北部和西北部与中国接壤，国土面积298万千米^2（不包括争议区）。印度全境大致可分为四个部分：北部喜马拉雅高山区，约占国土面积的11%；中部恒河平原区，约占国土面积的43%；南部德干高原区，约占国土面积的10%；西部为塔尔沙漠区。台地和丘陵约占国土面积的36%。

2016年印度总人口约13亿，居世界第2位。人口自然增长率1.6%，人口密度每平方千米227人。按联合国的估计，印度2025年可能成为第一人口大国。印度正处于加速的城市化过程中，印度城市人口的增长速度是总人口增长速度的两倍。目前城市化率为28%，72%的人口生活在农村，60%的人口以农业为生。长期以来的一个主要问题是贫富差别悬殊，预期寿命只有69岁。

印度的水资源比较丰富。印度境内河流众多，最主要的河流是恒河，全长2 700千米，支流10余条，流域面积106万千米^2。充沛的雨水和众多的河流为农业生产和农业灌溉提供了有利条件。印度大部分地区的气候是热带或亚热带季风气候，季风是决定印度气候的主要力量。冬季空气从陆地流向海洋，气候干燥；夏季空气从海洋流向陆地，气候湿润。每年6月至9月的季风对于印度的农业生产至关重要，季风所带来的降雨为农业生产创造了便利条件。没有这些雨，农作物无法正常播种和生长，有时雨季迟来半个月，种子错过播种期，就会造成农业歉收。

印度的矿产资源和能源资源相对贫乏。值得一提的是印度的铁矿和煤炭。印度铁矿储量居世界前列。印度占世界铁矿产量的5.6%，占世界铁矿储量的6.6%。印度的煤炭储量丰富，居世界第四位。印度资源的利用率不高，在15%～30%。

作为世界第二人口大国，从二十世纪九十年代开始，印度经济快速增长。2016年印度的经济总量达2.3万亿美元，在亚洲排名第三位，仅次于中国和日本。人均GDP为1 700美元，处于中低收入国家的行列。按每天不足1美元的标准，20%的人口生活在贫困线以下。按每天不足1.2美元标准则有40%的人口生活在贫困线以下。

9.1　印度的农业生产

2016年，印度的农业用地面积为1.8亿公顷，其中可耕地面积为1.56亿公顷，印度的耕地面积居亚洲之首，仅次于美国居世界第二位。全国灌溉面积占耕地面积的32.8%，可灌溉的耕地面积则是世界最大的。人均耕地面积为0.13公顷，与中国大体相当。

2015年农业占GDP的比重为18%。农业就业占全部劳动力就业的比重为60%。农业占出口收入的1/6。与中国、巴西相比，农业劳动生产率的增长相对较慢。

9.1.1　农业生产结构

印度是一个大国，有着多样的气候、土壤、地形条件。印度的不同地区种植着各种各样的作物。印度农业规模大，种类多，是世界主要的农产品生产国和消费国。印度是下列农产品的主要生产者之一：小麦、大米、牛奶、甘蔗。

2016 年中国与印度主要农产品产量比较见表 9.1。

表 9.1　2016 年中国与印度主要农产品产量比较

农产品	中国	印度
大米	2.1 亿吨	1.6 亿吨
小麦	1.3 亿吨	9 400 万吨
玉米	2.3 亿吨	2 600 万吨
大豆	1 200 万吨	1 400 万吨
牛肉	700 万吨	260 万吨
猪肉	5 400 万吨	32 万吨
鸡肉	1 300 万吨	340 万吨
鸡蛋	2 700 万吨	460 万吨
牛奶	4 000 万吨	1.6 亿吨

1. 粮食生产

大米：大米是印度最重要的粮食作物，在印度农业中居于主导地位。2016 年，大米收获面积为 4 300 万公顷，大米总产量为 1.6 亿吨（图 9.1）。印度大米主要分布在潮湿的东部和雨量充沛的南部，这一地区的降雨量在 1 000 毫米以上。印度水稻的种植面积居世界首位，但每公顷产量低。

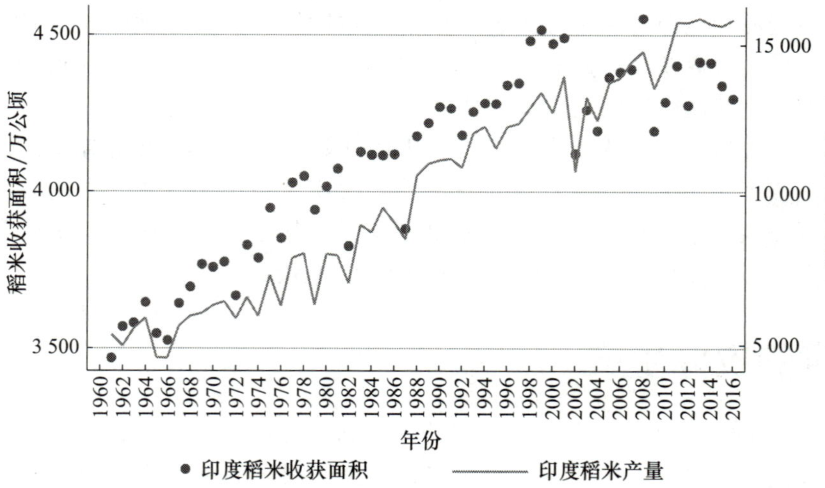

图 9.1　印度稻米收获面积和产量变化趋势（1961—2016 年）

小麦：小麦是印度第二大农作物，2016 年，小麦收获面积为 3 000 万公顷，总产量 9 400 万吨（图 9.2）。在印度，人们普遍种植小麦和大米，而油料作物的种植面积远少于需求。小麦主要分布在干旱的西北部地区和恒河上游地区，大量采用来自墨西哥的矮秆高产作物品种。

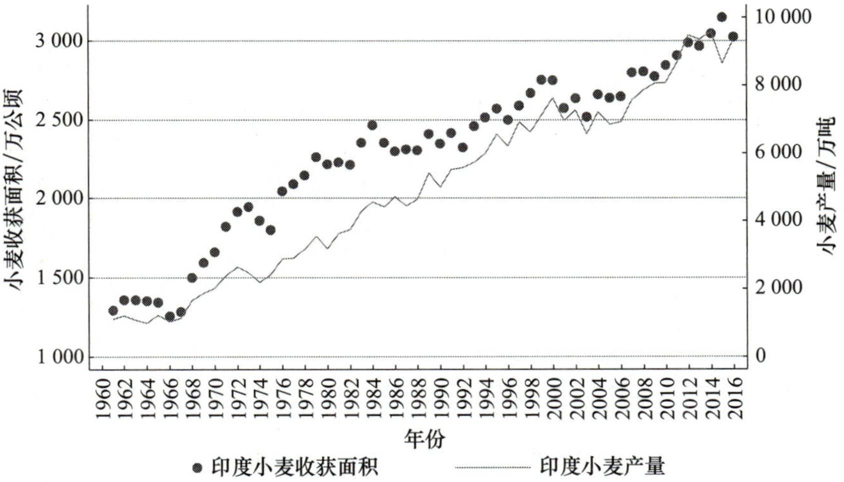

图 9.2　印度小麦收获面积和产量变化趋势（1961—2016 年）

高粱：印度是世界主要高粱生产国之一，自从二十世纪九十年代以来，高粱的收获面积和产量呈不断下降的趋势。2016 年，印度高粱的收获面积为 570 万公顷，产量为 440 万吨（图 9.3）。

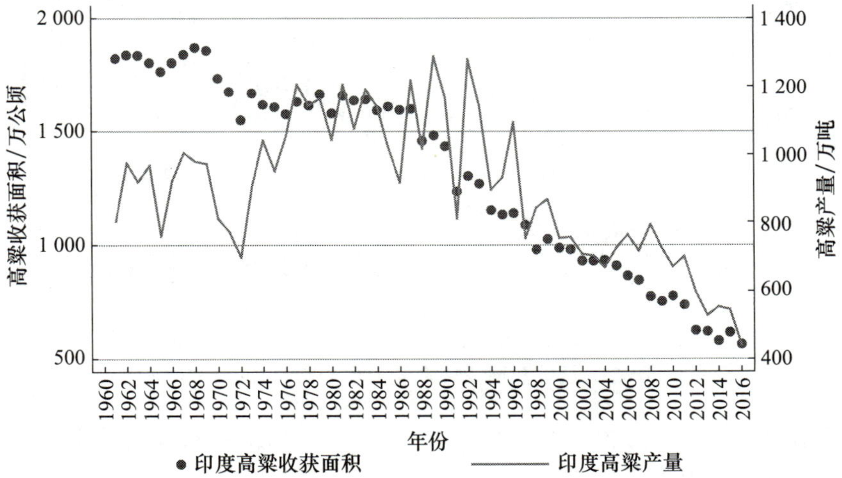

图 9.3　印度高粱收获面积和产量变化趋势（1961—2016 年）

小米：小米主要种植在印度的西南部。2016 年印度小米的收获面积为 880 万公顷，产量为 1 000 万吨。自二十世纪七十年代以来，印度的小米收获面积不断下降，但小米的产量并没有下降（图 9.4）。

大豆：大豆是印度主要的油料作物，印度也是世界上除美国、巴西、阿根廷、中国之外的第五大大豆生产国。2016 年，大豆收获面积 1 200 万公顷，产量 1 400 万吨（图 9.5）。其他油料作物包括花生、芝麻、葵花籽、油菜籽、亚麻籽、蓖麻籽。

2. 其他种植业生产

棉花：棉花是印度主要的纤维作物。印度是世界三大棉花生产国之一，棉花播种面积是世界最大的。2014 年，棉花产量 620 万吨，总产值 81 亿美元（图 9.6）。随着印度人均收入

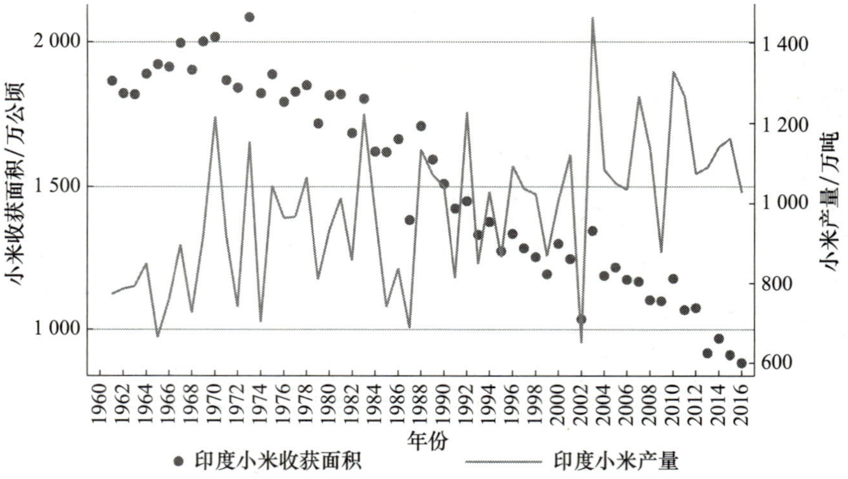

图 9.4 印度小米收获面积和产量变化趋势（1961—2016 年）

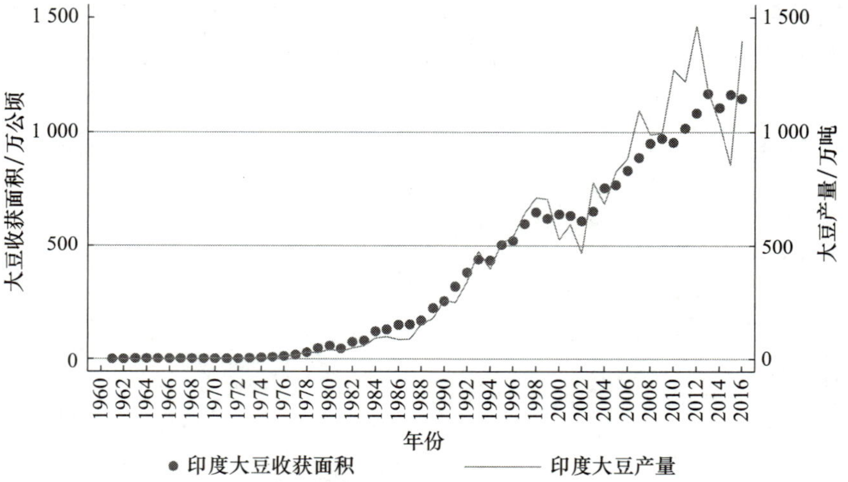

图 9.5 印度大豆收获面积和产量变化趋势（1961—2016 年）

和纺织产业的增长，特别是纺织品和服装自 2005 年 1 月完全纳入 WTO 正常框架下，印度对国内和进口棉花的需求不断增长。

甘蔗和经济作物：甘蔗是印度最重要的经济作物。印度是仅次于巴西的世界第二大甘蔗生产国。2016 年，产量为 3.5 亿吨（图 9.7）。印度是仅次于中国的世界第二大茶叶生产国，2016 年，茶叶产量 130 万吨。其他经济作物包括咖啡、烟草、可可、腰果、椰子。其中一部分是印度主要的出口商品。印度是世界上最大的生产、加工、消费、出口腰果的国家。椰子也是沿海地区广泛种植的一种经济作物，椰子的种植、加工以及相关流程能为一千万人提供维持生计的方式。

果蔬及园艺作物：印度有多样的气候和土壤条件，可以种植的园艺作物范围很广，例如杧果、香蕉、马铃薯、番茄、洋葱、鹰嘴豆、调料（如黑辣椒、小豆蔻、姜、蒜、姜黄、红番椒）。

印度是世界最大的杧果生产国，2016 年杧果产量为 1 900 万吨。印度是世界最大的香蕉生产国，2016 年香蕉产量为 2 900 万吨。印度是世界最大的鹰嘴豆生产国，2016 年鹰嘴

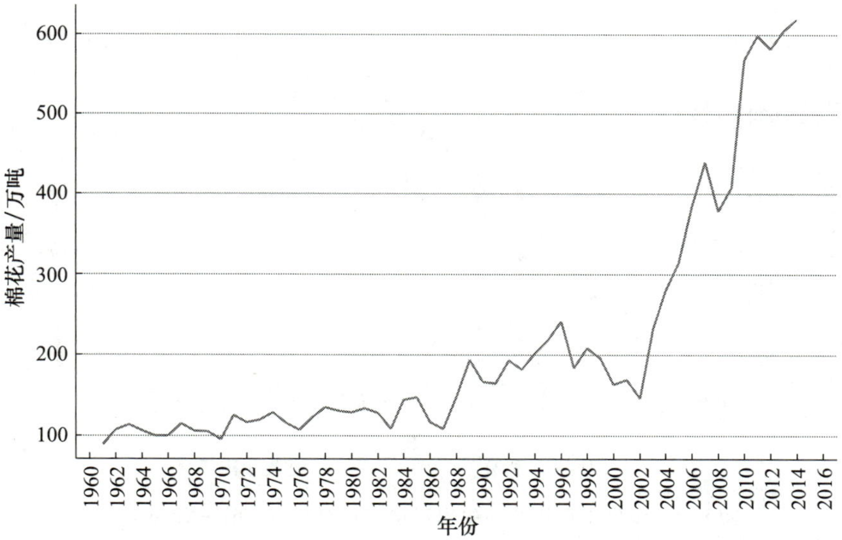

图 9.6　印度棉花产量变化趋势（1961—2016 年）

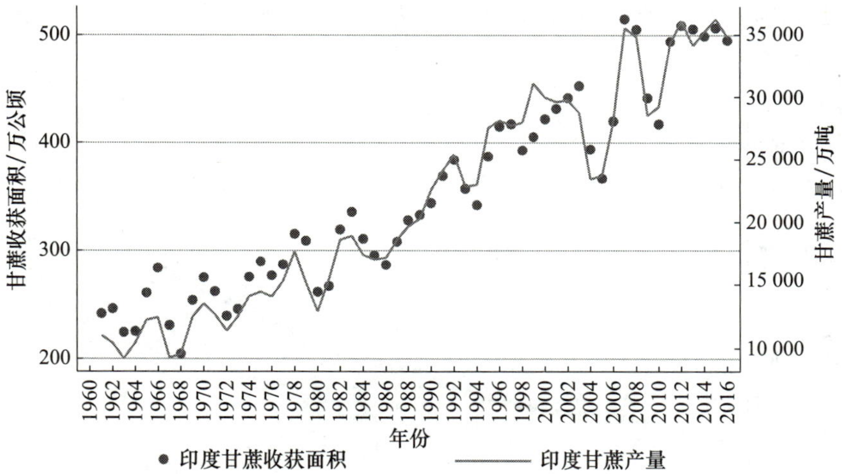

图 9.7　印度甘蔗收获面积和产量变化趋势（1961—2016 年）

豆产量为 780 万吨。印度是世界仅次于中国的番茄生产国，2016 年番茄产量为 1 800 万吨。印度是仅次于中国的全球第二大马铃薯生产国，2016 年产量为 4 400 万吨。

3. 畜牧业

牛：印度牛的数量居世界首位，2016 年印度牛的数量约为 3 亿头（图 9.8），其中包括水牛 1.1 亿头，水牛主要分布在恒河三角洲和沿海地区，牛分布在整个印度。2016 年印度的牛肉产量为 260 万吨，其中水牛肉 160 万吨。

牛在印度传统的农业经济中发挥着重要作用。牛是印度主要的动力来源（耕作、拉车、磨面等），同时，牛也是农业副产品的重要消费者（草、稻壳、玉米秸秆）。牛大概产出 8.5 亿吨牛粪，成为家庭燃料的主要来源，牛（主要是水牛）提供了大量的牛奶。根据联合国粮农组织的一份报告，在全球排放的所有温室气体中，18%来自养牛业。养牛对全球生态系统造成了巨大压力。

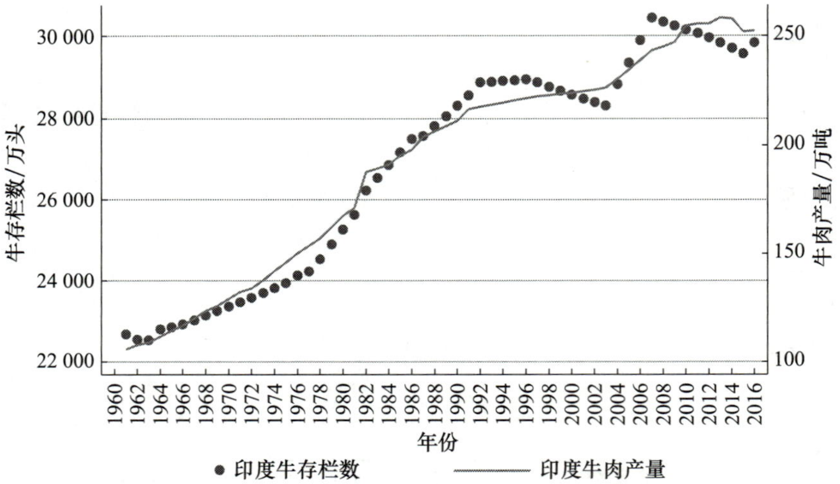

图 9.8　印度牛存栏数和牛肉产量变化趋势（1961—2016 年）

牛奶：印度养牛业的特点是牛奶产量大，牛奶产值远远大于牛肉产值，印度是当今世界最大的牛奶生产国。2016 年，印度牛奶产量为 1.55 亿吨，其中水牛奶产量 7 800 万吨（图 9.9）。

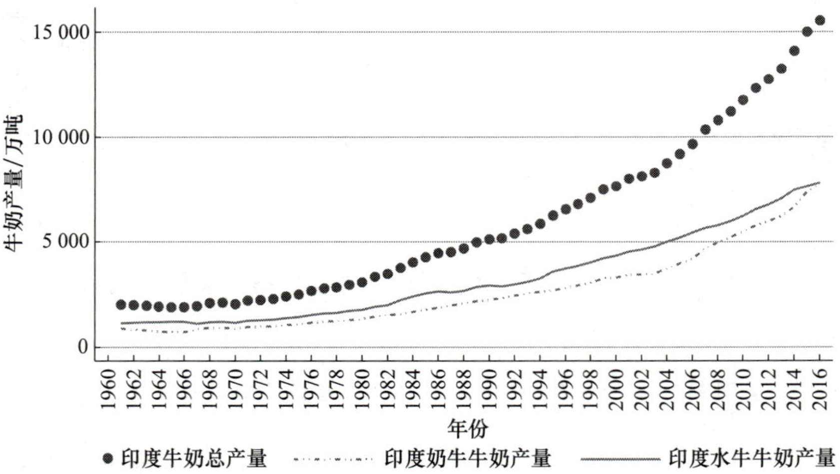

图 9.9　印度牛奶产量变化趋势（1961—2016 年）

养羊业：羊主要分布在气候干燥的西部。2016 年印度羊的总数约为 2 亿只，其中绵羊约占 1/3，山羊约占 2/3。羊肉产量不大，2016 年，印度的羊肉产量为 74 万吨，其中绵羊肉 23 万吨，山羊肉 51 万吨。

家禽业：家禽业是印度畜牧业的重要组成部分。近几年来，印度家禽业增长速度很快，年均增长达到 15%～20%。印度家禽业快速发展，无论是家禽饲养量，还是禽肉和禽蛋产量都位居世界前列。2016 年，印度鸡的总数为 7.7 亿只，2016 年鸡肉产量 340 万吨，鸡蛋产量为 460 万吨（图 9.10）。

养猪业：养猪业的规模不大，2016 年印度猪的存栏数为 900 万头，猪肉产量仅 32 万吨。

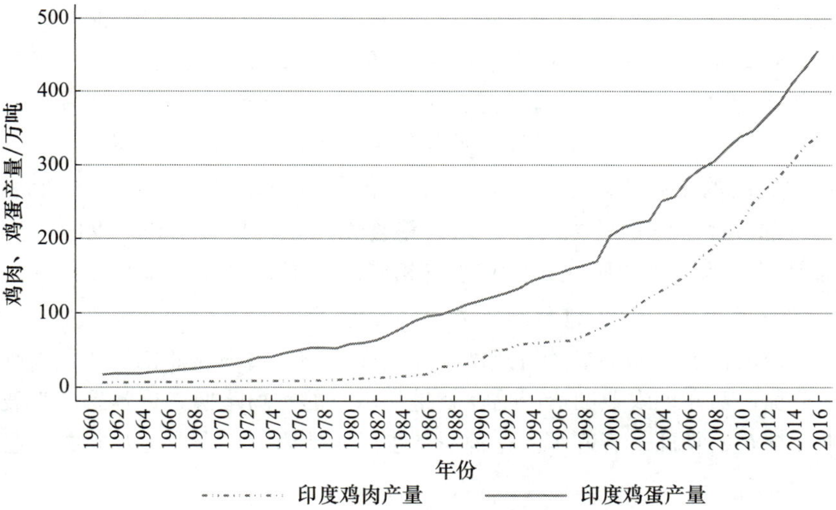

图 9.10　印度鸡肉、鸡蛋产量变化趋势（1961—2016 年）

9.1.2　农业绿色革命

1965—1967 年，印度东部地区发生了严重旱灾，造成农业大幅度减产，粮食危机空前严重。粮食供应状况非常困难，整个国家靠吃进口粮过日子。在这种情况下，印度政府开始实施农业发展新战略，这一战略就是采用以高产品种为主，结合水、肥、农药等农业技术，发展现代农业的战略，通称“绿色革命”①。

绿色革命是通过对大米和小麦进行研究为农民提供优质种子、化肥、灌溉以及最低保护价格来确保农民收益。总体上看，绿色农业政策实施得相当成功。随着粮食存量的增加，这一促进农业增长的战略完成了它的历史使命。

技术进步使得印度成为一个粮食自给国家和世界主要的几种农产品的生产国。粮食作物的绿色革命、油菜籽的黄色革命、牛奶产业的白色革命、海产品的蓝色革命和园艺产品的金色革命都归功于农业的研究和发展为这个国家做出的贡献。尽管新农业战略帮助印度较理想地解决了粮食问题，但它带来了一系列问题，造成社会政局紧张。

第一，地区间的不平等。为确保国家的各个地区能够从发展计划中获益，地区均衡发展被看作是印度经济计划的一个重要目标。但是这些年印度的农业发展模式并没有按照这一五年计划的目标。高产计划从一开始就针对那些拥有灌溉设备的地区，并不倾向于干旱、洪水等自然灾害多发的地区。这正好使那些相对发达的、可以购买相应农业资料的地区成为计划实施对象，农产品产量的增加也集中于几个地区。

第八个五年计划（1992—1997 年）开始关注地区失衡和农作物失衡，提出“现在依然限于北部和西北部的绿色革命，必须转向其他地区，尤其是拥有适量的降雨、肥沃的土地和提高农业产量潜力无限的东部和东北部地区”。

第二，个人之间的不平等。由于新农业战略要求拥有灌溉设施，因此在大多数情况下仅

① 更广义的“绿色革命”指的是亚洲及拉美在二十世纪六十年代因为品种改良和化肥、农药使用所带来的农业产量的高速增长。

限于大农场主。小农场主的边缘农民无法享受新技术。经济学界存在争论，绿色革命是否加剧了农村地区农民之间的不平等。研究表明大农场主从绿色革命获益最多。相反地，有研究成果显示小农场主也从绿色革命获利并且农村地区的贫富差距减小了。有另外一个观点认为技术是中性的，因此农民之间的不平等关系并没有受到影响。

第三，作物之间的不平衡。从一开始，高产计划只针对小麦、大米、玉米等谷物，于是非粮食作物被排除在新农业战略之外。结果，粮食作物尤其是大米和小麦的产量取得了突破性的增长。而对于其他作物的研究并没有取得相应的成绩，尤其是油菜籽和豆类，结果对豆类的价格和油菜籽的出口造成了过分的压力。

第四，产量波动。农产品的显著特点即存在年度波动。因为农业依然在很大程度上有赖于不确定的降雨情况，对印度农业的恰当描述就是与雨季的一场赌博。更容易产生波动的作物有油菜籽、豆类、棉花、甘蔗、黄麻等。这种波动也间接地影响以农业为基础的工业生产能力。

9.2 印度农产品贸易

9.2.1 农产品进出口基本情况

2016 年，印度农产品出口 265 亿美元，农产品进口 239 亿美元（表 9.2，图 9.11）。印度是一个农产品净出口国，2016 年盈余约 26 亿美元。

表 9.2 近年来印度农产品进出口情况（2012—2016 年） 亿美元

项目	年份				
	2012	2013	2014	2015	2016
出口	382	425	362	287	265
进口	202	192	211	222	239

数据来源：FAO 数据库。

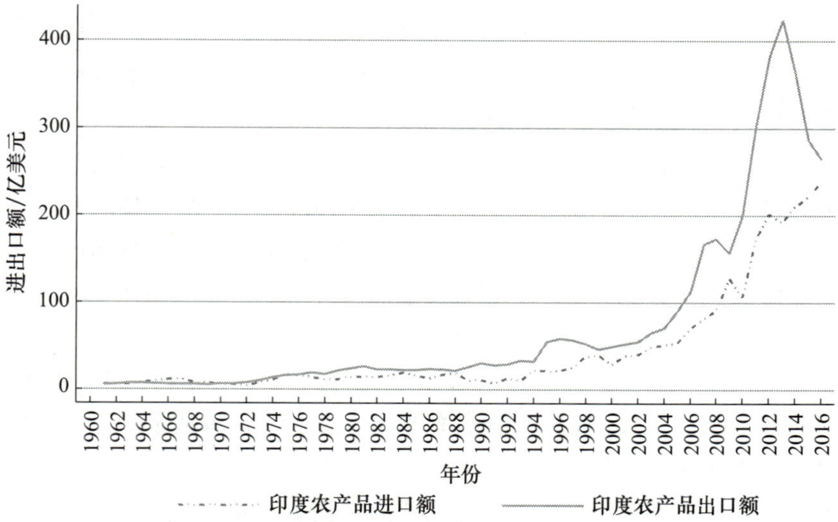

图 9.11 印度农产品进出口额变化趋势（1961—2016 年）

美国、阿联酋、沙特阿拉伯、越南、孟加拉国是印度农产品出口的五个目的国。2016 年，印度对美国的农产品出口约为 20 亿美元。

在进口方面，印度尼西亚、阿根廷、马来西亚、乌克兰、巴西是印度农产品进口的五个最大的来源国。

印度需要进口的大宗产品是食用油。按价值衡量，印度进口的最重要的三种农产品为棕榈油、葵花籽油和大豆油。上述三种农产品的进口价值总计约 100 亿美元。2016 年，进口棕榈油 830 万吨，进口大豆油 390 万吨，进口葵花籽油 150 万吨（图 9.12）。

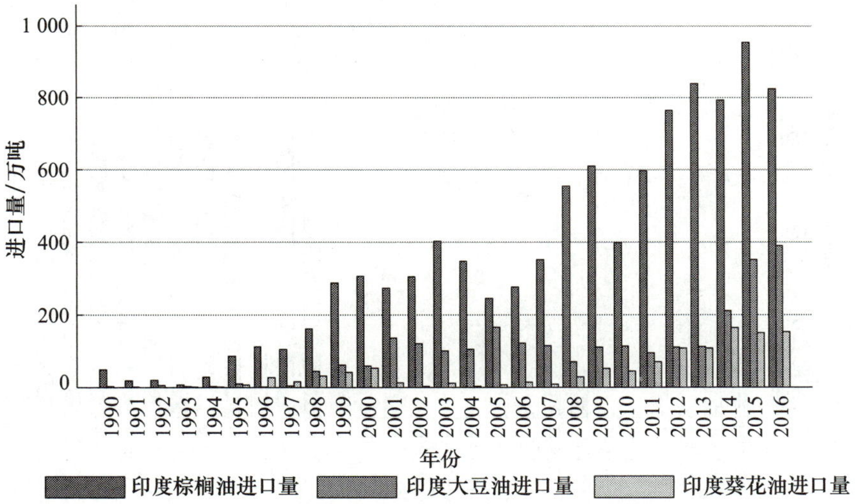

图 9.12　印度食用油进口量变化趋势（1990—2016 年）

9.2.2　农产品出口情况

1. 大米

印度是大米的主要出口国之一，大米是印度最重要的出口农产品。2016 年印度出口大米 990 万吨（图 9.13），总价值高达 53 亿美元，大米出口占全部农产品出口的 18%。

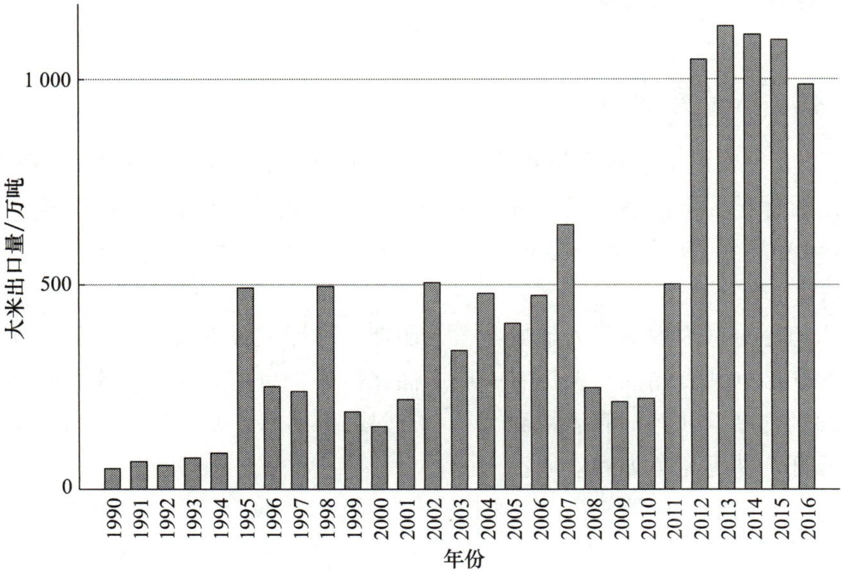

图 9.13　印度大米出口量变化趋势（1990—2016 年）

2. 棉花

按出口价值衡量，棉花是仅次于大米的第二重要出口农产品。2016 年，印度出口棉花 87 万吨（图 9.14），价值 13 亿美元。

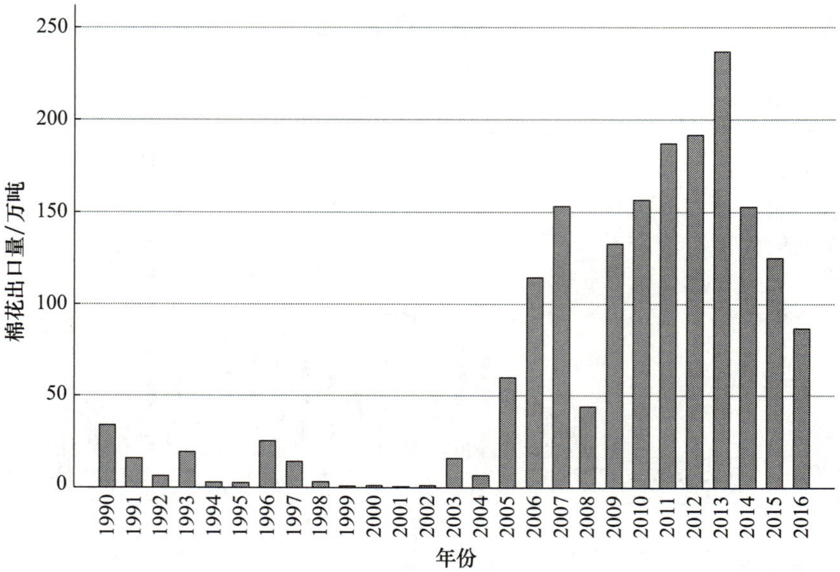

图 9.14 印度棉花出口量变化趋势（1990—2016 年）

3. 其他农产品出口

印度其他重要出口产品包括：2016 年出口小麦 20 万吨，出口玉米 48 万吨，出口糖 290 万吨。豆粕也是印度重要的出口农产品，2016 年出口数量为 62 万吨。

9.3 印度的农业政策

9.3.1 农产品贸易政策

印度在 2001 年取消了对农产品贸易的数量限制，但还是通过关税和非关税壁垒对国内农民和农业进行保护。印度在所有产品上的关税水平平均为 20%，在农产品方面关税率在 10%～182%，平均为 60%。进口数量限制的放松和关税的削减使印度每年农产品进口数量增长 10%左右。

印度因为担心对国内农业收入造成冲击，印度在降低关税方面也很谨慎，尤其是在不具有竞争优势的产品（如食用油）上。有一些产品保持着进口的高额关税来保护本国工业，如苹果、包装加工食品（50%）和酒精类饮料（182%）。这些产品在国内一般是由家庭作坊式生产的，品质低，缺乏竞争力和效率。

9.3.2 农业补贴

印度农业政策的目标是实现粮食自给，消除贫困现象。政府支持农业主要通过加强对农业基础设施的投入，对主要农作物进行最低价格支持（MPS），对农业投入进行补贴和优惠的信贷措施。印度对主要农产品实行最低保护价，该价格每年确定一次，主要针对粮食作物。

印度每年用在农业上的补贴，包括粮食生产、储藏、分配方面的支出（粮食补贴），及电力、肥料、灌溉方面的支出，大约每年平均有 123 亿美元。在这种水平下，农业补贴占农业生产总值的 12%。印度的补贴水平略低于 OECD 国家的平均水平，但高于新兴市场经济国家的水平。

9.3.3 农产品价格政策

除了在国民收入和劳动力就业方面起到重要作用之外，农业部门的发展状况和政策在价格稳定和消费者福利方面扮演重要角色。印度家庭约 55%的收入是花在食品支出上的，这一比例大大超过了发达国家。对于低收入消费者，食品支出甚至占了 70%～80%之多。所以，印度人对食品价格变化的敏感性是政治上的核心议题。

在 1965 年以前，印度农产品价格政策的重点放在保护消费者利益上，政府通过低价收购、进口和配售来实现保护。这种政策虽然保证了城镇居民生活水平相对稳定，却带来了生产发展缓慢、政府收购量无法增加而粮食进口剧增的后果。1965 年以后，印度的农产品价格政策发生了转折性变化，就是把重点放在保护生产者利益上，同时兼顾消费者利益。这是印度农业政策调整的里程碑。

9.4 印度农业发展的特点

印度适宜的土地、水、气候等自然资源为其农业发展提供了基础，很多产品在国际上都应该具有比较优势，但印度现在落后的小规模经营方式使其产品在生产能力、品质、多样性方面都达不到国际标准。但有一点是值得肯定的，印度的农业养活了其众多人口，在这一过程中，印度的谷物、小麦、棉花、牛奶、蛋类等农产品的产量在世界总产量中已占有相当大的比例。

印度农业的发展，可以归纳为以下几个特点：

第一，农业对于国民经济增长起着决定性的作用。印度自独立后 70 余年来，工农业生产虽然有了较快发展，但印度仍然是一个以农业为主的发展中国家，60%以上的人口以农业为生。从印度经济发展史来看，农业在国民经济中具有举足轻重的地位，农业的增长速度，在很大程度上决定着整个国民经济的增长速度，这是印度经济发展的一个显著特点。

第二，小农经济占绝对优势。印度农业的社会经济结构的特点是，小农经济占绝对优势，每个农户的经营规模较小。印度独立后就开始进行“土地改革”，并公布了名目繁多的法令，但大多并未认真执行，成效不大。因此，虽经历了长达 40 年的土地改革，但印度的土地占有状况并未发生根本性变化，土地所有权仍集中在少数人手里。不仅如此，小农和耕种土地不足半公顷的边缘农民还在不断丧失其土地，不得不加入无地农民的队伍。印度农业主要以个体农户为经营单位，平均经营的土地规模不足 2 公顷，但占农户总数的 60%的小农户的平均土地规模只有 0.4 公顷。

第三，传统农业占优势地位。印度传统农业的特点，一是农业对气候和雨水等自然条件的依赖性很大，抗御自然灾害的能力较差，经常遭受季风的危害而造成水旱灾害。二是以传统的生产工具和手工劳动为主，现代投入较少。85%的耕地依靠人畜力耕作，70%的耕地无灌溉设施，靠雨水灌溉。农业先进技术大都局限于小麦和水稻，而对豆类和油料作物没有重大影响，造成这些作物产量低下，每年需进口大量食油才能满足国内需要。这反映在印度的农业生产率和农民收入都较低。全国60%的劳动力从事农业生产，但印度农作物的单产水平较低。一些作物的单产水平低于东南亚许多国家。

第四，农业和农村发展的不平衡日渐扩大。由于印度各地的自然条件不同，经济社会环境条件不同，采用现代技术的程度不同，造成了农业生产和农村发展在地区之间的不平衡。印度北部和西部地区生产水平高，粮食产量和农民收入较高；南部和东部地区生产水平和粮食产量较低。农民之间的收入差距不断扩大。随着经济的发展，地区发展不平衡和收入差距有加重的趋势，总的说来，目前印度农村社会和经济生活仍然是以农业（主要是种植业）为中心。传统的管理系统以及亲属、家庭和种姓制度仍然是社会经济关系的决定因素。但近几年，许多地区以不同的速度和强度，开始发生变化，涌现出了少数现代的农村社会。

印度现在仍是一个以农业为主的社会，新增长的城市和农村劳动力要求农场收入的多元化和农村剩余劳动力的转移，这对印度来说，无疑是发展中的重大挑战。在印度，农业是劳动密集型产业，小农场因为其生产技术落后、利润低而没有能力进行规模化经营和技术革新。改革可以帮助增加农场收入，寻找农村劳动力转移的途径对保持适度的劳动力规模是必要的，这将有助于提高农村的经济收入，并且有利于维持政治上的稳定。在对待私人投资方面，市场无效率、缺乏激励的历史使得印度的农业部门已经成为一个聚集大量剩余劳动力的仓库。

复习思考题

1. 印度农业的主要特点是什么？
2. 为什么说牛在印度农业经济中占有重要作用？
3. 印度和中国在畜牧业方面的主要不同点是什么？

第10章　以色列农业经济

以色列位于亚洲大陆的西端，地中海东南角，西临地中海，北连黎巴嫩，东与约旦接壤，东北与叙利亚为邻，东南和南面与埃及为邻，处于欧、亚、非三洲交汇处。以色列的实际控制面积为2.5万千米^2，2016年人口860万，其中犹太人占75%，阿拉伯人占20%。

以色列的北部是加利利山，高度为1 200米左右，在加利利山东侧为约旦河谷。在加利利山以西为狭长的沿海平原，从黎巴嫩边境一直延伸到南部。南部是内格夫沙漠。一半以上的国土面积是干旱和半干旱的沙漠，其余是山坡地和林地。

沿地中海地区为典型的亚热带地中海型气候，雨热不同期，夏季炎热干燥，温度在32～38℃。冬季温和多雨。以色列降雨少，平均降雨量为400～550毫米。降雨主要在冬季的12月至翌年3月，6—8月基本无雨。降雨量各地区差别也很大。加利利年降雨量在1 000毫米以上。以色列越往南雨量越少。从全国来看，20%为半湿润地区（北部），80%降雨少于200毫米，属干旱、半干旱地区。耕地主要分布在北部滨海平原、加利利山区以及上约旦河谷。

2016年GDP总量约为3 200亿美元，人均GDP约为37 000美元，预期寿命为82岁。92%以上的人居住在城市，全国约有200个城市。主要城市有耶路撒冷、特拉维夫、海法。

以色列的经济是以高科技导向的，主要出口的产品有计算机软件、军事设备、化学制品以及农产品等。

10.1　以色列农业生产

10.1.1　农业发展概况

1. 土地资源

以色列的自然条件不利于农业生产，沙漠占国土面积的60%。2016年以色列的农业面积约为53万公顷，可耕地面积约为30万公顷，主要分布在北部滨海平原和上约旦河谷。约占国土面积的14%，人均耕地约为0.04公顷，远低于世界平均水平。草地面积为14万公顷，占国土面积的6%。

2. 农业的比重

农业在国民经济中的比重不断下降。2016年，农业占GDP的比重为1.3%，农业就业占全部就业的比重为1.6%，农业出口占出口收入的比重为3%，农产品进口占全部进口的比重为7.4%。农村人口占总人口的比重为8%。农产品自给率为90%以上。

3. 农业发展的三个阶段

以色列农业奇迹得益于正确的发展战略。自建国以来，以色列农业是推动经济发展的杠杆，农业和整个经济的发展相辅相成。其农业发展大致经历了三个阶段。

第一阶段从二十世纪五十年代开始，农业开始大起步、大发展。建国初，以色列处于战争环境，大量移民从国外涌入，经济面临巨大压力，农业成了当时经济恢复和发展的支柱。以色列在全国垦荒、兴建定居点，目标是粮食和农副产品自给自足。当时，以色列军事开支负担沉重，但仍优先满足农业投资。1952 年以色列引种棉花，用 10 年时间解决了穿衣问题，棉花单产世界第一，棉花出口创汇仅次于柑橘。1953 年以色列开始建北水南调工程，开发沙漠。

第二阶段从二十世纪六十年代开始，滴灌推动农业革命。初期，以色列土地开垦饱和，农业单产徘徊，沙漠改造缓慢。以色列开始探索科技发展农业的出路，二十世纪六十年代中期发明滴灌后，国家立即大力扶持，农业革命找到突破口，农产品产量直线上升，沙漠改造突飞猛进，可耕地持续增加，农业面貌根本改观。

第三阶段从二十世纪八十年代开始，农业实现产业化。根据国际市场和本国自然条件，以色列早在二十世纪七十年代开始改变农业生产结构，从以粮食生产为主，转向发展高质量花卉、畜牧业、蔬菜水果等出口创汇的农产品，用高科技、现代管理不断提高农业效益，形成高投入、高科技、高效益、高产出的特色，建成了一整套符合国情的节水灌溉、农业科技和工厂化现代管理体系。

10.1.2 农业生产结构

以色列的农业以畜牧业和园艺业为主，畜牧业部门占农业总产出的 40%，种植业占农业总产值的 60%，其中粮食饲料种植约为农业总产值的 10%。主要农作物有小麦、玉米、棉花、柑橘、葡萄、蔬菜和花卉，产量最多的是柑橘。种植业产量和产值都不大，但单产水平高，棉花单产水平是世界最高的。

1. 畜牧业

以色列的畜牧业主要包括家禽业和养牛业。

以色列的家禽饲养业主要饲养鸡和火鸡。2016 年鸡存栏量大约为 4 200 万只，火鸡 350 万只。另外，还饲养鹅和鸵鸟。饲养的家禽多为反复选育成功的优良品种，抗病能力强，耐热，生长快，产蛋多，肉中含脂肪低。家禽饲养业自动化程度高，除了使用自动拣蛋机、自动喂水、喂料机外，还采用了禽舍环境自动控制系统，能够自动监控禽舍的温度、湿度、供水、采光和通风等，家禽的繁殖、饲养和鸡肉加工已经完全实现了自动化。2016 年，鸡肉产量为 54 万吨。此外，以色列还年产火鸡肉 10 万吨，鸡蛋 14 万吨。

以色列养牛业产品主要以牛奶为主，2016 年，牛奶产量 150 万吨，牛肉 13 万吨。不仅完全满足了国内的需求，而且有过剩的趋势，所以主要用生产配额来控制。养牛业的技术非常高，从繁育、饲养到牛奶加工基本上都用计算机进行管理，实现了生产自动化。每头牛的生长、繁殖、健康状况等信息都储存在数据库中。以色列饲养的黑白花奶牛主要是本国自己选育的良种奶牛，对环境的适应能力强，产奶量高，每头牛年均产奶量达到 1 万升，居世界领先的地位。

2. 园艺业

园艺业是以色列农业的支柱之一，主要蔬菜包括：马铃薯、番茄、青椒、萝卜，2016

年产量分别为 60 万吨、39 万吨、19 万吨、28 万吨。主要水果包括：香蕉、牛油果、苹果、橄榄，产量分别为 13 万吨、10 万吨、10 万吨、9 万吨。水果和蔬菜的单产水平，在世界也位居前列或中上等。

花卉：花卉仅占全部农业产出的 3%左右，花卉农场的平均规模只有 1.8 公顷。以色列的花卉产业尽管规模小，但利润率非常高。虽然种花农户的数量不断下降，花卉产量却稳定增长，大多数花卉都是由种植户直接卖到荷兰、比利时、德国和其他地方。

水果：以色列多变的气候、地形和土壤条件有利于种植水果。水果包括柚子（图 10.1）、柑橘、牛油果、椰枣、荔枝、番石榴、杧果、香蕉、苹果、梨和樱桃。多样的气候和温室大棚可以控制水果的生长期，延长在货架上的时间。水果生产在以色列农业生产中占有重要地位，它占以色列全部农业生产的 24.6%。

图 10.1　以色列柚子产量变化趋势（1961—2016 年）

牛油果：是以色列主要的出口水果。以色列是世界上牛油果年人均消费量第二大的国家（平均每人 4 千克），仅次于墨西哥。2016 年以色列牛油果产量 10 万吨（图 10.2），牛油果是一种坚韧耐久的果树，在以色列本土除加利利山区和内格夫沙漠外，其他地区均可生长。牛油果成熟后，不必及时收摘，可让其留在树上达 6 周之久而不腐烂变质，因此既可不必突击雇工抢收，也无须为了争取时间必须空运国外出售，从而可以大量节省开支和运费。苹果也是以色列重要的水果，大多数年份苹果的产量多于牛油果，不过近年来被牛油果反超。

葡萄和香蕉：在以色列也有一席之地。二十世纪早期开始种植葡萄，现在可以种植一系列品种的葡萄，并生产驰名国际市场的葡萄酒。2016 年葡萄产量 6.6 万吨（图 10.3）。2016 年以色列生产香蕉 14 万吨，出口大量的香蕉种苗。以色列为生产高品质的香蕉研究开发出了细胞组织培育方法，它能使无论是品质还是抗病性都是最优异的品种，准确地进行再生。

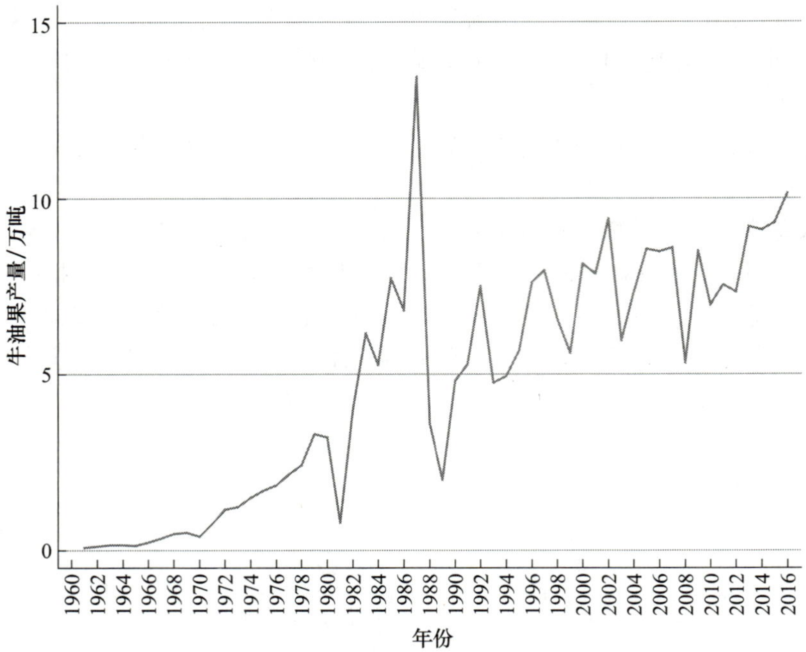

图 10.2 以色列牛油果产量变化趋势（1961—2016 年）

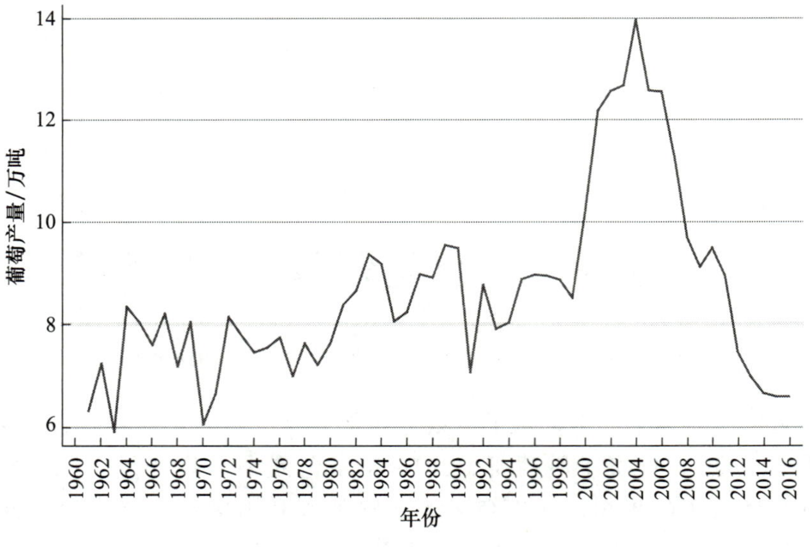

图 10.3 以色列葡萄产量变化趋势（1961—2016 年）

柑橘：曾经是以色列水果生产中的主导产品。二十世纪七十年代，以色列柑橘产量曾经达到 100 万吨以上，仅柑橘生产一项就曾在其全部农业生产中占有 5.2%的份额。此后柑橘产量不断下降，2016 年柑橘产量为 7.6 万吨（图 10.4），出口地区主要是西欧、日本和美国。多种多样的气候条件，使以色列在水果旺季刚开始和结束时都可以采摘到水果，甚至过了旺季，也能采摘。这样，在市面上就能长期有水果可卖。

蔬菜：蔬菜是以色列农业生产的重要组成部分，大部分用于出口。主要蔬菜包括：番茄、辣椒、青椒、土豆、胡萝卜、青萝卜等。最近几年，已经培育出适应沙漠地区的番茄和

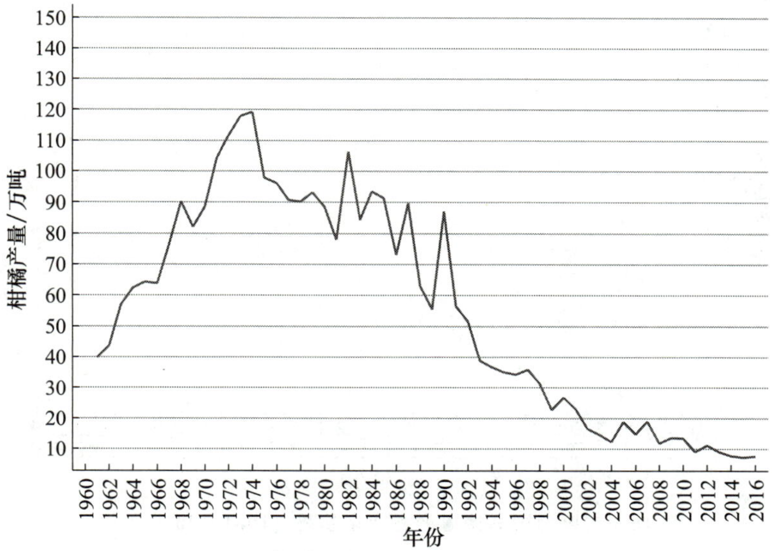

图 10.4　以色列柑橘产量变化趋势（1961—2016 年）

西瓜品种。蔬菜主要使用温室来生产，以色列利用本国充足的阳光、高温来生产高质量的蔬菜。2016 年，以色列番茄产量为 39 万吨（图 10.5），马铃薯产量为 60 万吨（图 10.6），萝卜产量为 28 万吨（图 10.7），辣椒产量为 19 万吨（图 10.8）。

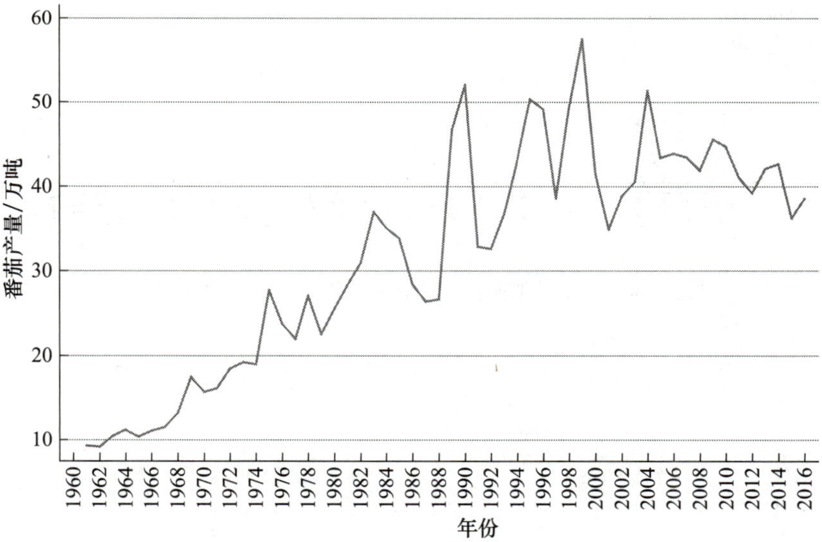

图 10.5　以色列番茄产量变化趋势（1961—2016 年）

3. 粮棉生产

小麦：以色列建国后，农业生产开始起步，为了解决吃饭问题，小麦的收获面积和产量同步增长。二十世纪七十年代后，小麦收获面积开始下降，二十世纪八十年代后，小麦产量开始下降，小麦的产量从二十世纪八十年代的 30 万吨左右下降到 2016 年的 17 万吨左右（图 10.9）。

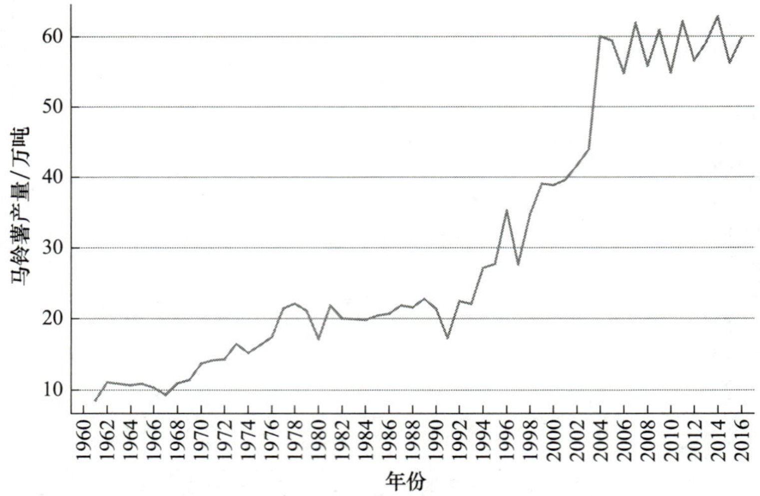

图 10.6 以色列马铃薯产量变化趋势（1961—2016 年）

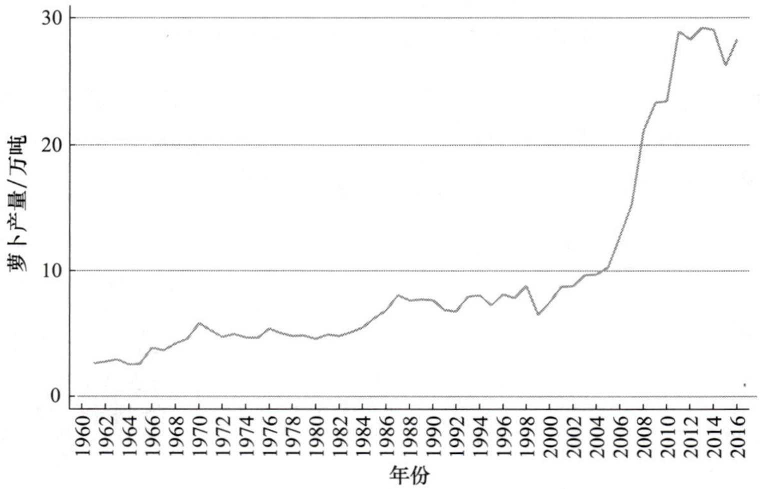

图 10.7 以色列萝卜产量变化趋势（1961—2016 年）

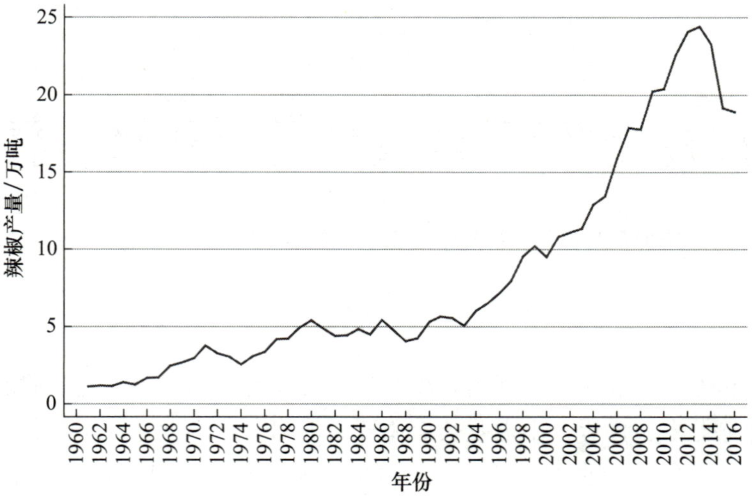

图 10.8 以色列辣椒产量变化趋势（1961—2016 年）

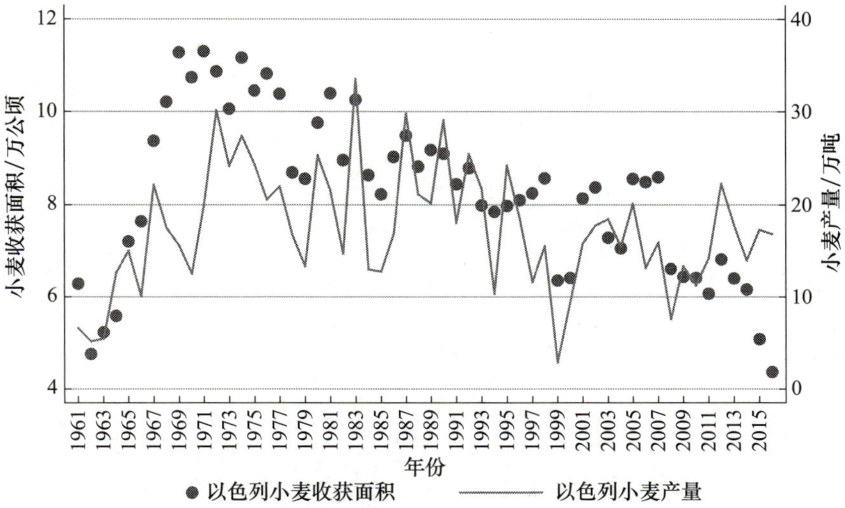

图 10.9　以色列小麦收获面积和产量变化趋势（1961—2016 年）

玉米：二十世纪六七十年代，以色列的玉米产量迅速增加，八十年代中期以后，收获面积和产量不断下降。2016 年，以色列的玉米收获面积约 3 500 公顷，产量 8 万吨（图 10.10）。

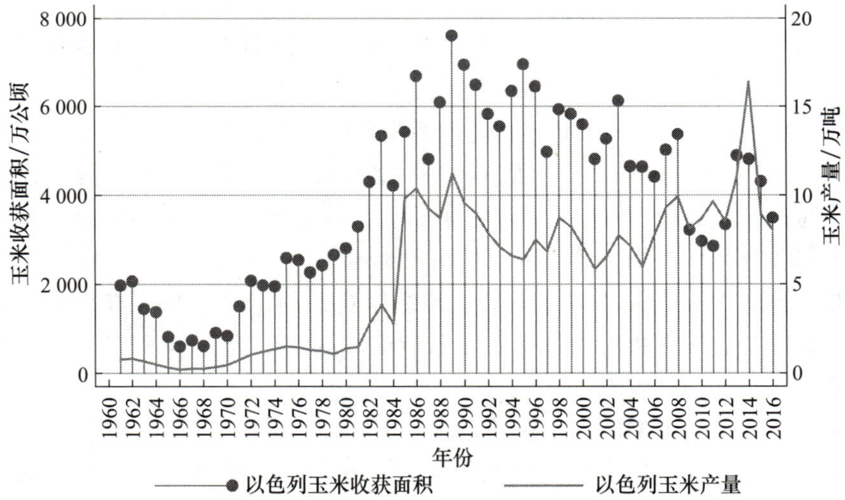

图 10.10　以色列玉米收获面积和产量变化趋势（1961—2016 年）

棉花：以色列气候干旱，适宜种植棉花。建国后为了解决穿衣问题，在二十世纪六七十年代，棉花产量迅速增长。1985 年，以色列棉花产量接近 10 万吨。从二十世纪八十年代中期开始，棉花产量不断下降。2014 年棉花产量仅为 1 万多吨（图 10.11）。

10.2　以色列的农业组织形式

以色列土地所有权归国家，国家把土地出租给集体农庄统一经营，这些农庄就是基布兹

图 10.11 以色列棉花产量变化趋势（1961—2014 年）

和莫沙夫。以色列农民只需缴纳很少的租金，就可以在基布兹和莫沙夫从事农业。一般期限是 50 年左右。基布兹和莫沙夫占以色列全部农业产出的 80%。

以色列有 270 个基布兹，约占全国人口的 2%。每个基布兹的人数从 50 人至 2 000 人不等，平均 400～500 人。人们在“平等、公有、自愿”的原则下，实行“各尽所能，各取所需”，衣、食、住、行全部包干，每户一幢小楼。随着经济的变革，基布兹的经营范围也从农业扩大到工业和服务业。

莫沙夫于 1921 年始创，现有 400 个左右，每个莫沙夫有 60～100 农户，各个家庭农场是独立的，房屋、田地、收入归农户所有，平时各农场相互协作，相互提供经济和社会服务，农忙时雇短工，集体合作社负责供销、教育、医疗、文化等。新建村落由农业安置规划中心和犹太人服务社共同规划，政府向他们出租土地。

莫沙瓦是个体农民组成的团体，他们就地组织自己的产品市场，进行农资交易。基布兹、莫沙夫、莫沙瓦分别创造着以色列农业总产值的 32%、46%和 22%，三种体制各有所长，共同创造了以色列的高效农业。

若说起基布兹和莫沙夫的区别，在基布兹，土地必须集体经营，生产资料也公有，农民统一劳作。发展规划则在政府农业部门指导下统一制定，同时政府也向基布兹提供大量贷款。而莫沙夫则相对灵活，规划者可将土地根据面积和土质科学分类，然后再租给成员，因地制宜分散发展各种农副业，也可以有少量雇佣。

10.3 以色列农产品贸易

10.3.1 农产品进出口基本情况

自二十世纪九十年代以来，以色列的农产品贸易逆差有逐步扩大的趋势，2016 年，农产品出口为 19 亿美元，农产品进口为 51 亿美元（表 10.1，图 10.12）。

表 10.1 近年来以色列农产品进出口情况（2012—2016） 亿美元

项目	年份				
	2012	2013	2014	2015	2016
出口	24	25	23	20	19
进口	49	51	52	49	51

数据来源：WTO 数据库。

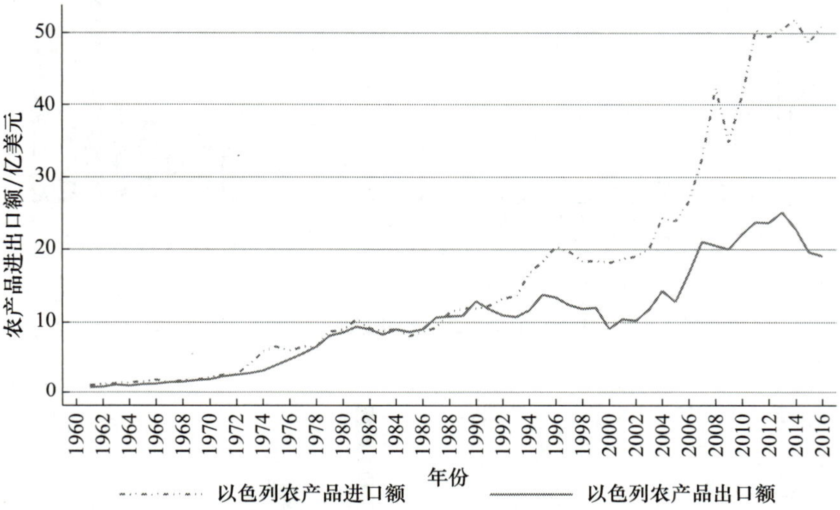

图 10.12 以色列农产品进出口额变化趋势（1961—2016 年）

以色列的主要出口农产品为蔬菜、水果，进口为小麦、玉米、大豆、糖等农产品。由于历史和政治的原因，该国的经贸合作伙伴主要为欧美。以色列与欧盟、美国均签有自由贸易协议，加上地域因素的影响，双边农产品贸易合作关系尤为密切。

10.3.2 主要农产品出口

以色列的农产品出口以欧洲和美国为主。叙利亚、意大利、希腊、美国、德国是以色列农产品出口的主要目的国。主要出口的农产品如下：

枣：枣是以色列出口的重要特色水果，出口量也连年递增（图 10.13），2016 年枣的出口量已达 8.7 万吨，占国内产量的 2/3。

马铃薯：马铃薯是以色列的重要蔬菜和出口农产品，近年来产量和出口量都比较稳定（图 10.14），2016 年马铃薯出口量 22 万吨，约占国内产量的 40%。

牛油果：牛油果是以色列主要的出口水果之一。由于产量丰富，80%以上供出口外销，其中 2/3 以上出口法国，其余则销往英国、德国、瑞士、斯堪的那维亚半岛诸国。2016 年，出口牛油果 2.5 万吨（图 10.15）。以色列农民面临着来自欧洲和美国新鲜和加工农产品的激烈竞争，比如，以色列生产的柑橘和鲜花面临地中海地区其他国家的激烈竞争，牛油果曾经是以色列最大的出口商品之一，在欧洲市场上遭遇了来自墨西哥的激烈竞争。

萝卜：萝卜是以色列重要的出口蔬菜，2000 年以来，产量和出口量均迅速增长（图 10.16）。2016 年出口萝卜 17 万吨，占国内产量的 1/2 以上。

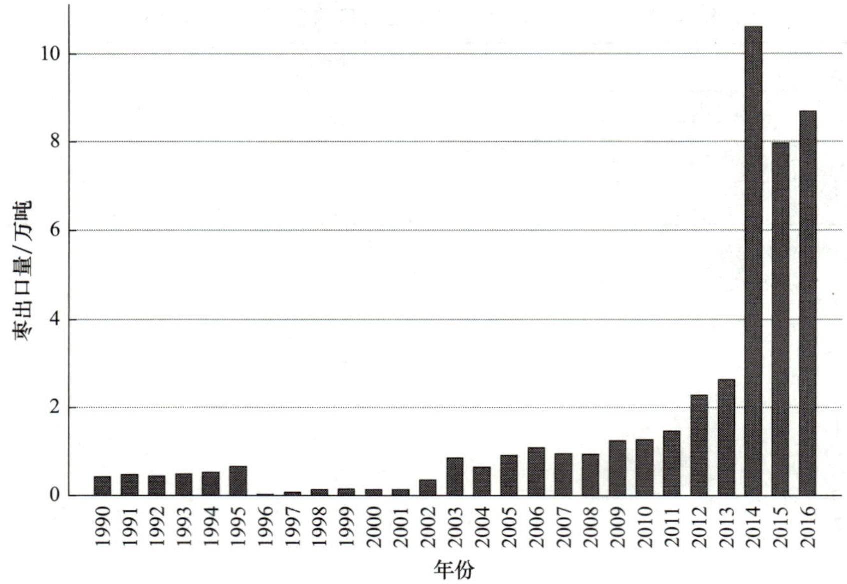

图 10.13 以色列枣出口量变化趋势（1990—2016 年）

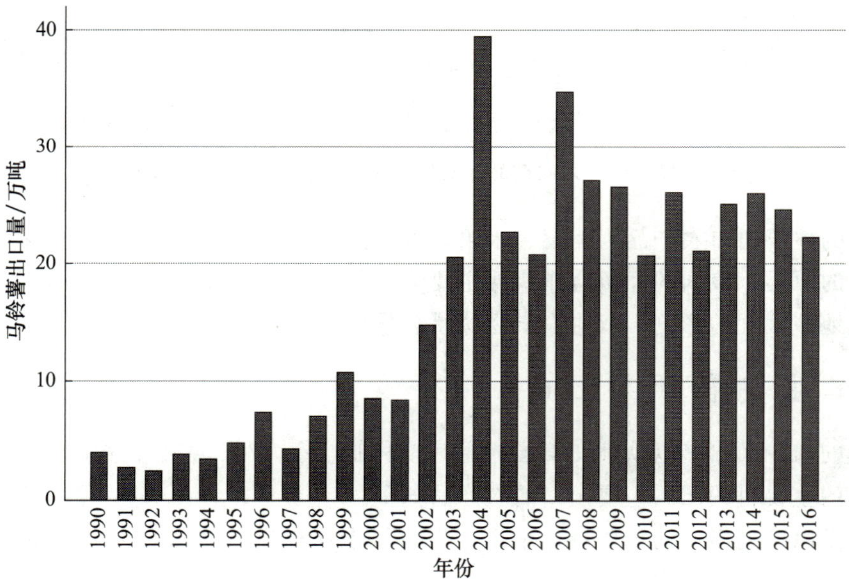

图 10.14 以色列马铃薯出口量变化趋势（1990—2016 年）

10.3.3 主要农产品进口

以色列进口的农产品主要为粮食、肉类、糖。2016 年，以色列的主要农产品进口来源国为瑞士、美国、荷兰、英国、土耳其。

1. 粮食进口

玉米：以色列玉米产量很少，为了满足国内畜牧业的需要，每年需要大量进口玉米，2016 年进口玉米 140 万吨（图 10.17），玉米进口比率高达 90%。

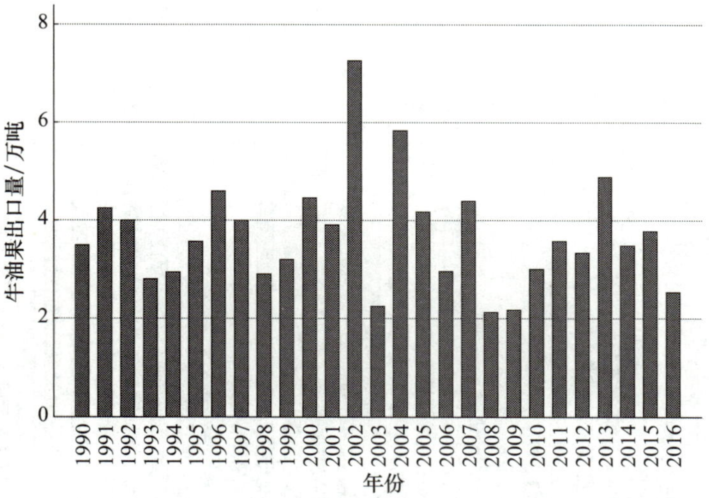

图 10.15　以色列牛油果出口量变化趋势（1990—2016 年）

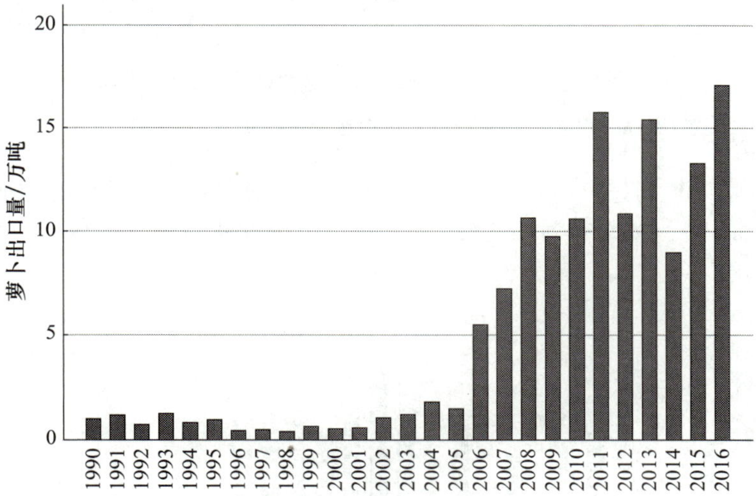

图 10.16　以色列萝卜出口量变化趋势（1990—2016 年）

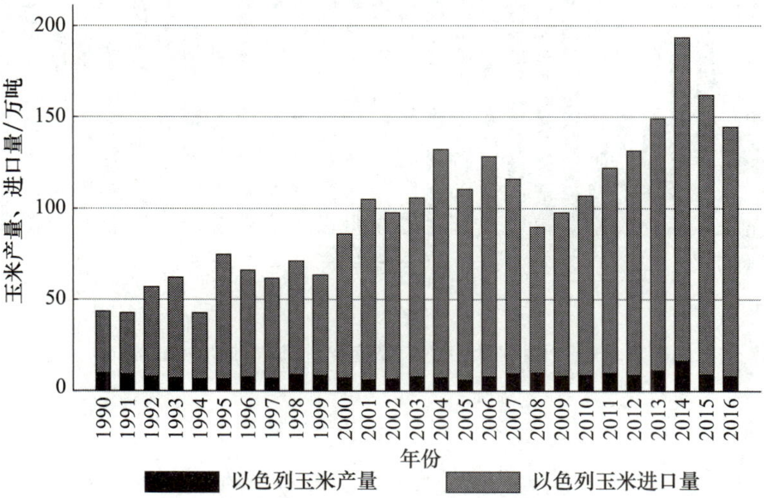

图 10.17　以色列玉米产量和进口量变化趋势（1990—2016 年）

小麦：自二十世纪八十年代以来，以色列小麦产量逐步下降，小麦进口量不断增加（图 10.18）。2016 年进口小麦 170 万吨，小麦进口比率高达 90％。

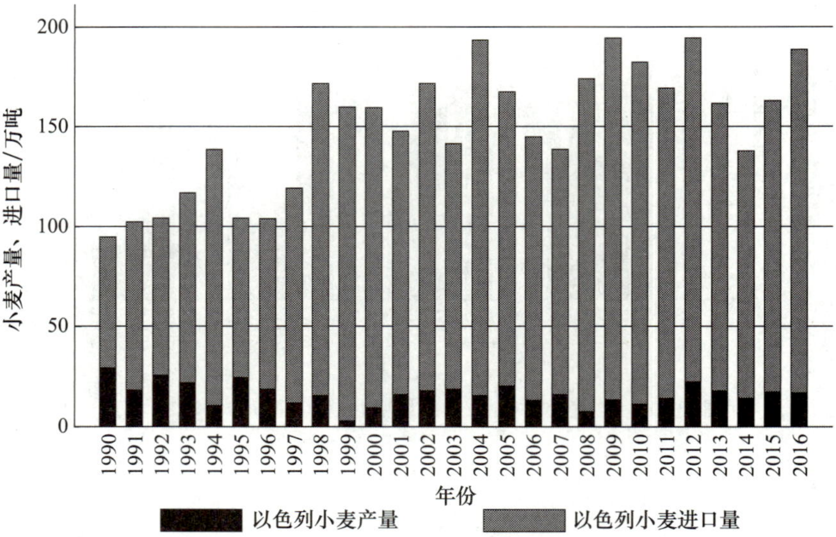

图 10.18 以色列小麦产量和进口量变化趋势（1990—2016 年）

大豆：大豆是以色列进口的重要农产品。近年来，随着食用油进口的增加，大豆进口呈下降趋势（图 10.19）。2002 年进口大豆 70 万吨，2016 年进口大豆下降为 45 万吨。

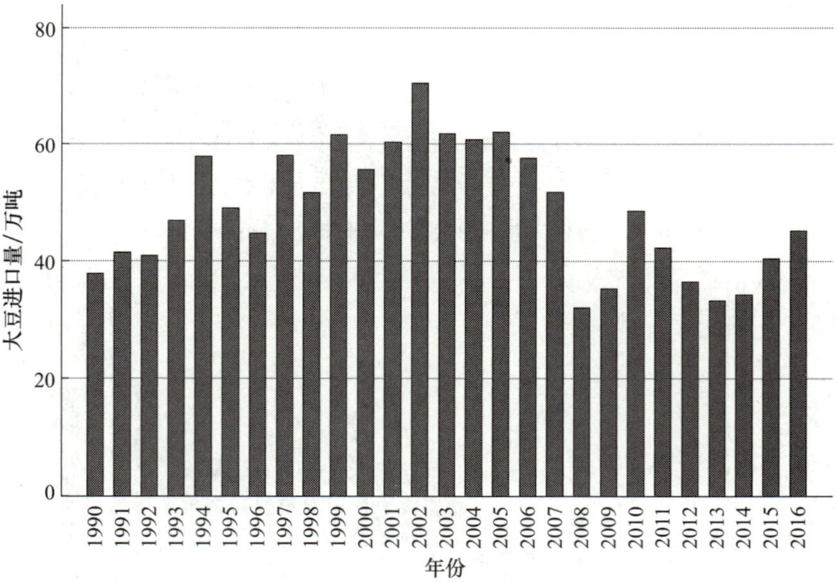

图 10.19 以色列大豆进口量变化趋势（1990—2016 年）

2. 肉类和糖的进口

牛肉：以色列养牛业发达，但不能满足本国居民对牛肉的多样化需求，牛肉的进口比率约为 50％。2016 年以色列进口牛肉 8.6 万吨（图 10.20）。

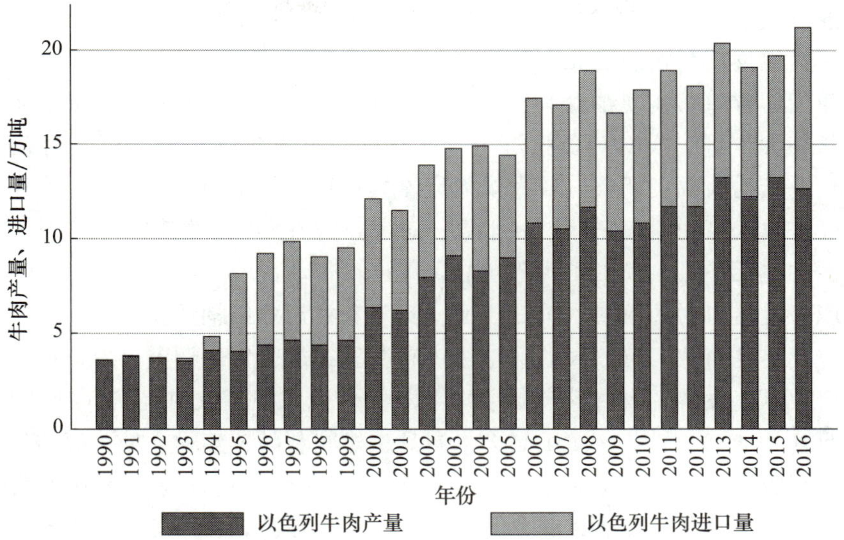

图 10.20 以色列牛肉产量和牛肉进口量变化趋势（1990—2016 年）

糖：以色列国内所需的糖基本都要进口。2000 年以来，糖的进口保持稳定（图 10.21）。2016 年进口原糖 23 万吨，提纯糖 20 万吨。

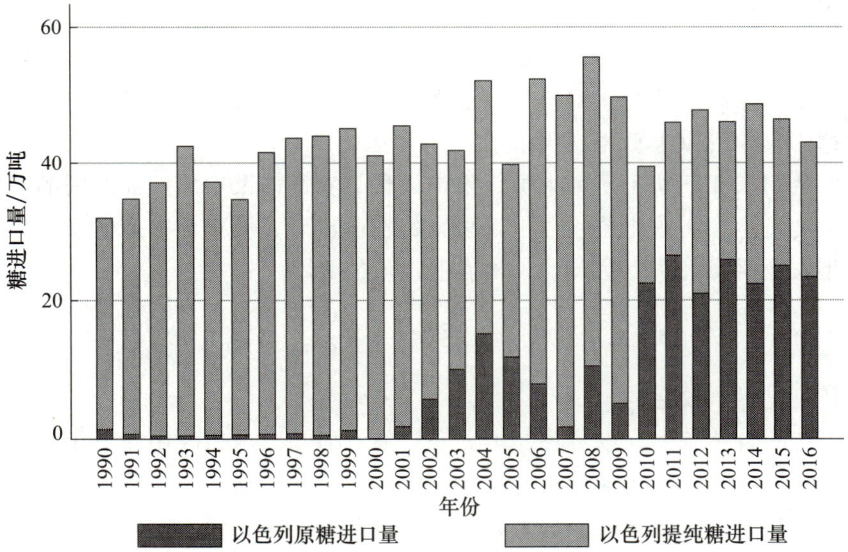

图 10.21 以色列糖进口量变化趋势（1990—2016 年）

10.4 以色列农业发展的经验和启示

10.4.1 农业发展的经验

以色列基本农业政策和措施：以色列耕地少，自然条件恶劣，但由于科技兴农，使农业获得令人瞩目的发展。以色列分为 10 个农业区，政府用价格、贷款等市场调节机制进行宏观调控，并通过低息贷款等方式支持创汇农产品，体现发展出口型农业的战略。

第一，大力发展高科技、高收入的外向型出口农业。

以色列建国后曾追求实现粮食等农副产品的自给，忽视了自然资源条件恶劣的现实，结果是农产品长期大量进口，财政负担沉重。二十世纪七十年代后，政府及时改变了发展战略，对农业产业结构大幅度调整，较大规模地缩减粮棉的种植面积。同时加大生产适宜本国气候条件、经济收入高的出口产品，如水果、蔬菜、花卉等经济作物和畜产品。这种调整弥补了自然资源的先天不足，发展了优势产品，由出口带动了农业的发展。

第二，积极发展农村的第二、第三产业，实现农村产业结构调整。

过去，农业是基布兹、莫沙夫的唯一经济来源。经过多年的调整，农产品加工、流通等第二、第三产业迅速发展，农村的产业结构不断优化，实现了农村经济、社会的全面发展。基布兹既涉及食品加工、轧花、纺织品、木制品、橡胶制品、建材、纸张等传统行业，也涉及光学设备、高级灌溉系统、农业机械、电子装置等现代行业，还进入到生物化学、微生物、生物工程等新兴行业；商业、服务业也得到发展，在第二、第三产业就业的社员已占总就业人数的80%。

第三，将节水、改造沙漠、培育适合本国自然条件的农畜品种等作为农业科研重点。

以色列农业和自然条件很差，缺水、干旱、沙漠化，对农业生产极为不利。但通过采用先进的农业灌溉技术和建立发达的灌溉系统，使其耕地的大部分实现了水利化。在农业技术体系中，灌溉技术始终居于核心地位。灌溉技术的推广，不仅大量节约了农业用水，提高了农业生产率，也节约了成本，增加了农业收益。此外，在沙漠改造、培育特色农畜品种、利用太阳能、农畜产品高产和高速繁殖、病虫害防治等方面也重点投入了人力、财力，对成就如今高度发达的农业发挥了重要作用。

第四，以色列农业归功于研究人员、推广人员、农民以及农业产业之间的密切合作。

以色列高度发达和集约化的农业是以强大的农业科研、教育和推广体系作为后盾和支柱的。政府每年农业科研经费上亿美元，占农业产值的3%。

10.4.2 以色列农业发展的启示

第一，环境是可以改变的。

论农业生产的自然条件，以色列是十分恶劣的，但是以色列人用几十年时间，在大部分是荒漠、水资源极度匮乏的土地上奇迹般地创造了一片片绿洲，不能不令世人叹服。沙漠里的大棚温室、遍布大地滴灌系统、浩大的国家输水工程等等，无不诠释着一个真理，即一切人类文明成果都是人们辛勤努力和智慧的结晶。

第二，农业发展必须有科技的支撑。

发达的科研、推广和服务是以色列农业发展的原动力。国家建立了一套由政府部门（农业部等）的科研机构与社区（基布兹、莫沙夫）相结合的科研、开发体系。以色列的农业科研人员为农业生产、经营者提供技术指导、咨询和培训。他们是科技推广者和实践者，与农户签订服务合同，从而使农民获得更大的经济效益。

第三，高素质的农民是决定性的因素。

以色列国民受教育程度之高是世界闻名的。在建国之初，农民受教育甚至高于全国人民的平均水平。现在，农民中大学以上文化程度的占到50%以上，其他农民至少是高中文化程度。

大量的高素质移民为以色列增加了新的血液。高素质的农业劳动力是掌握运用先进的生产技术和管理技术的可靠保障。农民有扎实的文化科学基础，乐于接受新生事物，采用新品种、新技术，这就是以色列现代农业腾飞的基本保障。

高素质的农民是现代农业和现代社会的基本保证。以色列历来重视教育，认为教育投资是最根本的经济投资。各农业推广中心经常举办培训班，农民受教育的程度普遍提高，能较快掌握农业新技术。

10.5　以色列对水资源的充分利用

在以色列的大部分地区，如果没有人工灌溉的水，就连一棵草也不能生长。1959 年以色列通过了《水利法》，规定所有水资源都是国家财产，由国家控制，为居民和国家发展的需要服务。

以色列每年可用水资源约为 20 亿米^3，农业是用水大户，农业用水占了全部用水量的 50%～60%。节水灌溉技术已从简单的喷灌逐步发展到目前全部采用计算机控制的水肥一体喷灌、滴灌系统，不但节省了珍贵的水，还大幅度提高了农作物的产量和品质，经济效益显著。

北水南调工程：1953 年以色列开始建北水南调输水工程，开发沙漠。充分利用地下水和雨水，把它们从北部的太巴列湖引到干旱贫瘠的南方内格夫沙漠地区，输水总渠长达 300 千米，并将原有的小规模、短距离地区性水利系统连接成网；另一方面，二十世纪六十年代中期，修建了输水系统，通过长为 145 千米的混凝土管道，将约旦河水和其他水资源纳入太巴列湖，再从太巴列湖将水输送到南部。辅管道共 4 200 千米，年供水总量 14 亿米^3。

循环利用污水资源：以色列是世界上循环水利用率最高的国家，处理后的污水利用率已达 70%，其中 1/3 用于灌溉，约占总灌溉水量的 1/5。以色列每年大约有 3.2 亿米^3 的废水经过处理以后用于农业生产，分布在城镇周围的果园主要用处理后的水灌溉。

利用微咸水：以色列南部沙漠的微咸水被用来灌溉，生产的番茄和其他蔬菜、水果的品质，甚至优于淡水灌溉生产的产品。以色列南部沙漠生产的用微咸水灌溉的水果和蔬菜在欧洲市场上的价格较高，销路很好。以色列利用淡化咸水进行灌溉的面积达到 4.5 万公顷。

滴灌：用水方面最有创新特色的是滴灌。在农田里对每一个植物和树木都布置了有小孔的塑料管道系统。传统上，滴灌是用于缺水地区，但在降雨量较多的地区滴灌可以提高灌溉的精度。

以色列的滴灌技术具有以下特点：第一，可用于长距离和坡地灌溉；第二，肥料与水一起直接输送到植物根部，节约了水和肥料；第三，水和肥料集中在植物的根系，减少了杂草的生长；第四，直接将水输送到根系附近的土壤中，水的蒸发极少；第五，滴灌避免了水与叶子的直接接触，因而不灼伤叶子；第六，在灌溉盐碱地时，可以冲走根部的盐分，避免根部盐分的积聚。

实践表明，地表灌溉水的利用率仅为 45%，喷灌为 75%，而滴灌可高达 95%。以色列喷、滴灌溉面积占总灌溉面积的 100%。

雨水的收集和利用：由于淡水资源十分珍贵，以色列因地制宜地在各地修建各类集水设施，尽一切可能收集雨水、地面径流和局部淡水，供直接利用或注入当地水库或地下含水层。从北部高地到南部内格夫沙漠，全国分布着很多集水设施，每年收集 1 亿～2 亿米^3。

培育抗旱新品种：以色列科学家培育出抗病、节水、高产、高质量的作物品种，生产的食品保质期更长。培育一个新的作物品种一般需要 5 年或更长的时期，但最新的生物技术把这个时间缩短了 20%。用杂交方法培育出的种子可减少化肥和杀虫剂的使用。在谈论以色列农业时，经济学家经常对比两组数字：1 千克出口的番茄可以获得 5 美元，而 1 千克杂交的番茄种子可以在国际市场上卖到 7 000 美元。

复习思考题

1. 以色列农业发展的主要经验和启示是什么？
2. 以色列农业生产分为几个阶段？每个阶段的特点是什么？
3. 以色列农业生产和贸易的特点是什么？

第11章 欧盟农业经济

11.1 欧盟概况

欧盟二十八国的国土面积是438万千米^2，不到美国国土面积的1/2。大大小小共28个国家，其中法国最大，马耳他最小。2016年总人口为5.08亿人，比美国多出50%以上。作为一个整体，人口总量仅次于中国、印度，位列世界第三。人口密度约为美国的4倍。人口增长率非常低，人口增长主要是由成员国增加和净移民造成的。2011年，欧盟农村人口的比例为26%。

2016年，欧盟二十八国的GDP总量是16.5万亿美元。人均GDP为37 000美元。人均GDP最高的是卢森堡，最低的是保加利亚。人均寿命男性76岁，女性82岁。

第二次世界大战后，西欧各国认识到：欧洲只有联合起来才能复兴和繁荣。1957年在罗马签署成立欧洲共同体条约，简称《罗马条约》，确定了建立欧洲共同市场的目标。成员国为法国、德国、意大利、比利时、荷兰、卢森堡。1967年欧洲共同体正式成立。1973年英国①、爱尔兰、丹麦加入。1981年希腊加入。1986年西班牙和葡萄牙加入共同体。1994年，共同体更名为欧洲联盟（欧盟）。随后，瑞典、芬兰及奥地利亦于1995年加入欧洲联盟。成员国数量扩大到15国。到2004年，中东欧十国塞浦路斯、波兰、匈牙利、捷克、斯洛文尼亚、爱沙尼亚、立陶宛、马耳他、拉脱维亚和斯洛伐克加入欧盟，欧盟由15国扩大到25国。2007年，罗马尼亚和保加利亚加入欧盟，2013年克罗地亚成为欧盟的第28个成员国。

11.2 欧盟农业生产

欧盟的农业总体上可以概括为：气候适宜、土地肥沃、技术先进。欧盟农业用地占欧盟土地面积的45%。

11.2.1 欧盟农场规模

2016年，欧盟的农业面积约为1.8亿公顷，其中耕地面积约为1.1亿公顷。欧盟的农场规模要比美国小得多，欧盟的平均农场规模是40英亩，而美国是440英亩，不足美国的1/10。70%的农场规模在5公顷（约12.4英亩）以下。不同成员国之间平均农场规模的差别很大，比如英国是173英亩，希腊只有11英亩，匈牙利只有7英亩。2015年，欧盟28国的农场数量为1 100万个。

---

① 2016年6月23日，英国举行全民公投，决定退出欧盟；2017年3月29日，英国政府正式启动“脱欧”程序。

11.2.2 农业生产结构

2015 年欧盟农业总产值约为 4 100 亿欧元，其中种植业占 52%，畜牧业占 40%。欧盟生产的主要农产品包括：畜产品、谷物、蔬菜、酒、水果和糖。2016 年欧盟与美国主要农产品产量比较见表 11.1。

表 11.1 2016 年欧盟与美国主要农产品产量比较

农产品	产量/万吨	
	欧盟	美国
小麦	14 000	6 300
大麦	5 800	430
玉米	6 300	38 000
大豆	240	12 000
牛肉	770	1 100
猪肉	2 200	1 100
鸡肉	1 100	1 900
鸡蛋	680	600
牛奶	16 000	9 600

1. 粮食作物

欧盟最主要的粮食作物是小麦，其次是玉米和大麦。小麦约占粮食总产量的 1/2，玉米和大麦各占粮食总产量的 20%，燕麦、黑麦、混合麦约占 5%。

小麦：自二十世纪八十年代中期以来，欧盟的小麦收获面积和产量虽然有波动，但总体上呈上升趋势（图 11.1）。2016 年小麦的收获面积为 2 700 万公顷，产量为 1.4 亿吨，超过了中国的小麦产量。

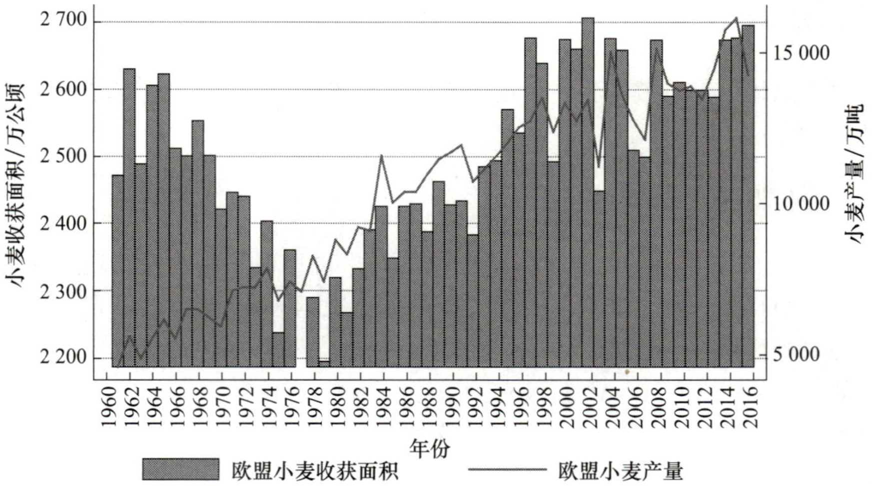

图 11.1 欧盟小麦收获面积和产量变化趋势（1961—2016 年）

大麦：欧盟是世界大麦的重要产区，其中以法国和德国的产量最大。2016 年欧盟大麦的收获面积为 1 300 万公顷，产量高达 5 800 万吨。大麦既是酿酒的重要原料，又是饲料的重要来源。总体上看，自二十世纪八十年代中期以来，欧盟大麦收获面积和产量均呈下降趋势（图 11.2）。

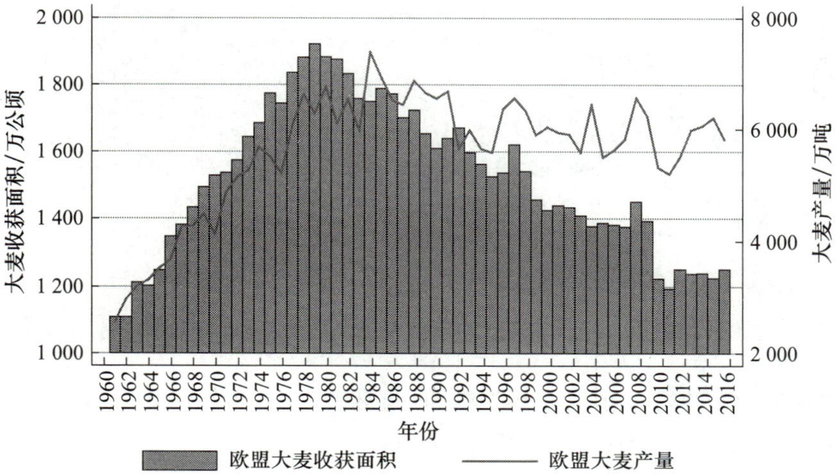

图 11.2　欧盟大麦收获面积和产量变化趋势（1961—2016 年）

玉米：玉米是欧盟重要的粮食作物，2016 年玉米的收获面积为 880 万公顷，产量 6 300 万吨（图 11.3）。

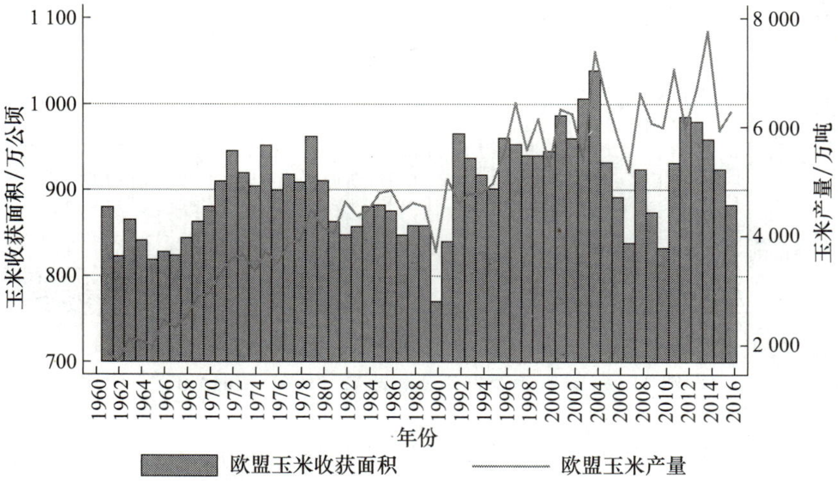

图 11.3　欧盟玉米收获面积和产量变化趋势（1961—2016 年）

大米：欧盟的大米产量很小，2016 年大米的产量为 300 万吨（图 11.4），其中意大利的产量为 160 万吨，约占欧盟产量的 50%以上。

2. 经济作物

欧盟的主要经济作物包括：酿酒用葡萄、橄榄、油菜籽、甜菜、葵花籽。

葡萄：欧盟是世界最大的葡萄产区，欧盟占世界葡萄种植面积的 50%以上，产量的

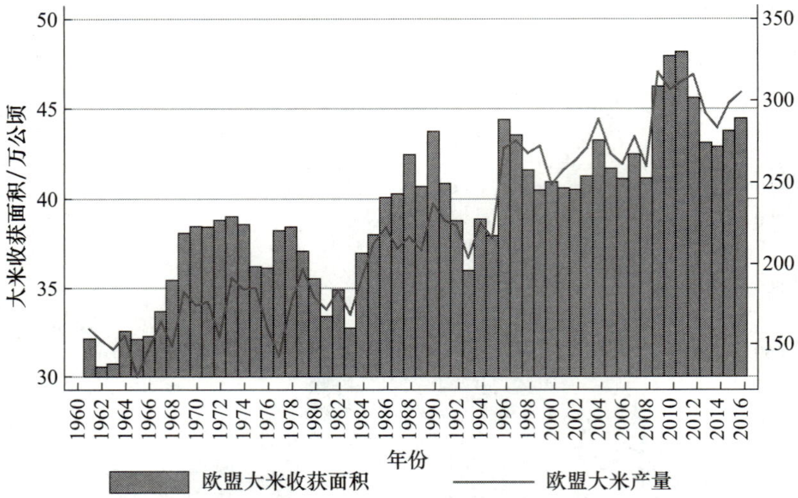

图 11.4 欧盟大米收获面积和产量变化趋势（1961—2016 年）

65%以上。主要葡萄生产国为意大利、法国、西班牙。2016 年欧盟的葡萄产量为 2 500 万吨。自二十世纪八十年代以来，葡萄产量呈不断下降趋势（图 11.5）。

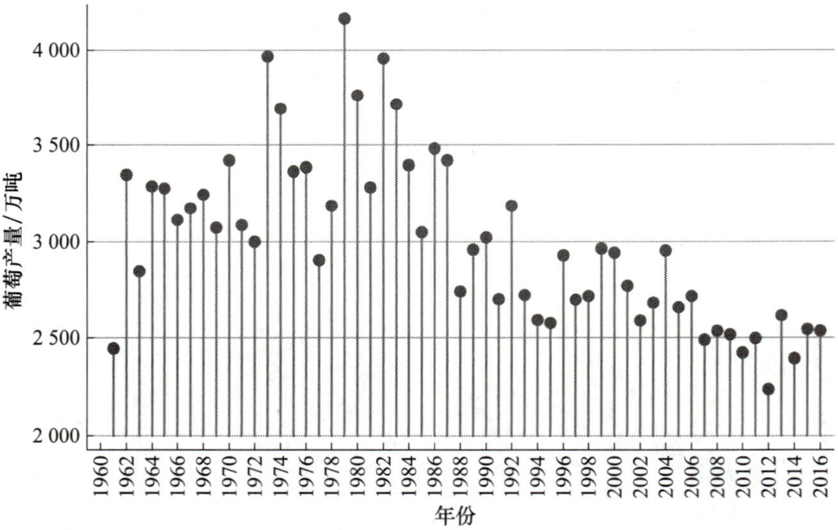

图 11.5 欧盟葡萄产量变化趋势（1961—2016 年）

苹果：苹果是欧盟最重要的水果品种，2016 年苹果产量为 1 300 万吨。苹果产量相对比较稳定（图 11.6）。

甜菜：甜菜是欧盟最重要的糖料作物。2016 年欧盟的甜菜产量为 1.1 亿吨。2000 年以来，甜菜产量呈下降趋势（图 11.7）。

葵花籽：欧盟是葵花籽的重要产区，近年来葵花籽的产量不断提高（图 11.8），2016 年葵花籽产量为 850 万吨。

油菜籽：自二十世纪八十年代中期以来，欧盟油菜籽的产量不断提高（图 11.9）。2016 年，欧盟油菜籽的收获面积约为 650 万公顷，产量为 2 000 万吨。

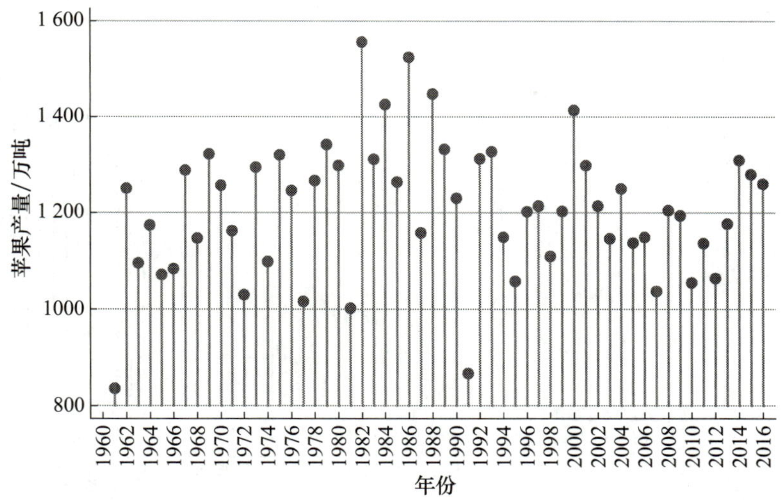

图 11.6　欧盟苹果产量变化趋势（1961—2016 年）

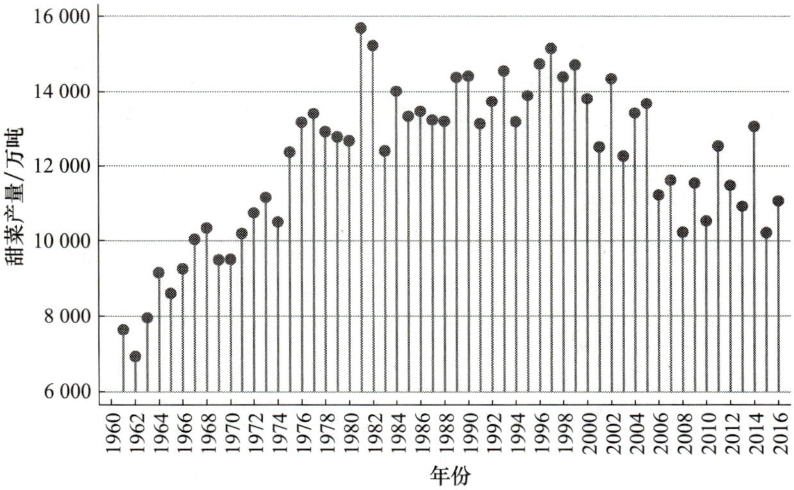

图 11.7　欧盟甜菜产量变化趋势（1961—2016 年）

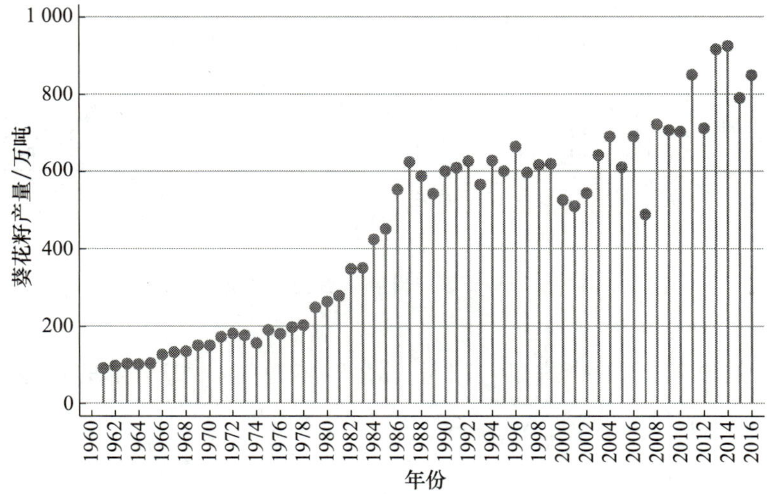

图 11.8　欧盟葵花籽产量变化趋势（1961—2016 年）

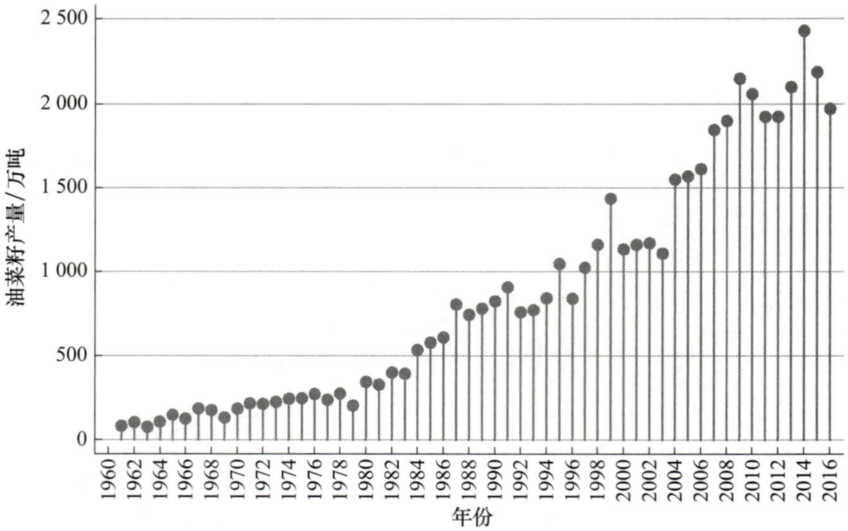

图 11.9 欧盟油菜籽产量变化趋势（1961—2016 年）

马铃薯：马铃薯原产于南美洲，十五世纪哥伦布发现新大陆后传入欧洲。由于适应性和抗逆性强，在欧洲各国得以普遍种植，为欧洲解决温饱做出重要贡献。自二十世纪六十年代以来，欧盟马铃薯的产量不断下降。1961 年欧盟成员国的马铃薯产量总计为 1.3 亿吨，2016 年降为 5 600 万吨（图 11.10）。

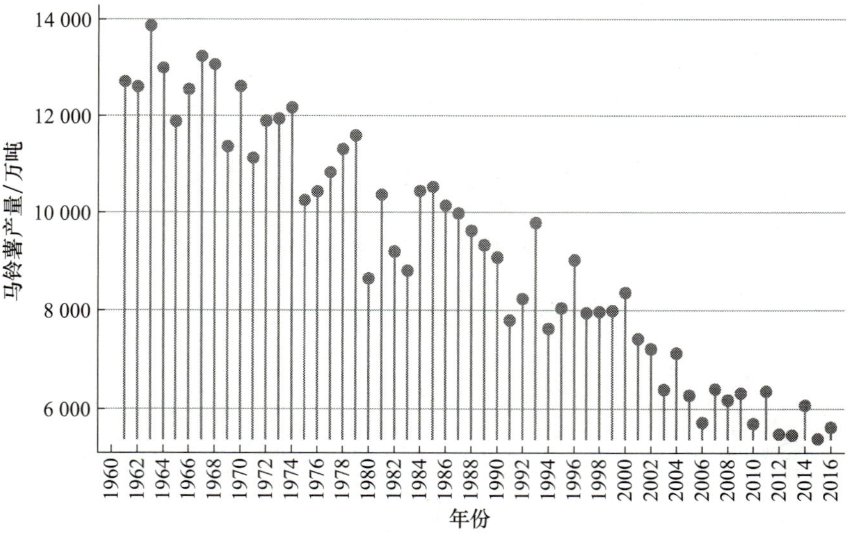

图 11.10 欧盟马铃薯产量变化趋势（1961—2016 年）

番茄：番茄是欧盟重要的蔬菜，产量一直比较稳定，2016 年的产量为 1 800 万吨（图 11.11）。

3. 畜牧业

畜牧业是欧盟农业的支柱，欧盟的畜牧业水平在全球处于领先地位。

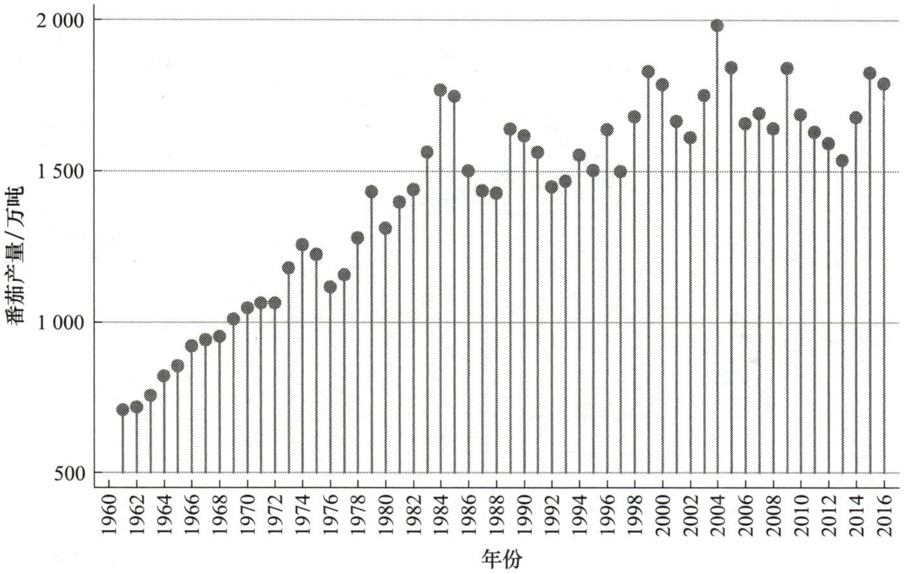

图 11.11　欧盟番茄产量变化趋势（1961—2016 年）

养牛业：养牛业在畜牧业中规模最大，欧盟牛的存栏数与美国相当，2016 年约为 9 000 万头（图 11.12），牛肉产量为 770 万吨，牛奶产量约 1.6 亿吨。

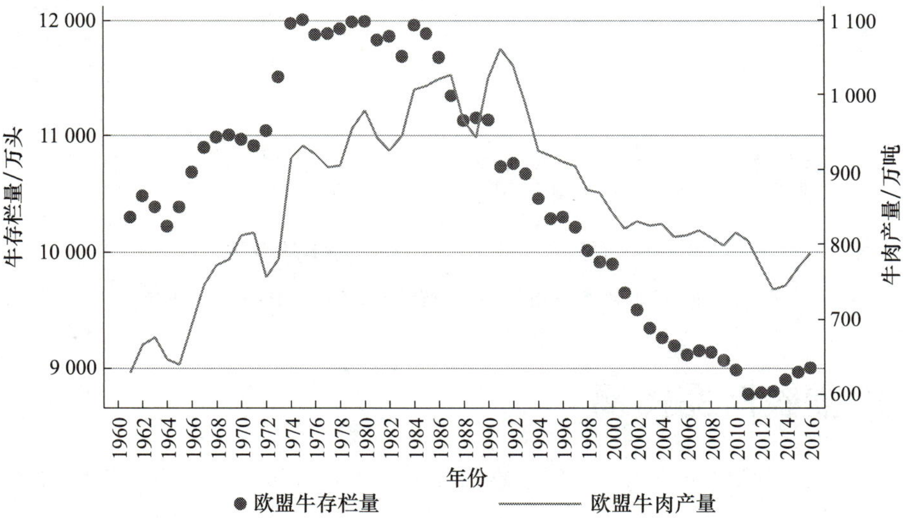

图 11.12　欧盟牛存栏量和牛肉产量变化趋势（1961—2016 年）

养猪业：欧盟是世界上除中国以外最大的猪肉生产地区。自二十世纪八十年代以来，猪的存栏数不断下降，但猪肉产量却保持相对稳定（图 11.13）。2016 年，猪的存栏数为 1.5 亿头，猪肉产量为 2 200 万吨。

家禽业：家禽业是畜牧业中的另一个重要部门。自二十世纪八十年代以来，欧盟鸡的存栏数和鸡肉产量均呈不断增长趋势（图 11.14）。2016 年，鸡的存栏数约为 14 亿只，鸡肉产量约 1 100 万吨，鸡蛋产量 720 万吨。

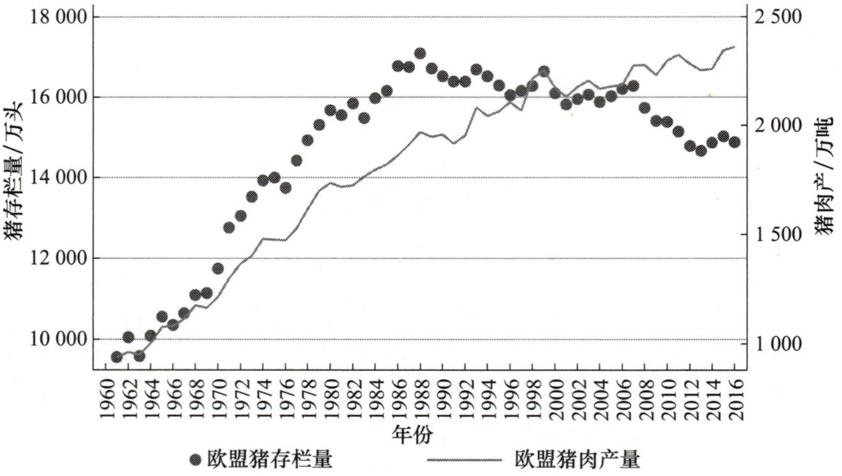

图 11.13 欧盟猪存栏量和猪肉产量变化趋势（1961—2016 年）

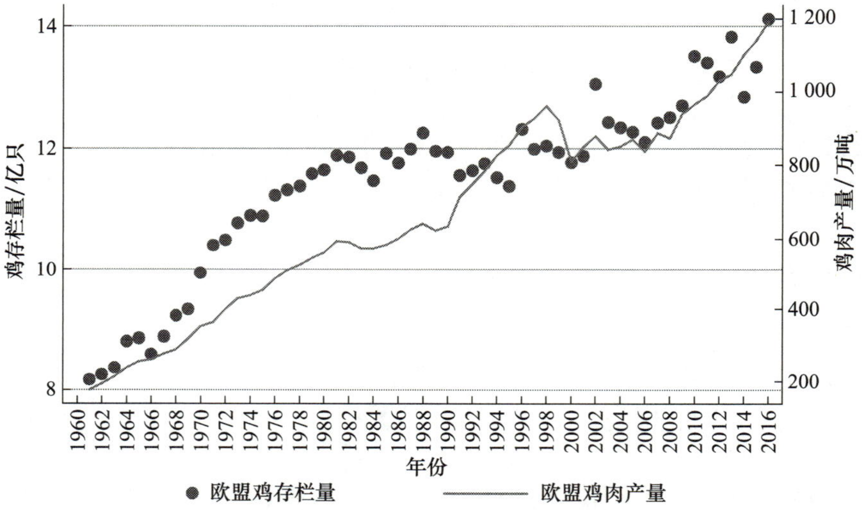

图 11.14 欧盟鸡存栏量和鸡肉产量变化趋势（1961—2016 年）

11.3 欧盟农产品贸易

欧盟是世界农产品的重要出口地区，在欧盟共同农业政策的支持下，许多农产品在世界市场上具有很强的竞争力。

11.3.1 粮食出口

1. 小麦

欧盟是世界主要小麦出口地区（图 11.15）。2016 年，欧盟出口小麦 6 600 万吨，出口价值 120 多亿美元。其中法国是全球第四大小麦出口国。

2. 玉米

欧盟由于畜牧业发展需要大量饲料，总体上玉米进口大于玉米出口（图 11.16）。2016

年欧盟进口玉米 2 700 万吨，出口玉米 1 700 万吨，净进口玉米 1 000 万吨。

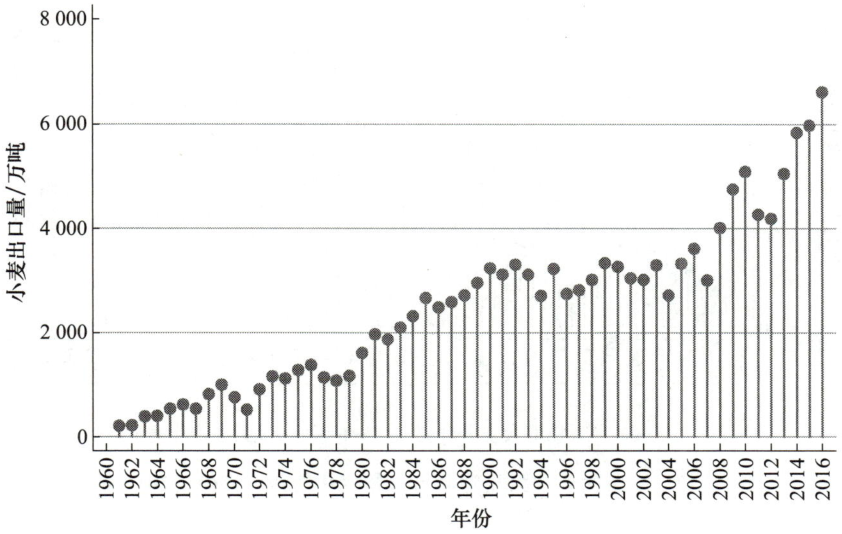

图 11.15 欧盟小麦出口量变化趋势（1961—2016 年）

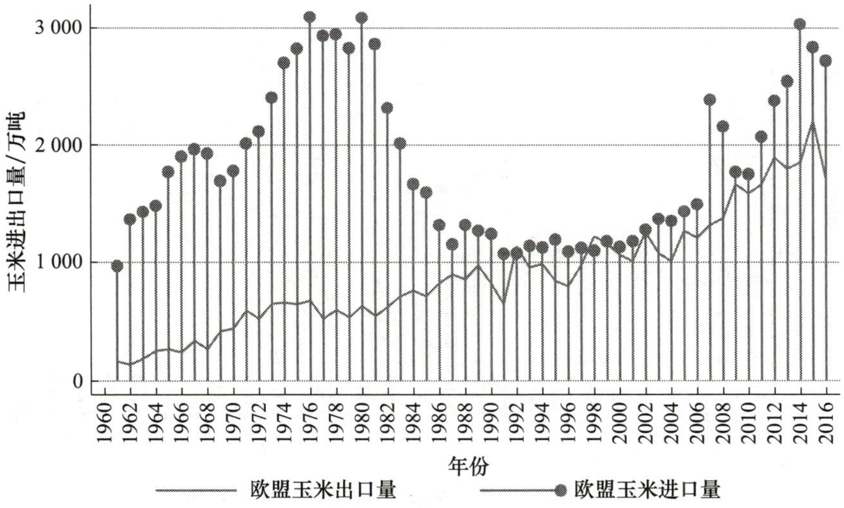

图 11.16 欧盟玉米出口量和进口量变化趋势（1961—2016 年）

3. 大麦

欧盟是全球重要的大麦产区和出口地区（图 11.17）。法国是全球最大的大麦出口国，2016 年欧盟出口大麦 1 600 万吨，其中法国出口 590 万吨，约占欧盟全部出口量的 37%。此外，欧盟还出口大麦啤酒 800 万吨。

11.3.2 畜牧业产品出口

1. 猪肉

欧盟是世界重要的猪肉出口地区，自二十世纪八十年代中期以来，猪肉出口呈阶段增长趋势（图 11.18）。2016 年，欧盟出口猪肉近 300 万吨。

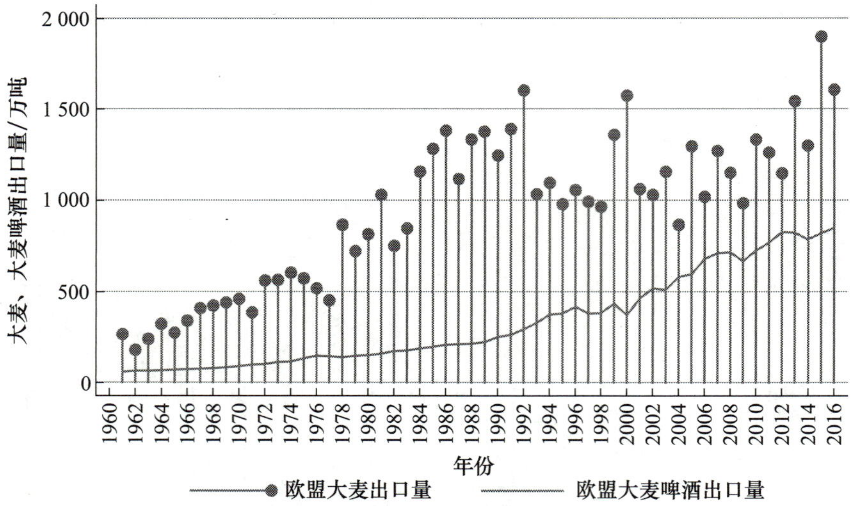

图 11.17 欧盟大麦和大麦啤酒出口量变化趋势（1961—2016 年）

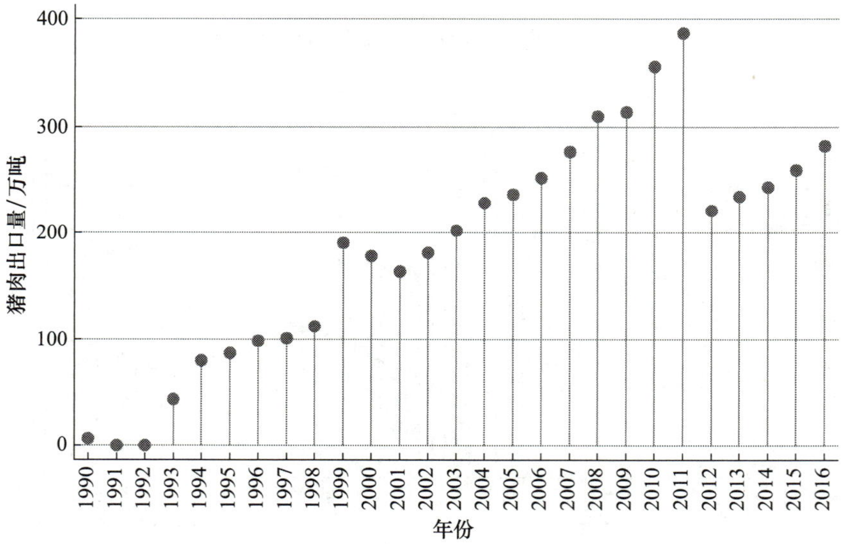

图 11.18 欧盟猪肉出口量变化趋势（1990—2016 年）

2. 奶制品

奶制品是欧盟竞争力非常强的出口产品，世界五大奶酪出口国德国、荷兰、法国、意大利、丹麦全部为欧盟国家。2016 年，欧盟出口奶酪 460 万吨（图 11.19）。

3. 鸡肉

随着欧盟养禽业的快速发展，欧盟鸡肉的出口不断增长（图 11.20）。2016 年欧盟出口鸡肉 380 万吨。

11.3.3 其他产品出口

欧盟是世界上出口葡萄酒最多的地区，2016 年，欧盟出口葡萄酒 690 万吨（图 11.21），出口价值 220 亿美元。意大利、西班牙、法国是全球出口葡萄酒数量最多的三个国家。

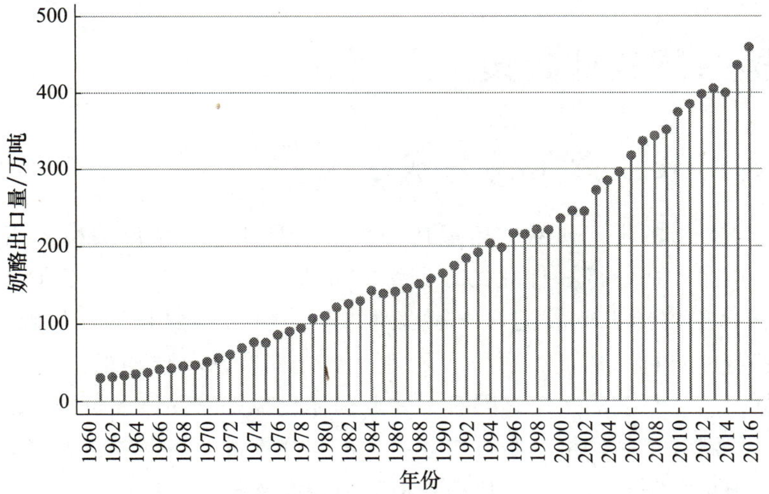

图 11.19　欧盟奶酪出口量变化趋势（1961—2016 年）

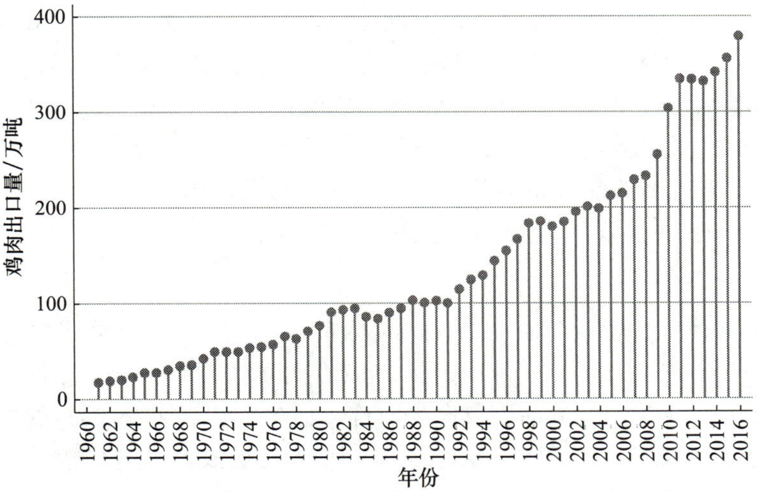

图 11.20　欧盟鸡肉出口量变化趋势（1961—2016 年）

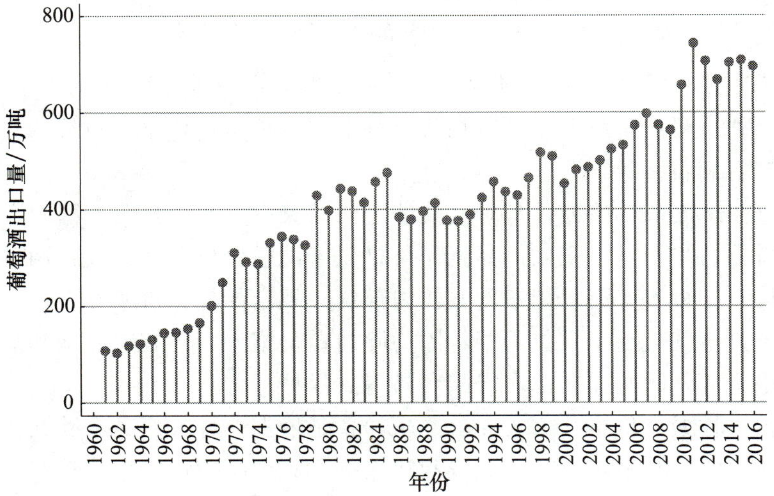

图 11.21　欧盟葡萄酒出口量变化趋势（1961—2016 年）

11.4 欧盟共同农业政策

11.4.1 共同农业政策的形成

按照“罗马条约”的规定，欧共体最初的目标只是建立一个以关税同盟为基础的区域性、排他性经济集团。在经济一体化的道路上首先取得进展的是建立工业品关税同盟。到1961年底，欧洲六国内部工业品进口限额全部取消。但由于彼此工业基础和实力的差别，必然带来比较利益的不同。因此，引发了农业一体化的要求，以便通过更为广泛领域的合作，实现各成员国之间利益的平衡；同时，农业一体化也是欧共体成员国发展农业生产、保证农产品供应、稳定农产品价格、实行农业结构调整和推进经济一体化的需要。

法国、荷兰和意大利是农业一体化的积极鼓动者和支持者。在二十世纪六十年代初，这三个国家的畜产品和蔬菜及水果生产出现大量过剩，但没有销售市场。主要原因有两个：一是其他成员国各有自己的传统进口渠道，如西德大量从美国、加拿大和澳大利亚等国进口农产品；二是法国、荷兰和意大利的农畜产品生产成本高，在世界市场上经不起来自美国、加拿大和澳大利亚等国农产品的竞争。只有欧共体国家实行农业一体化，建立统一的农产品共同市场，以统一的对外关税限制来自欧共体外部产品的竞争，才能为法国、荷兰等国的农产品占领欧共体市场，进而打入世界市场奠定基础。这样，欧共体六国于1962年通过了一个“建立农产品统一市场折中协议”，即欧共体最初的共同农业政策。

1. 建立统一农产品市场

1966年5月欧共体部长理事会通过决议，实行农产品自由流动，分步实施农产品统一价格。1966年橄榄油首先实行了统一价格；从1967年开始，食糖、植物脂肪、植物油、稻谷实施同价；1968年，牛奶、奶制品以及肉牛同价。1966年，欧共体90%的农业产量，欧共体成员国之间70%的农产品贸易额以及来自第三国60%的农产品进口额实行了共同农业政策。到二十世纪九十年代初，欧共体国家置于统一的农产品价格体系和共同农业政策管辖之下的农产品有：谷物、水稻、蔬菜、水果、糖、酒类、烟草、牛奶、肉、蛋、植物油、动物脂肪和油料等14个类别，占欧共体生产的农产品的95%左右。

2. 建立对外统一的农产品关税壁垒和对内统一的农产品价格体系

通过门槛价格、最低价格和干预价格等措施对共同体市场价格实行统一管理，维护市场平衡，保护生产者利益。

门槛价格（threshold price），是对欧共体之外国家设立的，是第三国农产品进入欧共体港口的最低进口价。如果第三国农产品到岸价格低于门槛价格，就征收这两种价格之间的进口差价税。这样，进口农产品只能按欧共体内部统一规定的标位价格在市场上出售。有时进口农产品的市场价格甚至高于标位价格，因为除门槛价格外，还有贮藏费和运费在内，因而失去了价格竞争优势，欧共体内部农产品贸易得到保护。

标位价格，也称最低价格（minimum price），是依据一种农产品在欧共体内供不应求地区的市场价格而定的，其中包括了贮藏费和运输费。农产品标位价格每年定一次，并由欧共体部长理事会规定公布14类统管的农产品的标位价格。农产品的统一价格不用某个国家的货币表示，而用欧洲货币单位埃居（ECU）① 作为计算单位。标位价格因包括贮藏费和运输费，会因地区不同和运输费不同而变化，故只供生产者和消费者参考。同时，各成员国可利用自己的成本优势，以比标位价格稍低的价格出售农产品给伙伴国。

干预价格（intervention price），是生产者每年出售农产品可以得到的最低价格。谷物干预价格与欧共体最大的余粮区法国的奥尔姆市场条件相联系，它一般比标位价格低 6%～9%。当某类农产品供过于求，出现相对过剩，市场价格低于干预价格时，生产者在市场上出售农产品后可以从欧共体设在各成员国的干预中心领取市场价格与干预价格之间的差价补贴，或者将农产品以干预价格直接卖给干预中心。欧共体设在各成员国的干预中心共有 36 个，享受干预价格的 14 类农产品的品种、规格和生产限额由欧共体统一规定审核执行。有了干预价格，就可保证生产者收回生产成本并获得微利，可保护农民的利益。干预价格也叫保证价格或保护价格。

3. 共同农业政策的其他做法

一是出口补贴制度。这对大部分产品都适用，如粮食、糖、油菜、奶、肉、蛋、禽、水果和蔬菜等。二是生产配额制度。针对糖和牛奶两种产品，每年根据共同体市场供求情况，提出生产配额总量，分配到各国，再由各国分配到加工企业。对配额内的产品提供保证价格，对配额外的产品则不能得到保证价格或不能得到全额的保证价格。三是对外保护制度。针对的是蛋和家禽两大类产品。在欧共体市场，蛋和家禽没有干预价格和生产配额规定，通过门槛价格实行保护。四是直接补助。主要针对羊肉、油和油脂、烟草、棉花、干饲料、亚麻、大麻籽、啤酒花等。五是落后地区发展补贴。利用欧洲的结构基金特别是农业指导和保障基金为农村地区采用农业新技术、改进农业产业结构和发展非农产业提供资金支持，保护生态环境，促进农村全面发展。

11.4.2　共同农业政策面临的问题

共同农业政策对促进欧洲农业发展、稳定农产品市场和欧洲经济一体化建设做出了重要贡献。“二战”后，欧洲人对战争期间遭受的饥饿刻骨铭心，被饿怕了的人们渴望吃饱肚子，存有余粮。共同农业政策在很短的时间内取得了巨大的成功。从二十世纪七十年代到八十年代，共同体成员国的农业产量大增，粮食、牛奶、牛肉和葡萄酒不仅自给，而且有余。到二十世纪九十年代初，农业产量提高了 3 倍，粮食产量从 1960 年市场需求的 80%增长到 120%。但与此同时，共同农业政策也带来了一系列由于生产过剩所造成的严重后果，暴露出一些弊端，受到了来自内外部要求改革的极大压力。

1. 预算负担重，各国不堪重负

共同农业政策的严重后果之一是补贴政策导致农民盲目扩大生产，造成产品供大于求，连西德这样一个并无粮食生产比较优势的地区也出产了大量粮食，农业预算压力多年来一直困扰着欧盟。1980 年，共同农业政策开支占欧盟总支出的 73%，到二十世纪八十年代末，仍占整个预算的 63%，仅多余产品贮存一项，最高时一年可花费近 200 亿埃居。欧盟农产

---

① 埃居：即欧洲货币单位（European Currency Unit），由欧洲经济共同体成员国用于清算和记账的一篮子货币。在 1999 年欧元启用时，埃居以 1∶1 的汇价折成欧元。

品出口占了世界农产品贸易的1/4，出口补贴最高年份近100亿埃居。

2. 环境保护和食品安全的压力

化肥和杀虫剂在欧洲大多数地方广泛使用，许多化学物质进入水体，加速超营养化，灭绝了一些敏感的水中生物并进入地下水，污染了人类的水供应体系。疯牛病、口蹄疫、二噁英中毒等动物性疾病频繁发生，人类的食品安全得不到保证。由于补贴政策只同牲畜的存栏数挂钩，农民为了多得收入，就拼命降低成本，使用有病动物下水作饲料，导致这些疾病流行。另外，由于有补贴政策，农民坐等补贴，对各种疾病不做预防，也不主动采取措施，助长了这些病害的蔓延。

3. 内部利益分配不公

欧盟成员国在共同预算中承担的义务和获得的利益不对称，内部分歧时有发生。法国负担欧盟预算的17.5%，欧盟为法国的花费占总预算的17.7%，正好相抵。但法国是共同农业政策的最大受益者，得到欧盟农业补贴的1/4，农产品是法国重要的出口项目，占法国出口总量的16%，顺差多年在100亿欧元左右。西班牙、荷兰等国也不主张改革，特别是西班牙，每年能拿到落后地区补贴项目半数以上的资金。德国承担了欧盟预算的29.2%，却只能从欧盟得到14.8%的回报，每年为欧盟净贡献110亿欧元，因此，德国主张彻底改革共同农业政策。

4. 欧盟扩大的压力

1993年结束的与奥地利、瑞典、芬兰和挪威的入盟谈判，农业被证明是一个最为困难的领域，因为这些国家给予农业相当大的补贴。在与2004年入盟的中东欧十国谈判中，农业情况更为激烈。中东欧十国经济相对落后，农业在国民经济和就业中所占比重较高，这些国家入盟后，农民人数增加2倍，农业面积扩大40%。据欧盟委员会的数字，若按现行共同农业政策，欧盟用于农业补贴的支出每年要增加110亿欧元，另外还需要150亿欧元作为农业结构基金，欧盟的预算负担更重，而这十国农民可以不劳而获、一跃成为这些国家中收入高的阶层。

5. 世界农产品贸易自由化的挑战

以美国为首的主要农产品出口国强烈批评欧盟的共同农业政策扭曲了世界市场的价格，导致贸易伙伴的严重冲突，制约和阻碍了世界贸易自由化的进程，欧盟不得不在农产品补贴上做出让步。

11.4.3 共同农业政策的改革

欧盟阶段性共同农业政策有过三次比较大的调整和改革。第一次是在1992年，第二次是在2003年，第三次在2011年提出草案并于2013年底推出的新一轮改革。

1. 1992年改革

欧盟第一次比较全面地对共同农业政策进行了改革，把过去以价格支持为基础的机制过渡到以价格和直接补贴为主的机制，降低价格支持水平，控制农产品生产和财政预算开支的过度增长，进行国土整治和保护环境，促进农村发展。在具体措施上：①降低支持价格水平和控制生产。谷类价格降低29%，牛肉价格降低15%；冻结15%的谷物耕种面积。②收入支持。对冻结了15%耕种面积的农业生产者，以不同地区的平均单位面积产量为基础，根据种植面积给予补贴；对粗放经营的畜牧业生产者也增加补贴。③农业结构调整政策。建立基金支持环境保护；对55岁以上农业生产者实行提前退休制度，安置青年就业；扶持山区和条件差的地区发展农业等。

到二十世纪九十年代中期，欧盟在解决农产品过剩和财政负担方面收到了良好的效果。休耕措施有效地遏制了农产品产量上升趋势；农业补贴支出比例大幅度下降，欧盟总支出中用于农业的实际开支减至1996年的53%。1998年农产品库存支出仅为20亿欧元，出口补贴为48亿欧元。

2. 2003年改革

为了面对世界贸易组织新一轮农产品贸易谈判要求，特别是来自美国等国家的压力，1999年，欧盟委员会通过了《欧盟2000年议程》，强调对农业政策进行更为彻底的改革，提出建立欧洲农业模式，将共同农业政策转变为“共同农业和农村发展政策”，强调农业的多功能性和可持续性。根据这一议程，欧盟确定将2000—2006年的农业预算支出按1999年价格计算冻结在每年405亿欧元的水平上。同时，分步骤、分阶段地削减对主要农产品的价格补贴。谷物和其他重要农作物的支持价格降低15%，其后是否继续削减视市场条件决定；播种面积减少10%，损失的50%由欧盟补偿；牛肉支持价格将分三个阶段降低20%，同时通过提供直接收入补贴的方式补偿饲养者85%的损失；奶制品配额制度将继续执行到2006/2007市场年度，分配给经济落后地区的配额将扩大，分三步将支持价格降低15%，农民收入损失的65%由欧盟补偿。通过结构展基金支持基础设施差、劳动力技能水平低的相对贫困地区的发展，对生态脆弱地区和植树造林提供补贴，减少有害肥料和农药的施用。实现农业多种经营，维持农村活力，增加农村就业。

经过改革，除牛奶和牛肉等产品的价格仍在国际市场价格的1倍以上外，大部分农产品的价格水平已经接近国际市场价格，农村经济社会全面发展，环境保护和食品安全取得进展。

大约在同一时期，针对东欧十国将于2004年加入欧盟、共同农业支出将大幅扩大的问题，2002年7月，欧盟委员会提出了对欧盟共同农业政策的改革建议，法、德两国首脑也就欧盟的农业政策改革达成妥协。主要内容包括：2006年后，共同农业支出将基本冻结在2000—2006年的水平，考虑到物价因素后欧盟农业预算支出每年增加1%；2004年、2005年和2006年三年，东欧十国得到的农业直接补贴相当于目前欧盟15国水平的25%、35%和40%，以后每年增加10%，到2013年实行同等待遇；欧盟直接农业补贴的发放将采用更为严格的环保、食品安全和动物福利的标准；建立农场审计制度；每年对单个农场补贴不超过30万欧元；在未来10年内削减10%的耕地；未来7年内将对大农场的直接补贴每年减少3%；将20%的直接补贴转而用于农村发展；谷类干预价格降低5%；鼓励环保、关注消费者利益以及支持中小企业和农村发展。

3. 2013年改革

2013年的改革旨在全面应对经济、环境以及区域发展方面的问题。在经济方面，因为粮食需求的增长，需要增加粮食生产，并以提高农业部门的竞争力为目标；在环境方面，需要应对气候变化，强调自然资源可持续性的提高；在区域发展方面，促进农村地区的就业和增长，促进地区平衡发展。

欧盟计划在2014—2020年间，公共农业政策预算不超过4 083亿欧元，但是允许各成员国将资金在主要项目间进行一定幅度的转换，额度限定在总额的15%以内①。在新的方案中，直接补贴增加了自愿直补项目，包括对自然条件恶劣地区的直补、小农场直补等；强制补贴增加了绿色直补和青年农民直补。整体上，直接补贴仍然占总支出的大部分，达到70%，但是绿色直补要求占到直补总额的30%。市场支持方面的改革主要以减少对市场的直接干预为目标，这一领域的支出将不高于总额的5%。②

在农村发展方面，新一轮的方案提出了以下六个优先的领域：一是促进知识转化为实用科技，鼓励创新；二是增强农场活力和农林业的竞争力；三是促进农业产业链的发育和加强农业风险管理；四是恢复、保护和强化生态系统；五是提高资源利用效率，支持低碳经济；六是促进社会包容、减少贫困等。同时，方案还要求农村发展项目中用于环境和气候的支出不低于30%。

总体上看，经过多轮改革，欧盟对农业生产者的支持已经大幅度下降，但与美国、加拿大、巴西、澳大利亚等国相比仍然较高。2016年，欧盟对生产者支持的估计指标PSE是21%，略高于OECD国家的平均水平。

复习思考题

1. 与美国农业相比，欧盟农业具有哪些特点？
2. 欧盟的农业生产结构有什么特点？
3. 欧盟共同农业政策是怎样形成和演化的？

① 在欧盟公共农业政策（CAP）的框架中，直接补贴和市场支持合起来为第一支柱，农村发展为第二支柱。在新一轮的方案中，不考虑资金转换，直接补贴约占70%，市场支持约占5%，农村发展约占25%。

② 刘武兵、李婷：欧盟共同农业政策改革：2014—2020，世界农业，2015.6（总434）。

第12章 法国农业经济

法兰西共和国位于欧洲西部，西临大西洋，西北面隔英吉利海峡和英国相望，东北比邻比利时、卢森堡和德国，东与瑞士相依，东南与意大利相连，南临地中海，并与西班牙接壤。国土面积55万千米^2，是西欧面积最大的国家。

2016年，法国的人口总数为6 700万人，人口密度为每平方千米110人。法国首都巴黎是法国最大的城市，是法国的政治、经济和文化中心。第二大城市是马赛，是一个地中海沿岸的港口。法国是一个以法兰西民族为主体的国家，少数民族约占总人口的8%。法语是法国的国语。

法国大部分地区是温带海洋性气候，夏季凉爽、少雨，冬季温和、多雨雪。全国年平均降雨量为700～800毫米，降水量最多的月份为10—11月。法国南部是亚热带地中海气候。法国境内有30多条河流，水利资源丰富。

法国基本上是一个平原国家，平原占国土面积的60%。全国地势呈东南高、西北低，中部是中央高原和丘陵，西北为丘陵、平原，北部是肥沃的巴黎盆地和卢瓦尔河平原，西南部是盆地和平原地带，南部地中海沿岸也有狭窄的沿海平原，是重要的农业区，东部为阿尔卑斯山，水流湍急，水利资源丰富。

石油、铁矿石、煤炭、有色金属几乎完全依赖进口，天然气的75%依赖进口。能源主要依靠核能、水力和地热资源的开发利用。森林面积约1 630万公顷，覆盖率30%，为欧洲首位。

法国是最发达的工业化国家之一。2016年国内生产总值为2.47万亿美元。人均国内生产总值37 000美元，城市化率80%。农产品的大量出口，在外贸平衡中起着重要作用。服务业在法国国民经济中占有举足轻重的地位，占国内生产总值的75%以上。服务业主要包括金融、保险和旅游业。法国是世界旅游大国，年接待游客人次为世界第一。

12.1 法国农业生产

12.1.1 农业总体情况

1. 农业在国民经济中的地位

法国农业产值在国内生产总值的比重越来越小，2015年农业总产值750亿欧元，在GDP中比重为1.7%，但是农业在整个国民经济中仍然处于非常重要的地位。法国主要农产品包括：小麦、大麦、玉米、葡萄、奶产品、甜菜、油菜籽、猪肉、牛肉、禽肉、水果和蔬菜。该国农业在世界农业中也是举足轻重的。其中，甜菜产量居世界第1位，葡萄酒产量居世界第2位，肉类产量居世界第4位，小麦、玉米产量居世界第5位，蔬菜、水果和马铃薯产量也位居西欧前列。

法国的农村人口自十九世纪下半叶开始减少，1954年才达到英国1851年时的水平(42%)。到二十世纪七十年代，法国的城镇化水平才达到英国1910年的水平。这说明，法国农村在相当长时期保留着传统风貌，农业也在社会中占据着重要地位。

2. 发展阶段

法国农业的发展大致经历了三个阶段：一是现代化阶段，主要是通过政府的一系列政策法律措施实现了农业生产方式现代化；二是二十世纪七十年代开始，法国的农业由自给自足转变为自给有余并大量出口；三是二十世纪八十年代以后，法国的农业则开始明显出现农产品过剩、环境污染、生态破坏等问题。

法国国土面积为 5 500 万公顷，2016 年法国农业用地约 2 900 万公顷，占法国国土面积约 50%，法国可耕地面积 1 800 万公顷，人均耕地面积 0.27 公顷，高于世界平均水平（0.22 公顷）。法国中北部、东北部地区是谷物、油料、蔬菜、甜菜的主产区。西部和山区为饲料作物主产区。奶产品、猪肉、禽肉、饲料作物主要集中在法国西部。地中海沿岸和西南部地区为水果、蔬菜和葡萄的主产区。

3. 农场规模

法国主要是家庭农场，农业用地的 90%为家庭所有。2015 年法国共有农场约 47 万个，约占欧盟农场数量的 4%，其中大约有职业农场 35 万个，约占农场总数的 75%，占农业产量的 95%。法国的平均农场规模为 50 公顷，职业农场的规模为 80 公顷。

法国法律主张遗产平均分配，故长期以来，法国的土地被分割成小块。战后法国农村发展的重要目标是鼓励土地集中，农场规模不断扩大。农场规模不断扩大促进了农业机械化，法国拖拉机的拥有量为 130 万台左右。

12.1.2 农业生产结构

1. 粮食生产

种植业在法国农业中居于主导地位。法国粮食产量占全欧洲粮食产量的 1/4。种植业中粮食作物有小麦、大麦、玉米，其中小麦产量最多。

小麦：法国小麦产量在全世界居第 6 位，排在中国、印度、俄罗斯、美国、加拿大之后。2016 年，小麦收获面积为 560 万公顷，总产量约为 3 000 万吨（图 12.1）。法国小麦产量列欧盟第一，占欧盟全部产量的 1/4。

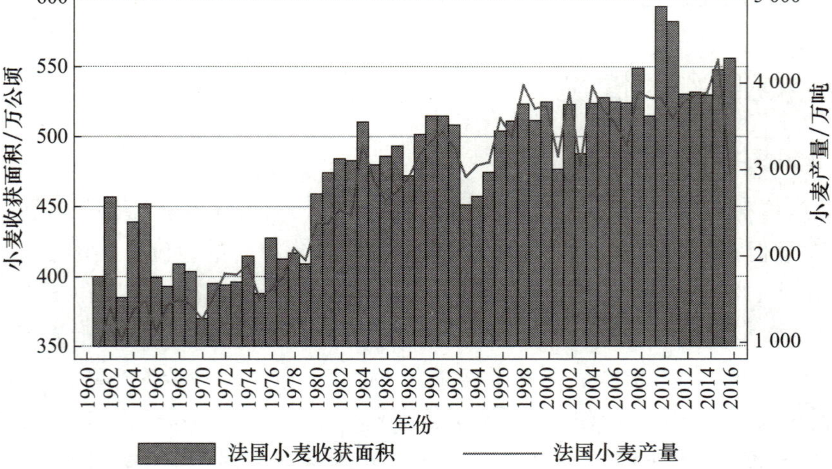

图 12.1 法国小麦收获面积和产量变化趋势（1961—2016 年）

玉米：玉米是法国第二大粮食作物，也是法国最重要的饲料作物。法国玉米产量位列欧盟第一，占欧盟玉米总产量的 20%。2016 年，玉米收获面积约为 150 万公顷，产量约为 1 200 万吨（图 12.2）。法国玉米产量占欧洲玉米总产量的 10%。法国玉米主产区位于西南部和北部平原。

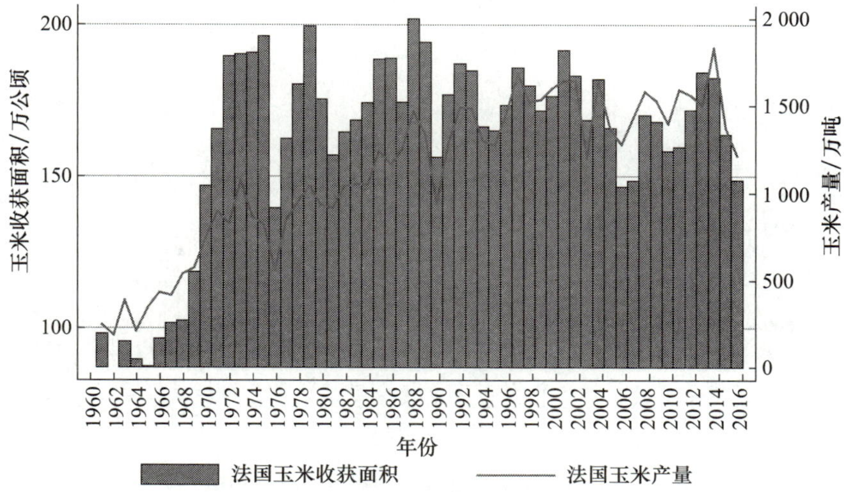

图 12.2　法国玉米收获面积和产量变化趋势（1961—2016 年）

大麦：大麦是法国第三大粮食作物。2016 年，法国大麦的收获面积为 190 万公顷，产量为 1 000 万吨（图 12.3），产量居世界第 3 位，仅次于俄罗斯和德国。法国大麦产区主要在北部地区。自二十世纪八十年代以来，法国大麦的收获面积不断下降，但产量并未下降，而是保持在 1 000 万吨上下。

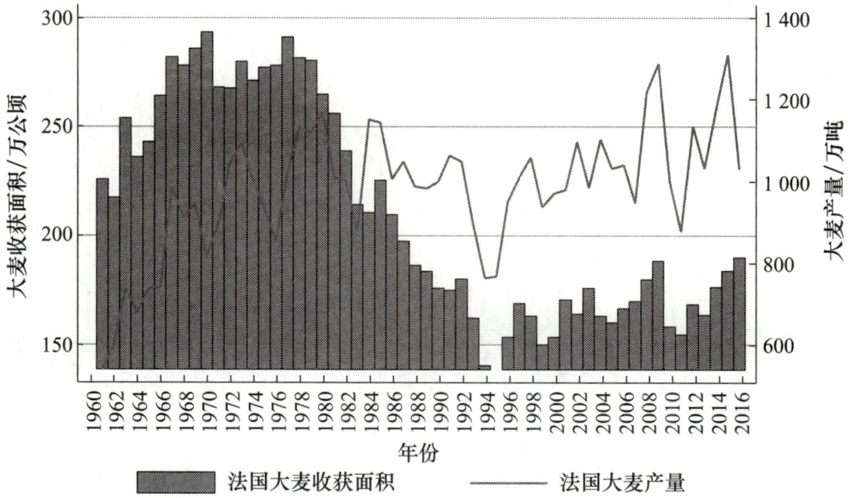

图 12.3　法国大麦收获面积和产量变化趋势（1961—2016 年）

2. 经济作物

法国的主要经济作物有葡萄、甜菜、油菜籽、葵花籽等。葡萄 90%以上用来酿酒。

葡萄：法国南部是典型的地中海气候，适合葡萄生产。法国是世界重要的葡萄生产国，

2016 年，葡萄产量为 620 万吨（图 12.4）。波尔多、勃艮第、香槟是著名的葡萄产区。法国葡萄酒的生产享誉世界，是仅次于意大利的世界第二大葡萄酒生产国。

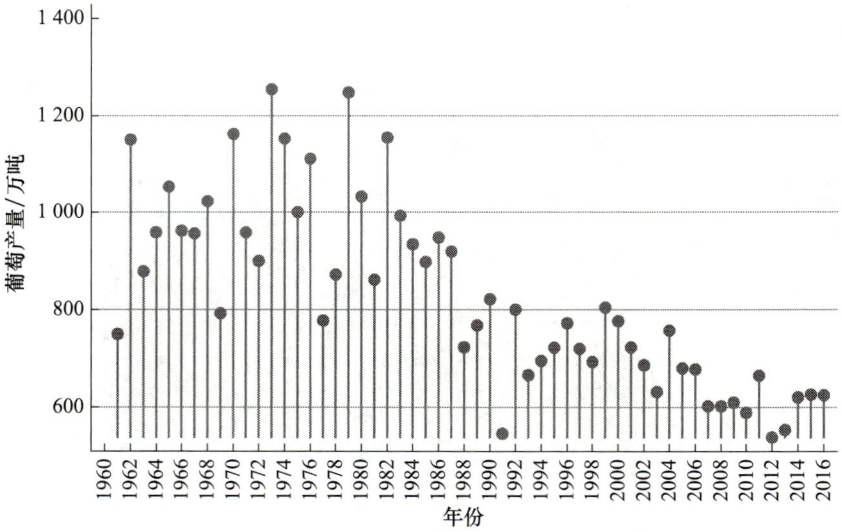

图 12.4 法国葡萄产量变化趋势（1961—2016 年）

甜菜：法国是仅次于俄罗斯的世界上第二大甜菜生产国。甜菜产量占欧洲甜菜总产量的 30%，占世界总产量的 10%。2016 年，甜菜产量为 3 400 万吨（图 12.5）。

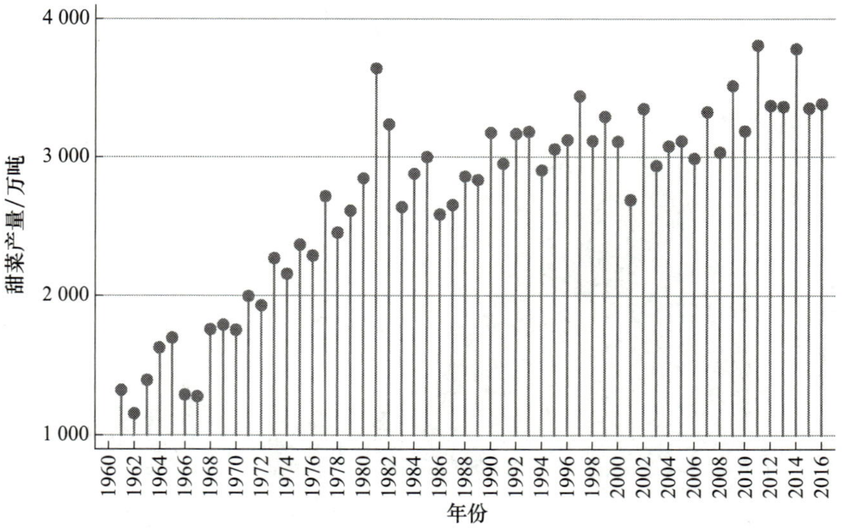

图 12.5 法国甜菜产量变化趋势（1961—2016 年）

油料作物：油菜籽和葵花籽是法国主要的油料作物。法国油料作物在近几十年里有很大发展，2016 年葵花籽产量为 120 万吨，是世界主要葵花籽生产国。2016 年法国油菜籽产量为 470 万吨，是世界主要油菜籽生产国，油菜籽产量在欧盟国家中仅次于德国。

水果、蔬菜：法国的水果、蔬菜产量在欧洲居第 3 位。2016 年法国马铃薯、番茄的产量分别为 680 万吨、64 万吨。

3. 畜牧业

法国的主要牲畜有牛、猪、羊以及家禽等。法国是世界上重要的牛肉和牛奶生产国。全国养牛数量在欧洲居于首位，养牛业遍及除地中海地区外的全国各地。畜牧业是法国农业的重要组成部分，约占农业总产值的 40%。

养牛业：在畜牧业中，养牛业的规模最大。2016 年，法国鲜奶产量为 2 400 万吨，牛肉产量为 146 万吨（图 12.6）。

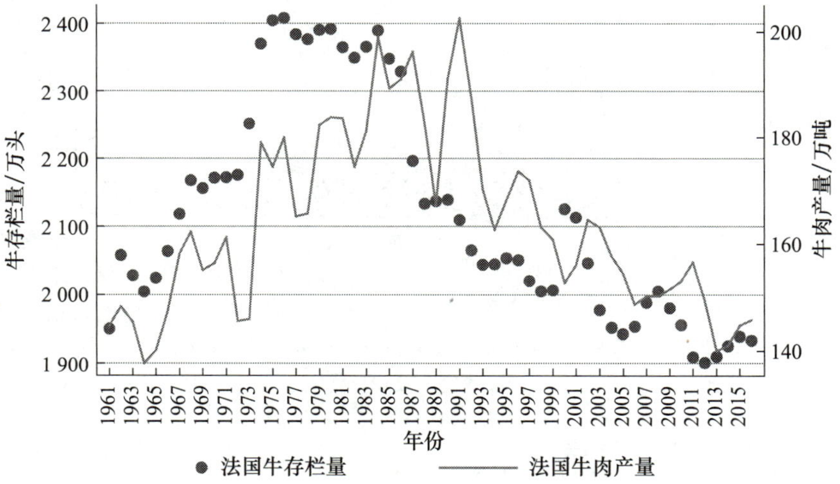

图 12.6　法国牛存栏量和牛肉产量变化趋势（1961—2016 年）

养猪业：在二十世纪六十年代和九十年代，法国养猪业迅速发展，猪存栏数和猪产量同步提高。至 2000 年，法国猪的存栏数达到 1 500 万头以上，此后存栏数下降，猪肉产量也有所回落（图 12.7）。2016 年法国年产猪肉 220 万吨，在畜牧业中排名第三。

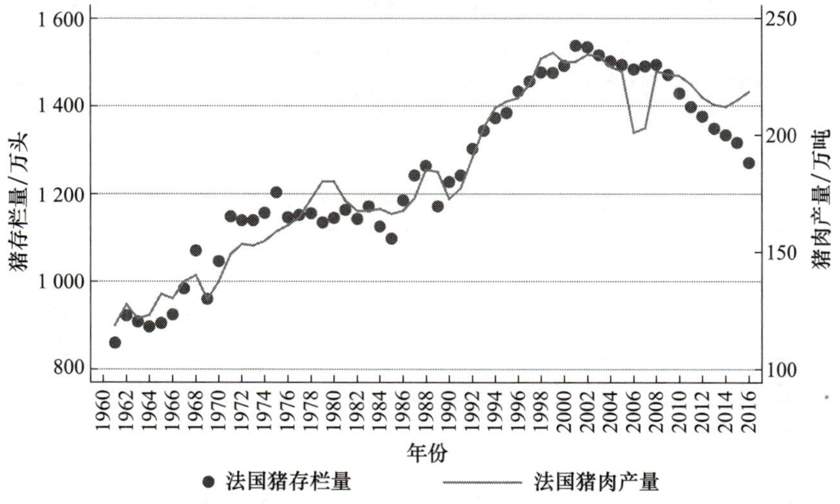

图 12.7　法国猪存栏量和猪肉产量变化趋势（1961—2016 年）

养禽业：法国的养禽业发展迅速，禽肉产量居欧洲第 1 位。家禽业是畜牧业中的重要部门，总产值超过了养猪业。二十世纪六十年代至九十年代，法国养禽业迅速发展，2000 年以后，鸡存栏数和鸡肉产量开始下降，2016 年鸡存栏数为 1.7 亿只，鸡肉产量为 110 万吨（图 12.8）。

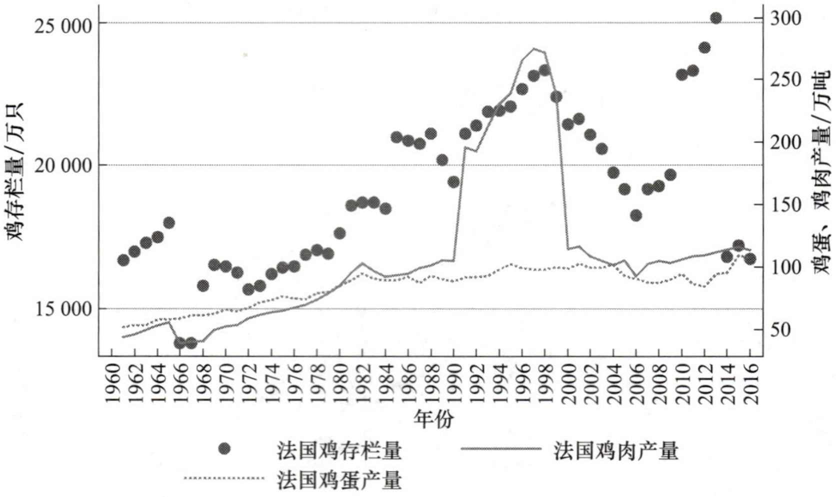

图 12.8 法国养鸡业变化趋势（1961—2016 年）

12.2 法国农产品贸易

12.2.1 农产品进出口基本情况

法国是世界上继美国、荷兰、巴西、中国之后的世界第五大农产品出口国。2016 年，法国农产品出口总额为 602 亿美元，进口 511 亿美元（表 12.1，图 12.9）。法国也是欧洲第二大的农产品出口国，法国农产品 70%出口到其他欧盟国家，主要出口产品是葡萄酒、小麦、牛肉、猪肉、家禽和奶产品。法国是世界贸易大国，法国葡萄酒享誉全球，出口量最大的粮食和家畜品种依次为：谷物及其制品、肉类及制品、乳制品及蛋类、水果和蔬菜。

表 12.1 近年来法国农产品进出口情况（2012—2016 年） 亿美元

项目	年份				
	2012	2013	2014	2015	2016
出口	702	748	715	619	602
进口	535	573	569	496	511

数据来源：FAO 数据库。

12.2.2 主要农产品出口

1. 粮食出口

小麦：2016 年，法国出口小麦 1 800 万吨（图 12.10），出口量占欧盟全部出口量的

27%，是仅次于美国的世界第二大小麦出口国。此外，2016 年法国还出口小麦粉 33 万吨。

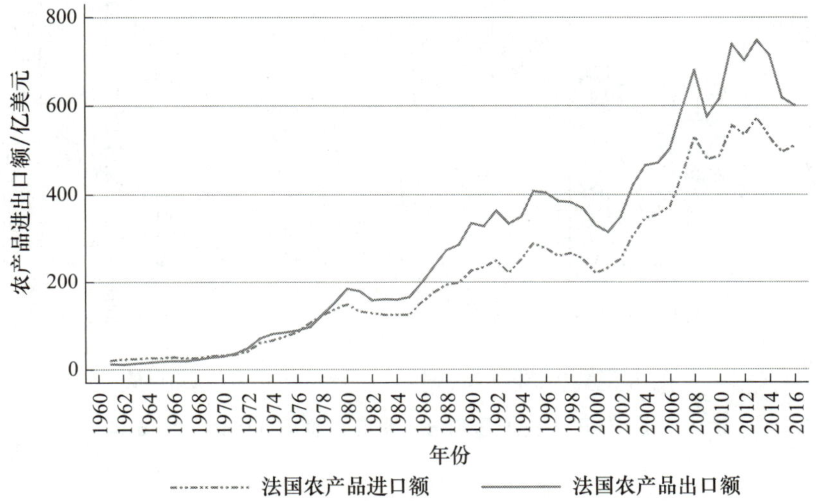

图 12.9　法国农产品进出口额变化趋势（1961—2016 年）

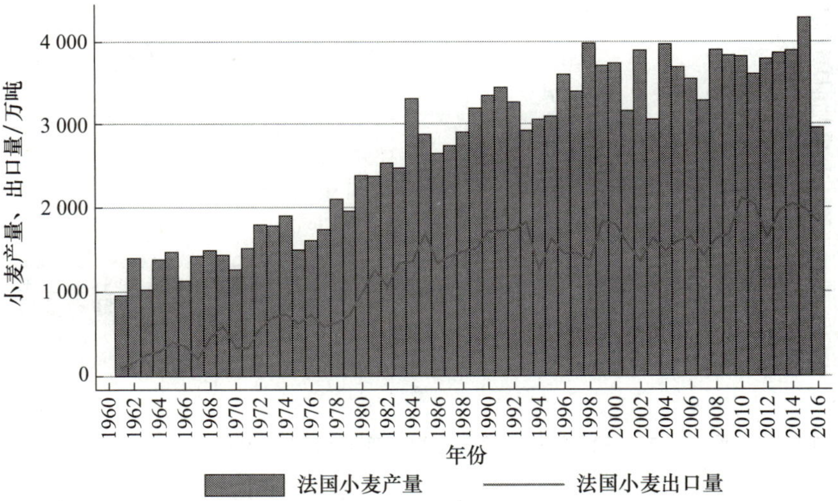

图 12.10　法国小麦产量和出口量变化趋势（1961—2016 年）

大麦：2016 年法国出口大麦 590 万吨，是世界最大的大麦出口国（图 12.11）。出口比率约为 60%。

玉米：2016 年法国出口玉米 540 万吨，是欧盟最大的玉米出口国。出口比率约为 40%。

2. 畜产品出口

奶产品及肉类产品是法国的出口大项。2016 年，法国出口奶酪 60 万吨，价值 29 亿美元；出口牛肉 4 万吨，出口鸡肉 30 万吨，出口猪肉 35 万吨（图 12.12）。法国是世界最大的活牛出口国，2016 年出口活牛 150 万头。

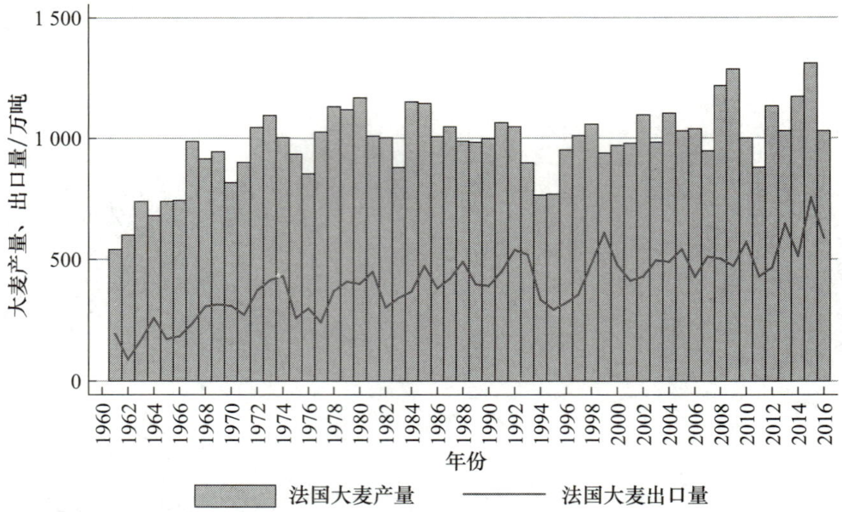

图 12.11 法国大麦产量和出口量变化趋势（1961—2016 年）

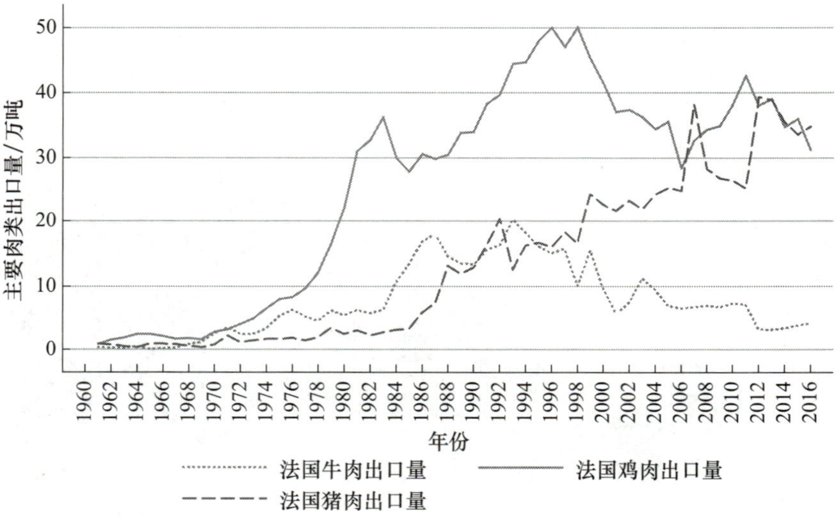

图 12.12 法国主要肉类产品出口变化趋势（1961—2016 年）

3. 其他农产品及加工品出口

葵花籽和葵花籽油：法国是世界葵花籽和葵花籽油出口大国。二十世纪八十年代，法国的葵花籽产量和出口量迅速增加，九十年代后产量和出口量逐步回落，但葵花籽油的出口量相对平稳（图 12.13）。

葡萄酒：2016 年世界葡萄酒出口总量为 1 100 万吨，总价值 320 亿美元。按出口价值衡量，法国是世界最大的葡萄酒出口国，其他重要的葡萄酒出口国分别为意大利、西班牙、澳大利亚、智利。按出口数量衡量，西班牙排在第一位。2016 年法国出口葡萄酒 140 万吨（图 12.14），出口价值 90 亿美元以上，在农产品中排列第一。

2016 年法国农产品出口的五大目的国是德国、比利时、意大利、英国和西班牙，全部为欧盟成员国。

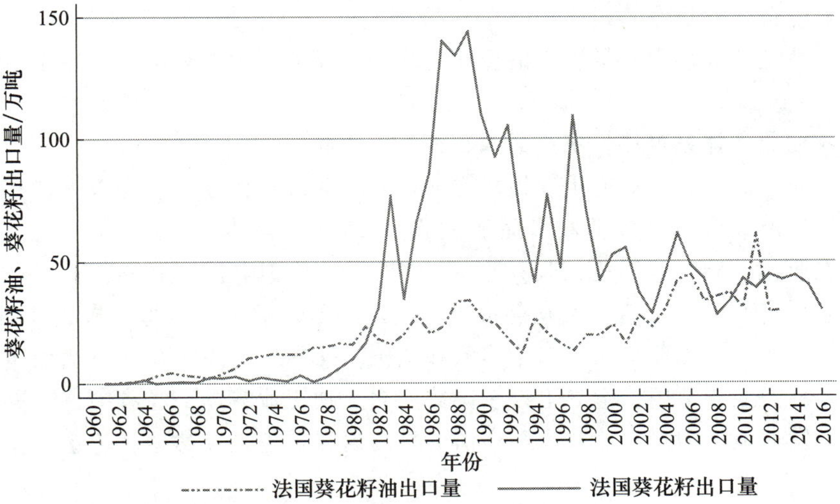

图 12.13　法国葵花籽和葵花籽油出口量变化趋势（1961—2016 年）

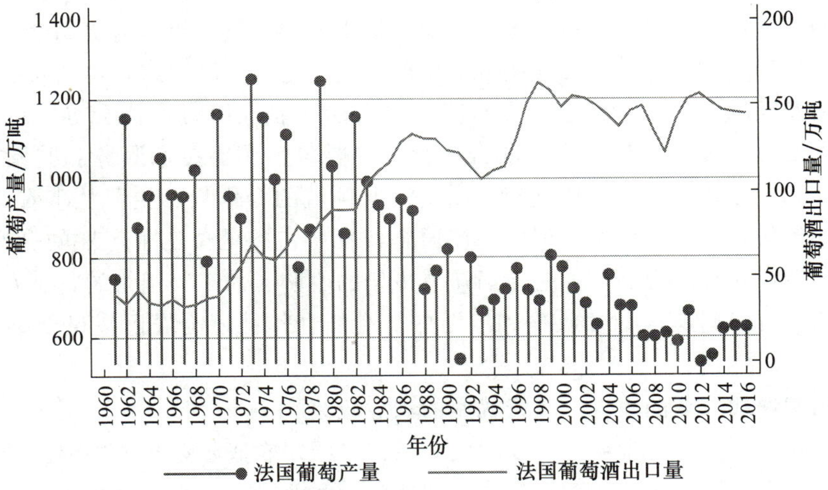

图 12.14　法国葡萄产量和葡萄酒出口量变化趋势（1961—2016 年）

12.3　法国农业发展的特点

法国农业的发展，可以概括为以下几个特点：

第一，中小农场和家庭劳动居主导地位。

由于农业机械化水平的提高，法国农场数量逐年减少，现有农场数量约 47 万个，中小农场占很大比重，但是国家支持中等规模农场的发展。法国农业以家庭劳动力为主，农场主及其家属占农业劳动力总数的 90%左右。

第二，农业现代化、商品化、专业化程度高。

第二次世界大战以后，全面推行了农业现代化，农业生产专业化程度也随之提高。法国农业专业化可以概括为三种类型：区域专业化、农场专业化和作业专业化。按照经营内容大体可分为畜牧农场、谷物农场、葡萄农场、水果农场、蔬菜农场等，专业农场大部分经营一种产品。作业专业化农场是将过去由一个农场完成的全部工作，如耕种、田间管理、收获、运输、储藏、营销等，均由农场以外的企业来承担，使农场由原来的自给性生产转变为商品化生产。

第三，农业服务体系发达，农产品加工业竞争力强。

农业成为农工商联合企业的重要组成部分，农工商综合体在法国经济中占有很重要的地位，具体包括生产综合体（包括农产品加工业）；产前综合体（包括能源工业、设备工业、生物工业、农业化学和其他工业、服务业）；销售综合体和国际贸易综合体。

法国农业加工业十分发达，农业食品加工业是法国外贸出口获取顺差的支柱产业之一。欧洲前100家农业食品工业集团有二十多家在法国。法国农业加工业的发达还体现在食品加工业是国民经济的主导部门。世界上许多国家的农业加工业在国民经济中占有重要地位，农业加工业是不发达地区增加农业收入和产值的重要途径，也是发达地区防止农业萎缩的有效途径。

法国的农业合作社在欧洲是比较有名的。法国的农业服务既有公共的服务，也有集体和合作社的服务，还有私人工商业组织的农业服务。政府机构提供公共的农业服务，包括兴建农业基础设施、发展农业科研与教育推广事业、提供农业信贷、组织与协调全国性的农业服务活动等。合作社是法国农业社会化服务的主体。集体与合作社组织，包括农业供销合作社和服务合作社及其联社、农业工会、专业产品联合会、企业跨行业协会等。从经营活动来看，合作社主要分两类：一是生产性的合作社，主要包括提供技术服务和共同使用生产设备，包括兽医和人工授精、农机修理等。二是流通领域的合作社，主要从事农产品的收购、加工、储藏和销售，并且供应生产资料。流通合作社所占的地位比生产性的合作社更重要，这类合作社的专业化程度较高，如有专门从事牛奶的收购、加工和销售的，有专门从事牲畜和肉类加工的，有专门从事葡萄收购和酿酒的，有的合作社还为农民提供金融和企业管理服务。

第四，国家增加农业的投入，实行优惠的农业政策。

法国能一跃而发展成为世界上主要的农产品出口国，农业政策起了决定性的作用。国家大量增加农业投入，第一和第二两个发展计划期间，农业投入都高达2 770多亿法郎。法国政府通过国家预算对农业进行财政支援，法国政府通过农业金融制度来促进农业发展，有悠久的历史。长期以来，政府向新的农业经营单位和年轻农民提供低息贷款，实行优惠的税收政策，并建立了农民社会保障体制，鼓励农民安心务农。政府规定，凡符合政策要求和国家规划发展的项目，均可得到优惠贷款，它与市场利率之差由国家负担。优惠贷款主要用于防止各种自然灾害、进行农场结构调整、实现农场现代化、进行土地整治等。这样，一是保障了农民的利益，免除高利贷的盘剥；二是能有效引导农民按照政府的意图行事。

第五，实施土地集中的政策，扩大农业经营规模。

土地分散和农场经营规模小，不利于现代农业技术的推广应用，阻碍农业生产率和商品率的提高，给农业机械化和现代化以及农田建设和土地资源开发带来很大困难。法国的法律规定了土地的“不可分割”原则，即农场主的土地不得由一个以上的子女继承。近二十多年来，法国采取了一系列加速土地集中、扩大农场经营规模的措施，取得了良好的效果。国家通过贷款从私人手中购买土地，经过整治，以较低的价格卖给农民，特别是卖给中等规模的农民。法国政府支持中农政策的目的，是促使生产力低下的小农离开农业，提高农业生产率，同时防止两极分化。通过国家对地产市场的直接干预，控制了土地的收购和转卖，改善了农场结构，优先安置达到中等规模的青年农民。法国政府还通过调整土地政策来控制农用土地价格，发放脱离农业的终身补贴，以鼓励老年农场主放弃耕作。

第六，发展农用工业，推进农业机械化。

从 1950 年开始，法国积极推进农业机械化，到 1970 年就完全实现了机械化。农业的机械化和自动化大大提高了农民的劳动生产率，减轻了劳动强度，使农民有能力开展多种经营。为了不断改进农机性能，法国专门成立了农机科学研究中心。与其他许多市场经济国家不同，法国政府直接插手农业生产资料的生产，在法国市场销售的农业机械必须持有农业与农村发展部颁发的许可证。

第七，重视农业科学技术的推广和普及。

法国建立了以高等农业教育、中等农业教育和农民业余农业技术教育为主要内容的农业教育体系，其任务是培养具有独立经营能力的农业经营者或具有某项专门技术的农业工人。全国有农民业余技术培训中心 350 个，其任务是使没有受过农业教育、不具备农业经营知识的农民，取得经营农业所必需的基础知识，使参加农业生产一年以上并受过一定农业教育的农民，进一步提高专业知识和经营管理水平，取得相当的技术职称或达到晋级目的。

法国的农业推广组织比较健全，中央一级设有“全国农业发展协会”，其理事会由政府代表和行业代表各半组成，对纳入国家计划的推广活动给予资助；省一级设有“技术推广委员会”，具体的技术工作由各省农会的技术顾问负责；县区一级有农场主自愿组成的农业推广组织，专门从事农业技术推广工作。农业技术推广最重要的环节是隶属于“农业技术协调协会”的各专业技术研究所和技术中心，它们对科研成果进行适应本地区的中间试验后，通过各省农会的技术顾问或农场主把科研成果推广出去，各专业技术研究所和技术中心的工作具有承上启下的作用，是中央和地方、基础研究和应用研究、科研和推广、科研和生产紧密结合的重要渠道。

此外，私营企业和农业合作社都把推广应用先进的农业科学技术放在重要地位，不仅向合作社成员提供作物和畜禽良种，而且还进行技术指导和技术服务，以及各种形式的技术培训。

第八，重视农村人力资源的开发，提高农民素质。

目前，法国农民一般都具有农业技术高中和农业专科大学毕业的文化程度，不但懂耕作，而且有文化，懂科学，会经营。根据规定，相当于高中一年或二年的“农业职业能力证书”和“农业职业文凭”持有者只能在农场或农业企业中当雇工；只有具有高中二年以上学历的“农业技师证书”持有者，或通过农业职业和技术会考的学生，才有资格独立经营农场。为了提高农民的文化素质，法国各地普遍设有相当于高中的农业技术学校。

复习思考题

1. 法国农业生产结构具有怎样的特点？
2. 法国农产品贸易具有怎样的特点？
3. 法国农业现代化的特点和经验是什么？

第13章　荷兰农业经济

荷兰位于欧洲西部，西、北部濒临北海，海岸线长约1 075千米。国土面积狭小，东西长约200千米，南北长约300千米，面积为4.2万千米^2，其中陆地面积不到3.4万千米^2，差不多与我国海南岛的面积相等。2016年荷兰人口为1 700万，是欧洲人口最稠密的国家之一。荷兰的城市化程度高，城市人口的比例高达90%。

荷兰是经济高度发达的国家。荷兰的首都是阿姆斯特丹，但是政府所在地在海牙，是各国大使馆和许多国际机构的驻地。荷兰语为官方语言，但是由于其国际商贸和旅游业高度发达，至少有3/4的荷兰人会说一门外语，40%的人会说两门外语。

荷兰属温带海洋性气候，冬无严寒，夏无酷暑。荷兰全年降水大致在750～800毫米，除了8月雨量较多外，周年分布比较均匀。农业生产不利的方面主要是光热条件差，7月份平均气温为22℃。同时由于纬度较高（相当于黑龙江的最北部），光照不足，影响大田农作物的生长。土地平坦而肥沃，主要河流是莱茵河、马斯河、斯海尔德河，还有众多的运河。除了运输之外，河流的重点不是灌溉而在于排水。

荷兰是第一批使用欧元的国家。荷兰是世界上经济最发达的国家之一，人口的预期寿命是79岁。2016年GDP总量为7 800亿美元，人均国民生产总值为46 000美元。荷兰是高度出口导向型经济，是世界上最重要的农产品出口国之一。荷兰也是欧盟的创始国之一，是共同农业政策的主要推动者之一。荷兰海陆运输非常方便，荷兰是欧洲分销中心。

郁金香事件

郁金香是荷兰的国花。在历史上，荷兰国花曾给这个国家带来了一场经济灾难。郁金香原产于土耳其，1593年传入荷兰。十七世纪前半期，由于郁金香被引种到欧洲的时间很短，数量非常有限，因此价格极其昂贵。

人们开始抢购郁金香。一些投机商开始大量囤积郁金香以待价格上涨。郁金香的价格不断上涨，为了方便郁金香交易，人们干脆在阿姆斯特丹的证券交易所内开设了固定的交易市场。

当时一位历史学家的描述："谁都相信，郁金香热将永远持续下去，世界各地的有钱人都向荷兰发出订单，无论什么样的价格都会有人付账。"1637年，一株名贵的郁金香售价可以在阿姆斯特丹买一幢豪宅。

1637年2月，卖方突然大量抛售，公众陷入恐慌，郁金香市场突然崩溃。郁金香的价格一泻千里。一周后，郁金香的价格已平均下跌了90%，普通品种甚至不如一颗洋葱的售价。1637年4月，荷兰政府决定禁止投机式的郁金香交易，从而彻底击破了这次历史上空前的经济泡沫。

郁金香事件使荷兰经济陷入一片混乱。虽然此后郁金香继续在荷兰繁衍生息，但这个曾经繁荣一时的经济强国却开始走向衰落。从十七世纪中叶开始，荷兰在欧洲的地位逐渐被海峡对岸的英国所取代。

13.1 荷兰农业生产

人们经常把荷兰与鲜花、奶酪和鸡蛋联系在一起。农业是荷兰经济的重要支柱之一，荷兰是鲜花、肉蛋产品、奶制品、水果、蔬菜等农产品的重要生产国和贸易国。

2015年，农业食品产业（所有与农业和食品有关的经济活动）大约占国内生产总值的10%，其中初级农业占GDP的比重为1.8%。农业人口占整个人口的1.8%。消费者花在食品上的支出平均为14.5%。农产品购买的80%发生在超市。

13.1.1 农业发展概况

2016年荷兰的农业面积为180万公顷，耕地面积为103万公顷。荷兰被称为“低地之国”，约有1/4的国土低于海平面，不但易受海潮入侵的威胁，也易受境内河流泛滥造成的涝灾。1927—1932年，荷兰在须德海口修筑了长32千米、堤顶平均宽90米的拦海大坝，把围起来的海域变成了面积1 240千米^{2}的大淡水湖（艾瑟尔湖），并向大自然夺得了17 000公顷土地，叫作“圩田”。

第二次世界大战结束以来，荷兰的农场数量不断下降。1950年，荷兰有农场31.5万个，2016年，农场（包括园艺农场）的数量为6.5万个左右。荷兰农场的平均规模为16.8公顷，其中规模小于5公顷的占34.1%，规模大于100公顷的占0.8%，超过一半的农场面积不足10公顷，农场多数集中在围海造田形成的圩田地区。荷兰对土地的利用非常细致。施肥量很大，而且使用现代化的机械设备。农田占国土面积的4/5，农场规模较小，但产量却在世界前列。

荷兰种植业的特点是高度专业化，因而统计资料划分为大田作物种植业和园艺业。除粮食作物外，荷兰的“大田作物”还包括马铃薯、洋葱以及甜菜等，这些作物都是大规模连片种植的，单产水平大都在世界的前列。园艺业又可细分为露天花卉、温室花卉、露天蔬菜、温室蔬菜、露天观赏植物等。荷兰温室里栽种的番茄、黄瓜、甜椒等，普遍采用无土栽培。温室蔬菜以番茄的面积最大，其次是黄瓜、甜椒和生菜。

在畜牧业方面，荷兰也分成两类：普通畜牧业指的是主要利用牧场放牧的养牛业、养羊业，占用土地较多；集约型畜牧业主要是指需要大量资金投入、建立人工饲养环境（室内）的养猪业和养禽业，占地很少。

在近十多年里，除了温室园艺业发展稳步上升外，其他各业都因市场需求变化而发生过很大幅度的波动。

13.1.2 农业生产结构

荷兰农业以畜牧业和园艺业为主。畜牧业产值约占农业产值的2/3。主要饲养牛、猪、羊及家禽等。在荷兰，畜牧业是最重要的农业部门。十九世纪末期，由于蒸汽船开始广泛应用于国际贸易，北美和俄国廉价的粮食源源不断地驶往西欧，冲击着欧洲市场，荷兰粮食生产失去了优势。荷兰政府没有采取“保护”政策，开放粮食市场，农民则不失时机地进行了农业结构调整，利用廉价的进口粮大力发展畜牧业，很快使畜牧业成为主导产业。后来，由于欧盟共同农业政策的配额制度，加上国内环境保护主义者的呼吁，荷兰畜牧业的发展受到限制，园艺业因而迅速发展，其所占份额日渐增大。荷兰的畜牧业大体上分为普通畜牧业（养牛业、养羊业）和集约型畜牧业（养猪业和养禽业）。由于养猪业和养禽业不需要占用很多的土地，增长的幅度比较大。

1. 畜牧业

养牛业： 荷兰以高度发达的养牛业而驰名，但是由于欧盟农业政策规定了生产配额，不得不限制生产。畜牧业中养牛业的产值最大，2016 年，荷兰牛的存栏数为 430 万头，牛奶产量 1 400 万吨，牛肉 42 万吨（图 13.1）。自二十世纪八十年代中期以来，奶牛的数量呈递减趋势，平均每年递减 2%左右。荷兰奶牛场的平均规模不断扩大。荷兰奶牛的饲养方式是：在半年的时间里，牛日夜在牧场上吃草，在畜栏的半年里，75%的饲料是青贮饲料和干草。荷兰的草场或饲用玉米的干物质产量每公顷可达 12～15 吨，成为养牛业的基础。牛奶的蛋白质含量高，黄油和奶酪的产量为国内消费量的 3 倍和 5 倍。

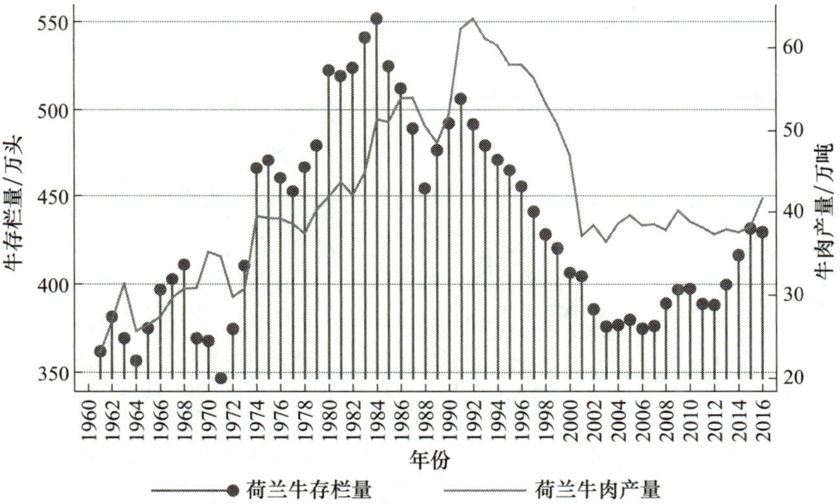

图 13.1　荷兰牛存栏量和牛肉产量变化趋势（1961—2016 年）

养猪业： 荷兰养猪的农场不断减少，目前大约到了 2 万个，2016 年猪的存栏数大约为 1 200 万头。但农场规模逐渐扩大。其中，饲养头数不足 100 头的农场减少了一半多，而多于 1 000 头的则增加了 20%以上。专门饲养肉猪和母猪的农场也朝更大规模发展。欧盟对养猪没有限制，但是荷兰国内对养猪业可能造成的环境污染有顾虑，因此提出的要求十分严格，养猪业受到了一定的控制。养猪业是畜牧业中排名第二的部门。2016 年猪肉产量为 150 万吨（图 13.2）。

养鸡业： 荷兰养鸡业水平很高，饲养 1 万只以上鸡的养鸡场占到总数的 4/5 以上。2016 年全国鸡的存栏数大约有 1 亿只，其中，肉鸡约占 60%，蛋鸡占 40%。荷兰还饲养火鸡和鸭，其中火鸡的存栏量约 80 万只。欧盟对养鸡也没有限制，因此荷兰养鸡业发展非常迅速，饲养技术的提高成效明显。家禽业在畜牧业中排名第三，以鸡肉、鸡蛋为主，2016 年鸡肉产量为 100 万吨，鸡蛋产量为 70 万吨（图 13.3）。

2. 园艺业

园艺业是荷兰农业中经济价值最高的部门。水果、蔬菜、鲜花、园林植物只占全部播种

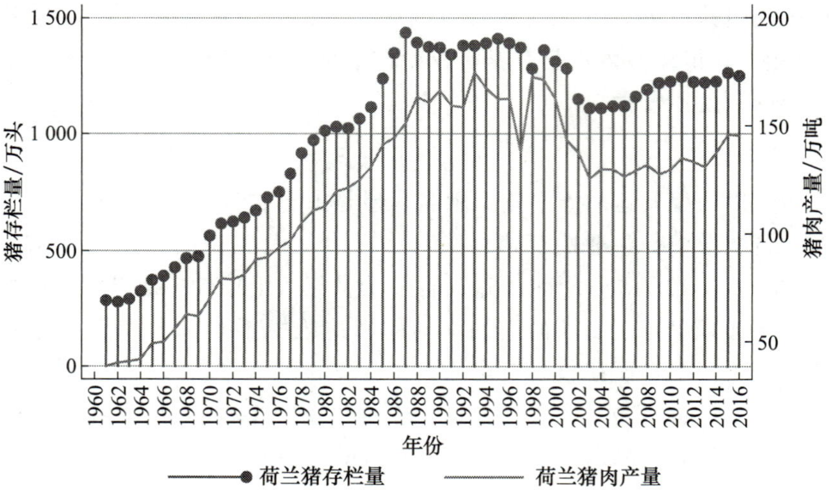

图 13.2 荷兰猪存栏量和猪肉产量变化趋势（1961—2016 年）

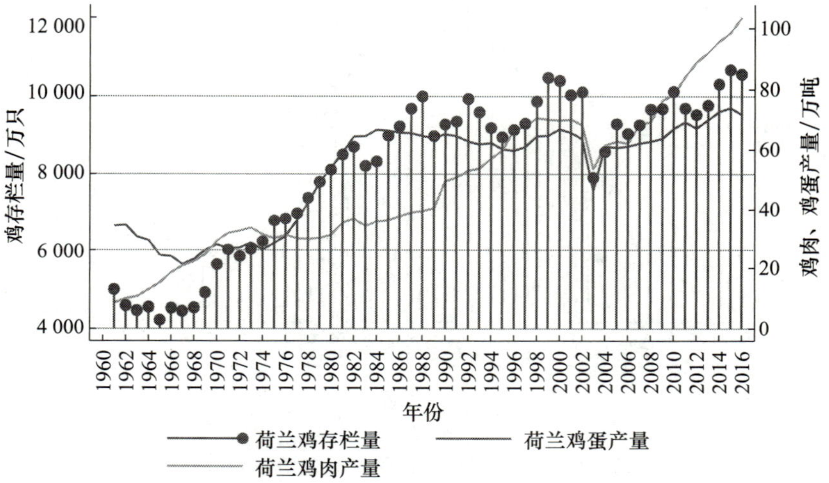

图 13.3 荷兰鸡存栏量和鸡肉、鸡蛋产量变化趋势（1961—2016 年）

面积的 8%，却占到全部农业产值的 30%以上。荷兰号称“欧洲花园”、“花卉王国”。生产的项目包括花卉和观叶植物、蔬菜、水果和蘑菇，以及培育花球茎、苗木等。从 1980 年以来，荷兰园艺农场的数目在减少，从 2 万多个下降到约 1.5 万个。在荷兰，园艺业以温室花卉、蔬菜为主，露地生产为辅。温室大约有 40%用于蔬菜生产，35%用于花卉生产，20%用于水果生产，其生产效益可比露地生产高 5～6 倍。当然，温室栽培投资很大。温室内部设施齐全，大都实行电脑控制和调节，生产操作过程已经转向机械化和自动化，包括自动供暖、通风、降温、灌溉、施肥、喷药、土壤消毒等。许多温室采用无土栽培技术，制钵装土及产品分级采收都有相应的机械装备。为了提高市场竞争力，使产品适应市场的需要，温室园艺也在不断进行改造和升级。荷兰的温室大都实行专业化生产，致力于产品的精益求精，力争生产独具一格的优质产品，一个公司或一户花农的几万平方米的温室，往往只生产两三个品种。

鲜花：荷兰以出产高质量的鲜花闻名于世，花卉品种多达数千种，国花郁金香享誉全球。每年春天，荷兰会变成一个花的海洋，吸引来自世界各地的旅游参观者。荷兰一年四季供应不同的鲜切花达 5 500 多种，不同的盆栽植物 2 000 多种，庭院植物 2 200 多种。郁金香是荷兰的国花，提供给拍卖市场的品种就有 200 多个。其他著名的花卉种类还有月季、菊花、香石竹、百合、唐菖蒲、水仙等等。荷兰特别重视花卉的改良和选种，还不断引进热带亚热带的花卉，几乎年年都能推出新的品种。荷兰还是欧洲唯一能大规模生产兰花的国家，现在荷兰每天向世界出口 1 700 万支鲜切花和 170 万株盆花。观叶植物也是荷兰园艺业出口收入的重要来源。

马铃薯：2016 年，荷兰马铃薯产量高达 650 万吨（图 13.4）。荷兰马铃薯产量高的主要原因有两点：一是荷兰的马铃薯加工业发达，加工增值使马铃薯大田生产有利可图；二是着重发展种薯生产。种薯生产的要求较高，因此价值也高，荷兰生产的种薯可远销到欧洲及其他地区的许多国家。据报道，其贸易量约占世界的 70%。

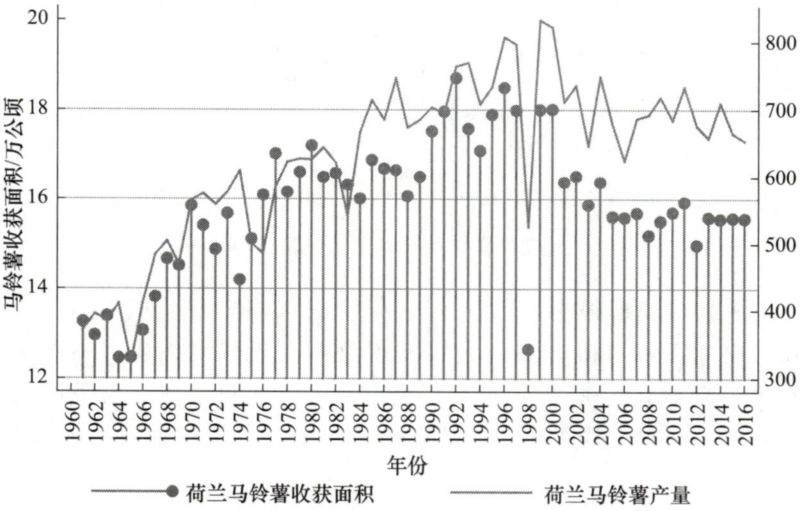

图 13.4　荷兰马铃薯收获面积和产量变化趋势（1961—2016 年）

番茄：番茄是荷兰重要的蔬菜作物，2016 年，番茄产量为 90 万吨。荷兰的蔬菜产业发达，品种多，产量高，大量向周边国家出口。

蘑菇：荷兰较大规模的蘑菇生产始于二十世纪五十年代，近几十年里发展较快。荷兰蘑菇农场的平均规模为 1 400 米^2。为了节省宝贵的土地，不少农场利用地下隧道从事蘑菇生产。蘑菇一年四季均可生产，一个周期是 3 周，每平方米每周期可生产蘑菇 25～30 千克。荷兰的蘑菇产量现已跃居世界第三。

洋葱：近年来，洋葱成为荷兰的重要蔬菜，产量稳定增加。2000 年，洋葱产量约为 80 万吨。到 2016 年，洋葱产量增加到 145 万吨。

水果：荷兰的水果主要是苹果、梨。现在果农们都已改为低树干品种，在树干上嫁接，第二年开始结果，每公顷可种 4 000 棵，每公顷产量 20 吨。2016 年苹果的产量为 32 万吨，梨的产量为 37 万吨。

3. 粮食生产

小麦：荷兰种植的主要农作物包括：小麦、玉米、大豆，特别是为了畜牧业发展所需要的大量饲料。2016 年小麦的收获面积为 13 万公顷，产量 100 万吨（图 13.5）。荷兰本国土地资源有限，气候条件也不理想，粮食生产不够国内消费，每年需进口粮食 400 万～600 万吨，其中小麦 200 多万吨；粮食自给率保持在 30%左右，小麦的自给率大致是 35%。

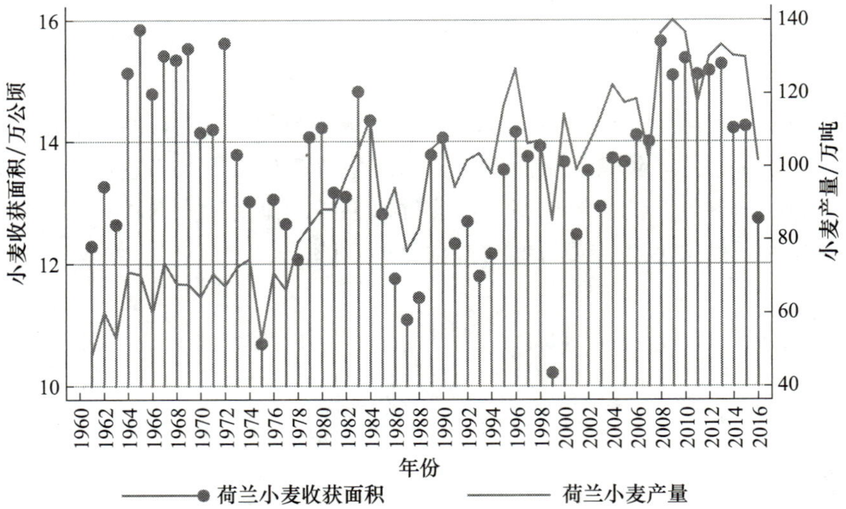

图 13.5　荷兰小麦收获面积和产量变化趋势（1961—2016 年）

玉米：荷兰玉米种植规模很小，2016 年，荷兰玉米的收获面积不足 1 万公顷，产量为 8.5 万吨。荷兰耕地面积有限，加上光照和积温不足等气候因素，一些大田作物生产的成本较高，有时还影响到产品的质量。荷兰的谷物作物栽培在日益下降，种植面积呈减少的趋势。谷物种植在很大程度上是为了轮作，国内产量很少，需要从邻近的国家大量进口。

4. 其他农产品

甜菜是荷兰的重要农作物，2016 年收获面积约为 7 万公顷，产量 550 万吨（图 13.6）。

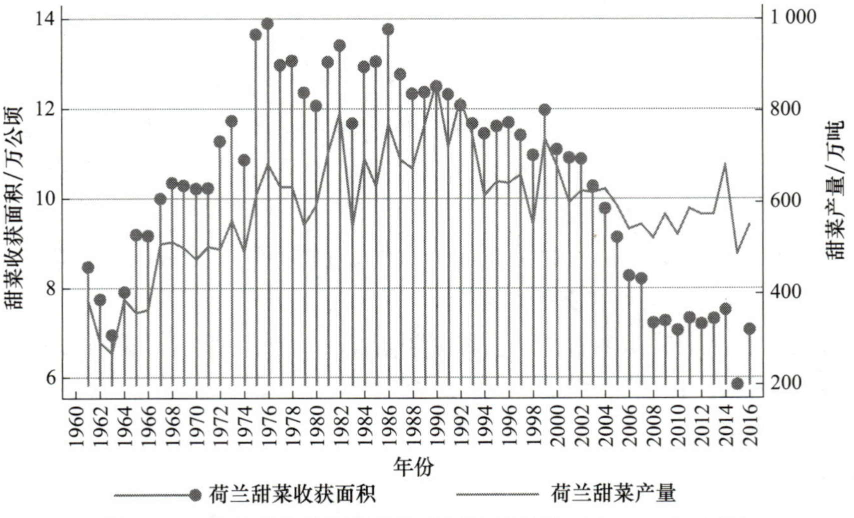

图 13.6　荷兰甜菜收获面积和产量变化趋势（1961—2016 年）

13.2 荷兰农产品贸易

十七世纪，仅有 200 万人的荷兰建立起了世界上最庞大的商船队，成为世界上最强大的海上贸易和殖民国家。荷兰以“贸易立国”闻名于世。荷兰国内市场狭小，对荷兰来说，良好的国际贸易环境是至关重要的。荷兰周边的国家几乎都是高收入国家，人口密集并且有 3 亿之众，比美国还多，这为荷兰提供了世界上难得的市场环境。荷兰人民是善于经商的民族，其外贸战略是“大进大出”，充分发挥自己的比较优势，大幅度调整农业结构，大大增强了农业的国际竞争力，从而实现了巨额的贸易盈余。按人均计算、按单位面积土地计算，荷兰农业部门创汇率之高都是其他国家所难以相比的。

13.2.1 农产品进出口总体情况

世界农产品贸易总额是 8 000 多亿美元，美国、荷兰、巴西、法国是主要出口国，其中荷兰约为 550 亿美元。13%的世界农产品贸易是通过比荷卢集团的两大港口鹿特丹和安特卫普实现的。荷兰 GDP 的大部分来源于商品贸易，主要原因是它们独特的地理位置。荷兰的农产品出口占欧盟农产品出口总量的 16%。

2016 年荷兰农产品出口额 788 亿美元，农产品进口额为 517 亿欧元（表 13.1，图 13.7），净出口额为 271 亿美元。观赏性植物是主要的出口产品，出口额为 77 亿欧元。肉类是另一个重要产品，出口额为 63 亿欧元，奶产品 47 亿欧元，蔬菜 40 亿欧元。荷兰进口的主要农产品包括：水果 33 亿欧元，肉类产品 31 亿欧元，奶产品 28 亿欧元。

表 13.1 近年来荷兰农产品进出口情况（2012—2016 年） 亿美元

项目	年份				
	2012	2013	2014	2015	2016
出口	866	909	853	733	788
进口	568	585	564	485	517

数据来源：FAO 数据库。

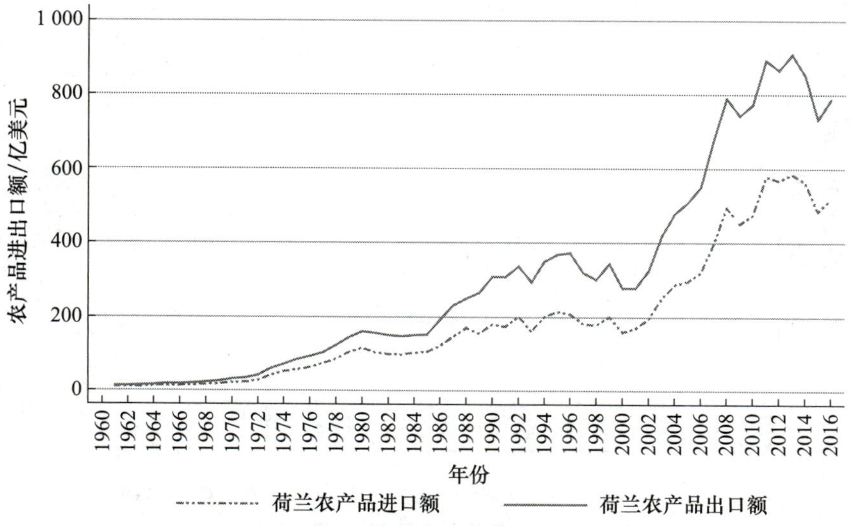

图 13.7 荷兰农产品进出口额变化趋势（1961—2016 年）

荷兰农产品出口的主要目的国是德国、比利时、英国、法国、意大利。2016 年荷兰向德国的农产品出口高达 200 亿美元。2016 年荷兰农产品进口的主要来源国是德国、比利时、巴西、法国、美国，其中从德国的进口为 83 亿美元。

13.2.2 主要农产品的进出口

1. 畜产品进出口

牛肉：荷兰是欧洲牛肉生产大国。自二十世纪八十年代以来，荷兰牛肉出口量大于牛肉进口量，2016 年出口牛肉 27 万吨，进口 14 万吨（图 13.8）。

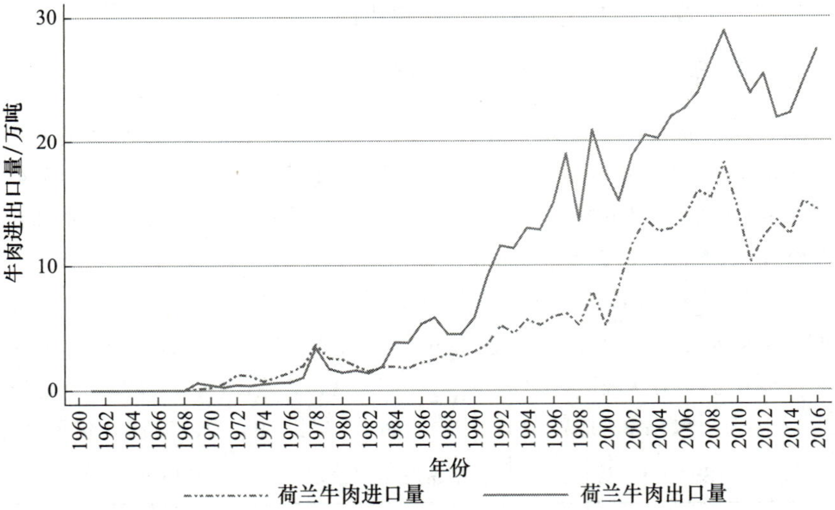

图 13.8 荷兰牛肉进口量变化趋势（1961—2016 年）

鸡肉：自二十世纪六十年代以来，随着养禽业规模的不断扩大，荷兰的鸡肉出口呈长期增长的趋势，荷兰是世界第一大鸡蛋出口国。是世界第三大鸡肉出口国。2016 年，荷兰出口鸡肉 105 万吨，出口鸡蛋 36 万吨（图 13.9）。

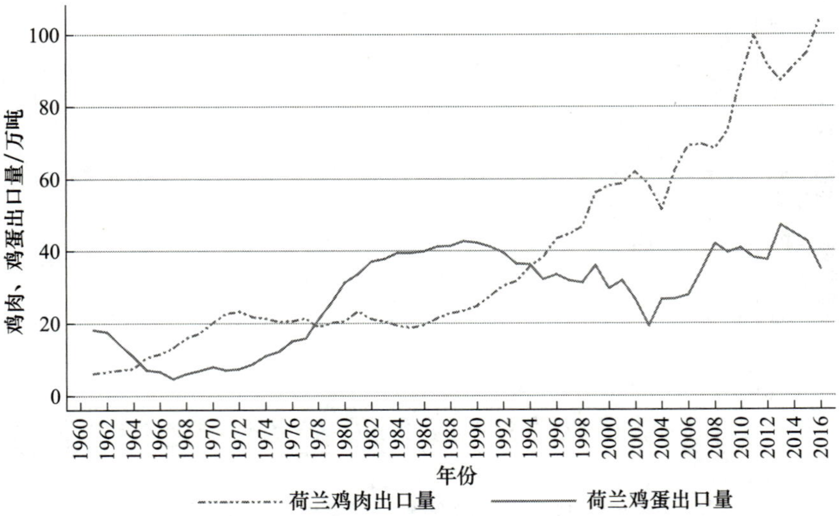

图 13.9 荷兰鸡肉、鸡蛋出口量变化趋势（1961—2016 年）

2. 园艺业的进出口

蔬菜： 蔬菜在荷兰农产品出口中占有重要地位。2016 年荷兰出口马铃薯 160 万吨，出口番茄 100 万吨（图 13.10）。

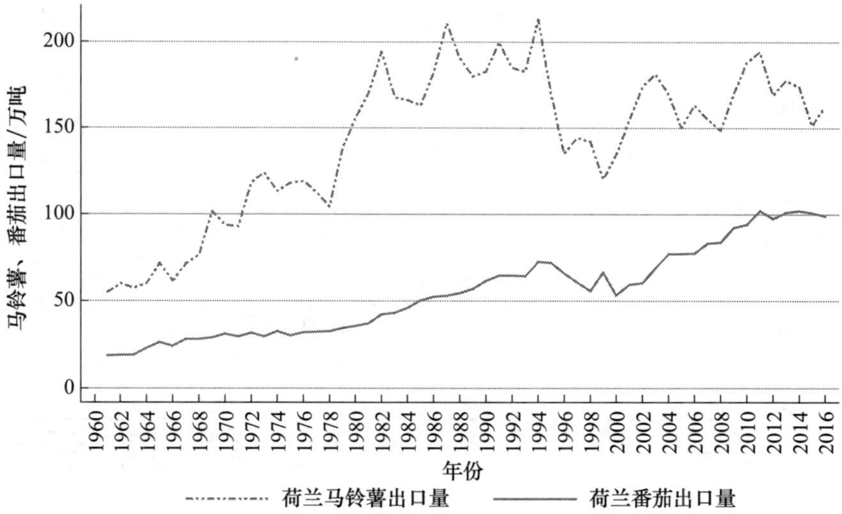

图 13.10 荷兰马铃薯、番茄出口量变化趋势（1961—2016 年）

花卉： 目前荷兰是世界上最大的花卉出口国，约占世界花卉出口量的 2/3，每天都有飞机将荷兰产的鲜花运往世界 125 个国家和地区。大多数荷兰的花农并不直接销售他们的产品，而是通过拍卖交易系统来完成销售的。拍卖交易所实际上就是花农的合作社，加入交易所后，花农有义务在交易所出售其所有产出。这样，交易所就把一个地区的花卉供给和需求全部集中起来了。交易所的高效率和优越的地理位置吸引了许多国家的花卉种植者通过交易所出售其产品。

3. 粮油进出口

荷兰主要粮食和油料作物均需进口。

小麦： 荷兰小麦产量约为 100 万吨，远远满足不了国内需求，需要大量进口小麦。2016 年荷兰进口小麦 480 万吨（图 13.11）。

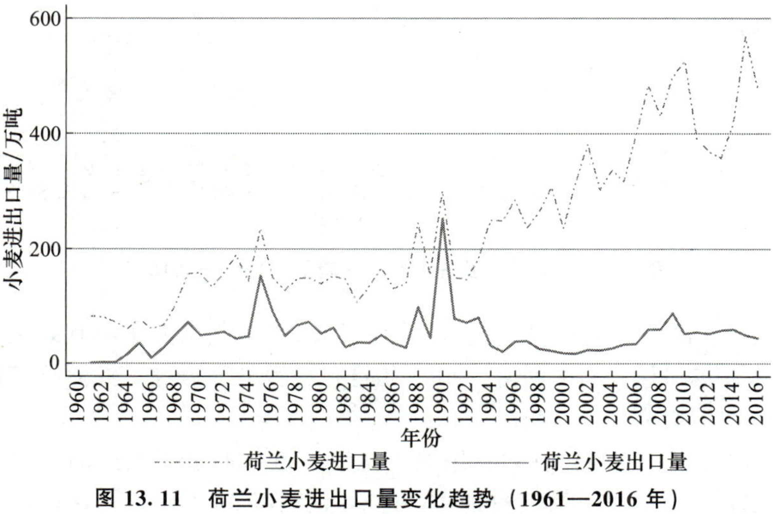

图 13.11 荷兰小麦进出口量变化趋势（1961—2016 年）

玉米：荷兰的玉米产量远远满足不了国内畜牧业发展的需要，玉米进口量不断增加。2000 年荷兰进口玉米 130 万吨，2016 年进口玉米量 420 万吨（图 13.12）。

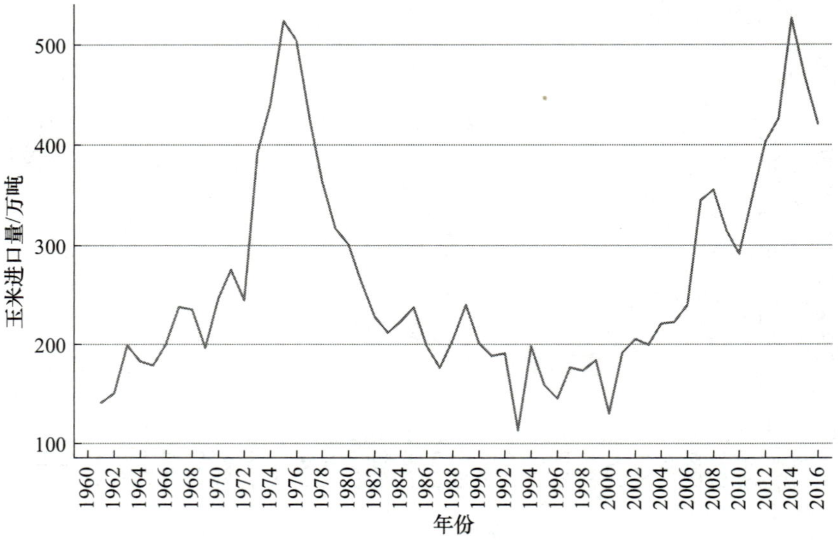

图 13.12 荷兰玉米进口量变化趋势（1961—2016 年）

大麦：2000 年以来，荷兰大麦进口迅速增加，2000 年进口大麦 55 万吨，2010 年进口量增至 200 万吨，2016 年进口大麦 185 万吨（图 13.13）。

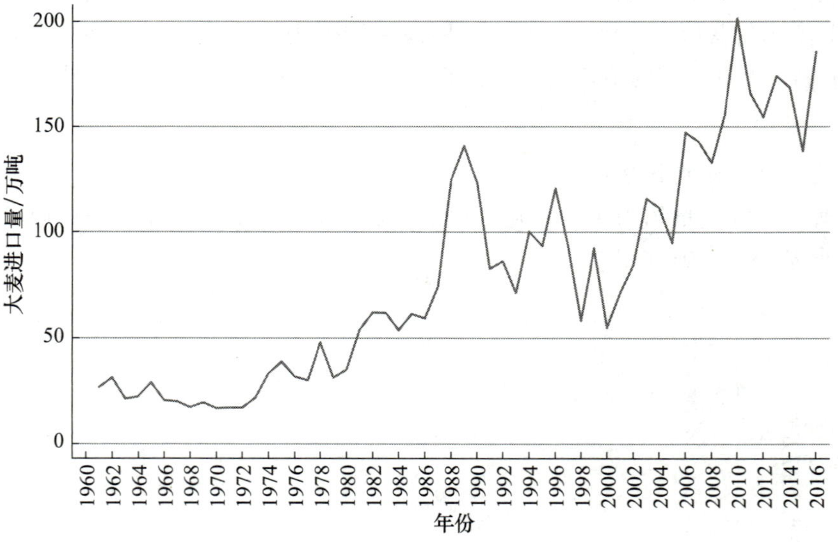

图 13.13 荷兰大麦进口量变化趋势（1961—2016 年）

大豆：荷兰每年需要大量进口大豆。二十世纪六十年代至九十年代，大豆进口持续增长，2001 年以来，进口量大幅度回落。2001 年进口大豆 620 万吨，此后逐年回落，2016 年荷兰进口大豆 440 万吨（图 13.14）。

食用油和油料作物：油料作物和食用油也是荷兰进口的重要农产品，2016 年进口棕榈油 230 万吨，菜籽油 67 万吨，葵花籽油 40 万吨，油菜籽 96 万吨，葵花籽 54 万吨。

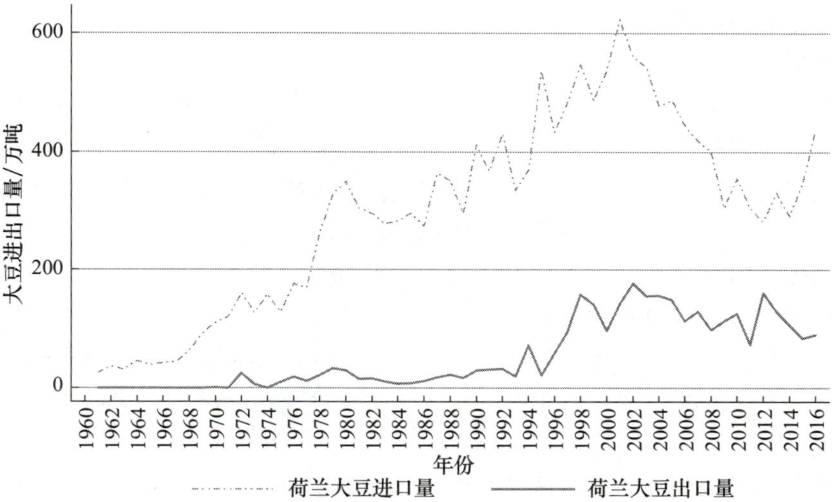

图 13.14　荷兰大豆进出口量变化趋势（1961—2016 年）

13.3　荷兰农业的特点

荷兰国土狭小，资源贫乏，是典型的人多地少国家。但是荷兰经济发达，是在世界上占有重要地位的农业强国，在世界农产品市场上占有十分重要的地位。归纳起来，荷兰农业有多项的“世界第一”。其中最为突出的如下所述。

第一，坚持自由贸易，发挥比较优势，推行“大进大出”战略。

荷兰进口土地密集型产品，除了面包用小麦等有限的几种外，不是为了直接消费，而是为了确保畜牧业和加工业的需要。各种原料农产品在荷兰经过多次加工（畜禽饲养可以看作对种植业产品的第一次加工）之后，附加值大幅度增加，为荷兰带来了大量财富。可以说，企业的目标非常明确：“大进”，就是为了更好地“大出”。

荷兰国土面积狭小，几百年来一直以“贸易立国”而闻名于世。荷兰农业的外贸依存度一直比较高，以“大进大出”为特色。荷兰农业是名副其实的“创汇农业”。随便问一个荷兰的农场主，他都明白自己的产品将出口到哪个国家。因此他一开始就能够按照国外客户的要求进行生产。

发挥比较优势、进行资源交换，是荷兰克服本国自然资源贫乏、实现农业高效化的主要途径。荷兰发挥比较优势，集中体现在两方面：一是大进大出，二是加工增值。进口原料农产品的实质是利用国外资源，目的是从中获取尽可能大的利益。荷兰农产品的大进，是为了充分利用自己的优势，即先进的加工技术和饲养技术，将原来低价值的原料或产品进行转化和加工，大幅度增值之后再行出口。荷兰大幅度削减了自己缺乏优势的大田作物，从土地较多、劳动力成本较低的国家获得农产品和原料，大大提高了本国土地的生产率，加强了技术密集和资金密集产品的市场竞争力。

农产品出口率世界第一。荷兰农业的出口率高表现在，一是人均创汇率高，遥遥领先于世界各国，二是单位面积土地的创汇率高。另外，荷兰土地生产率名列世界第一。劳动生产率稍逊于美国，但是土地生产率大大高于世界各国。

第二，促进农业科技的发展和知识创新。

荷兰农业的发展和效益的提高，得益于科技的进步和普及。这已经成为全民的共识。荷兰的农业科研力量非常精干，高度集中，经费充足，设备先进。他们的许多研究所在世界上享有很高的声誉，目标是达到世界一流。在申请国际研究课题中，荷兰的科研机构具有很强的竞争力。瓦赫宁根大学的农业学科齐全，在欧洲出类拔萃。荷兰农业经济研究所的研究力量非常强，并且能直接参与国家决策。荷兰农业科技人员在国际学术活动中十分活跃。无论是在重大的国际学术会议上，还是在重要的学术期刊上，都可以频频看到荷兰学者的名字。这有利于他们及时地获取最新的信息，实现知识创新。

荷兰的农业科技水平处于世界的前列，特别是在育种和温室技术方面取得了世人瞩目的成就。通过采用资金密集、知识密集的生产方式，高投入，高产出，实现高效益，是荷兰农业的重要特点。具体说来，可以归结为以下几点：

(1) 采用节约土地的技术，着重提高单产。采用适合资源结构的农业技术是实现农业高效化的必要条件之一。荷兰的国情决定着农业技术发展的重点，必须有利于节约土地，开发“增加土地的技术”，提高单产。最重要的方面有：①提高肥沃农田的单产水平。荷兰许多农作物的单产高居于世界的前列，大大高出世界的平均水平。其农业的附加值高居于欧盟成员国之首。②最经济地利用不适宜耕作的土地，例如在西部地区建造大片的玻璃温室，用于种植花卉和蔬菜；东南地区的海尔德兰省和马斯河以南，在原先比较贫瘠的沙地集中发展养禽农场。荷兰的养猪业和养禽业迅速发展的原因，不仅是可以不受欧盟配额的限制，而且也因为能够密集饲养，不占用或少占用农田。③重视提高畜牧业的单产。这有利于节省饲养棚舍的空间，节省劳动力和经营费用。荷兰的黑白花奶牛举世闻名，但是育种工作者并不满足，在美国、法国等地建立了信息中心，花费大量资金搜集这些国家及其邻国奶牛的资料，努力把世界上最好的遗传因子集中起来，提高饲料转化率，使本国奶牛性能始终保持在世界领先的地位。

(2) 发展工厂化、专业化生产，提高生产率。在荷兰，几乎找不到小而全的农场。荷兰农民强调通过分工和专业化提高生产率。例如畜牧业生产，奶牛和肉牛、肉猪和母猪、蛋鸡和肉鸡，往往是不同的农场分别饲养的。温室花卉也是如此。一般花农只种一种花，他们懂得什么季节主要种哪一种颜色的花最畅销。他们不但是这种花的技术专家，也是经营管理的行家。荷兰的农业科研也是一样，分工非常细。在花卉行业，规模一两公顷的温室花农通常也只生产 2～3 个品种，他们是特定产品的行家，不仅熟悉这些品种的各种特性，而且懂得消费者的心理和市场趋势。蘑菇生产也实行工厂化、机械化管理，生产蘑菇的原料配制也由专业公司完成。

(3) 积极采用资金密集技术和高新技术。随着劳动力价格的上升，荷兰农业的资金密集度也不断提高，占主导地位的是典型的“资金替代土地”的技术。为了使有限的土地产生最大的收入，荷兰的温室的面积及温室技术都在迅速发展。温室既节省土地，又可摆脱自然条件的许多限制。荷兰的温室都具有现代化的设备，许多工作都由电脑自动控制，可以通过计算机和机械系统控制不同种类花卉、蔬菜的最适温度、湿度、光照长度、水分、养分等等，优良的人工环境完全摆脱了不良天气的影响。虽然温室花卉、蔬菜的生产成本提高了，但是加速了生产周期，仍然能够盈利。荷兰的奶牛场中，一部分已经开始用机器人挤奶，设备是荷兰自己设计制造的，在世界上居领先水平。利用机器人挤奶，不受劳动法有关工作时间的限制，每天可以均衡地挤奶。在其他条件不变的情况下，奶牛的单产至少可提高 15%以上。机器人准确地记录着每一头奶牛的全部信息，根据每日的产量画成月度和年度的产量曲线，然后比较牛的生产性能。总之，荷兰农民总是力求运用世界上最先进的技术，不断提高自己的生产率。

第三，实现专业化和合作组织的有机结合。

与日本和许多欧盟国家不同，荷兰大部分是专业农场，“多种经营”的农场和兼业农场的比例很小，并且在继续减少。但是，单个农民的经营规模再大，在市场面前仍然是渺小的。合作社以大型供货单位的面貌出现的市场上，增强了农民在市场（出口商、零售商、加工厂等等）面前的力量，可以获得较好的价格，并且减少风险。在荷兰，许多农产品，以及购销肥料、农药等等，都有专业合作社。合作社总的趋势是合并、扩大，以增强市场的竞争力。

作为一个发达的市场经济国家，配置资源的主导因素当然是市场。但是在荷兰，农民及其合作组织、政府、国内市场和国际市场之间，都有各种经济组织和行业组织或协会把他们有效地联结了起来，紧密而和谐，有利于及时沟通信息。荷兰人民通过谈判达成互相妥协、实现和解的所谓“圩田模式”也常常为人所称道。解决棘手的问题需要一个较长时间的讨论、协商的过程，但是一旦达成共识，就很容易执行，也大大减少了失误的可能性。

第四，保护自然和环境，实现农业的可持续发展。

二十世纪的一大半时间里，荷兰农业的特点是高度集约化，大量施用肥料和农药。但是在二十世纪的下半叶，人们对自然、环境、食物安全表现出空前的关注。随着欧洲农业政策的变化，环境政策对荷兰农业的影响日益凸显了出来。

与此同时，国家投资的“围海造田”也被终止。在 1970 年以前已经形成的大片“圩田”，基础设施良好，土地平整，国家通过竞标选拔合格的中青年农场主，让他们来经营这些圩田。其他湿地不再开垦，供水生动物栖息、繁衍，保持自然原貌，供人们休闲、娱乐，使人和自然和谐共处。

复习思考题

1. 荷兰农业生产的特点是什么？
2. 荷兰为什么成为世界上第二大农产品出口国？
3. 荷兰农业“大进大出”战略与农业资源有什么关系？

第14章 俄罗斯农业经济

俄罗斯是世界上面积最大的国家，国土面积为1 700万千米^2。俄罗斯横跨欧亚大陆，东西长9 000千米，南北最长4 000千米。最西端延伸到波罗的海沿岸的加里宁格勒，最东端到白令海峡的得兹涅夫角。俄罗斯与14个国家接壤，分别是挪威、芬兰、爱沙尼亚、拉脱维亚、立陶宛、波兰、白俄罗斯、乌克兰、格鲁吉亚、阿塞拜疆、哈萨克斯坦、中国、蒙古和朝鲜。东西横跨170个经度，11个时区，几乎是绕地球半圈。

俄罗斯大部分地区为温带大陆性气候。四季气候变化大，每年5—8月阳光充足、温暖。12月到翌年4月天气寒冷、雪量充足。各地气候差异明显，东欧平原气候较温和，西伯利亚地区冬季非常寒冷，北冰洋沿海为极地苔原气候。

目前年俄罗斯人口为1.46亿人。人口密度每平方千米只有8.5人。大部分人口聚积在俄罗斯的欧洲部分、乌拉尔山脉地区以及西伯利亚的东南部。全俄罗斯大约有194个民族，78%为俄罗斯人。一个多世纪以前，俄罗斯的人口是美国的2倍，现在只有美国的1/2。大约73%的俄罗斯人生活在城市。

俄罗斯自然资源十分丰富，种类多，矿产储量大，森林和水力资源丰富。俄罗斯是世界上最重要的矿产生产国之一，矿产资源在国土上分布广泛。矿产资源包括煤、石油、天然气、铁、锰、铜、铅、锌等。特别是，俄罗斯天然气产量世界第一。

2016年俄罗斯的GDP总量为1.3万亿美元，人均GDP为9 000美元，是上中等收入国家，预期寿命为72岁。俄罗斯是世界重要的新兴经济体之一，也是金砖国家成员国。

14.1 俄罗斯农业生产

俄罗斯土地辽阔，2016年农业用地面积近2.18亿公顷，其中耕地面积约为1.2亿公顷，人均耕地面积为0.86公顷。2015年农业占GDP的比重约为5%，农业就业的比重为8%。俄罗斯农场的平均规模不到20公顷，约为美国的1/10。总体上看，俄罗斯农业生产率水平低于整个经济的平均水平。

14.1.1 俄罗斯农业的发展历程

十月革命前的俄国是一个落后的农业国，农业人口占全国总人口的80%。农业产值占工农业总值的1/2以上。十月革命后，苏联在二十世纪三十年代完成了农业集体化，建立了以国营农场和集体农场为主体的农业体系。农场的总数为2.5万多个，这些农场为国家提供了90%以上的谷物和70%左右的畜产品。

国营农场是由国家投资兴建的社会主义全民所有制的农业企业，土地和其他生产资料归国家所有，农场职工获得工资。投入由国家统一供给，产品由国家包销，农业生产按国家下达的计划确定。

集体农场是十月革命后，苏联农民自愿组成的集体经济组织。主要生产资料和劳动产品归全体农场成员所有。土地国家所有，由农场永久使用。集体农场实行按劳分配，并允许成员经营规定的宅旁园地和家庭副业。

在从计划经济转向市场经济的过程中，俄罗斯农业遭受了重创。苏联解体后，俄罗斯大约继承了 25 000 个农场，每个农场平均 400 人左右。1991 年俄罗斯政府公布了“土地改革法”，建立了 4.9 万个家庭农场。但它们所得的土地大多是农场废弃的或边远的土地。作为苏联农业支柱的国营农场和集体农场不得不面对营销和供给渠道的终止和重组。由于俄罗斯农民数十年来已经习惯于农场的生产和生活方式，特别是缺乏独立经营的经验和技能，很多农民不愿冒风险离开原来的集体。1989—1999 年 10 年的时间里，农业总产出下降了 50%，畜产品产量下降了 1/2，粮食作物减产了 25%，化肥和其他投入下降，农户无力购买农机具。

1998 年以后，俄罗斯农业开始缓慢恢复。政府开始增加对农业的财政投入，农场结构发生了变化，家庭农场数量迅速增长，家庭农场的产出增长迅速。为了推进市场经济和农业发展，2002 年，俄罗斯颁布法律，允许俄罗斯国民买卖土地，为家庭农场的进一步发展扫清了法律障碍，家庭农场进一步发展壮大。目前，国营农场、集体农场和家庭农场共同构成俄罗斯农业的经营主体。

14.2.2 农业生产结构

整体上，俄罗斯种植业在农业中占有优势地位，主要包括粮食作物和经济作物。粮食作物主要是小麦、大麦、玉米、燕麦，有少量大豆、大米。经济作物主要是向日葵和甜菜。蔬菜以马铃薯、卷心菜、番茄、新鲜绿叶蔬菜、洋葱、黄瓜及小黄瓜、萝卜为主。

1. 粮食生产

小麦：在种植业中，小麦占主导地位。2016 年小麦收获面积为 2 700 万公顷，产量高达 7 300 万吨（图 14.1）。俄罗斯是世界第三大小麦生产国，小麦产量低于中国、印度，高于美国、法国。在小麦播种面积中，春小麦占 2/3，但单产较低。冬小麦单产比春小麦高得多，冬小麦占播种面积的 1/3，但却占到产量的 1/2。30%的小麦是用作饲料的，自 2001 年以来，由于产量提高，小麦出口量大幅增加。

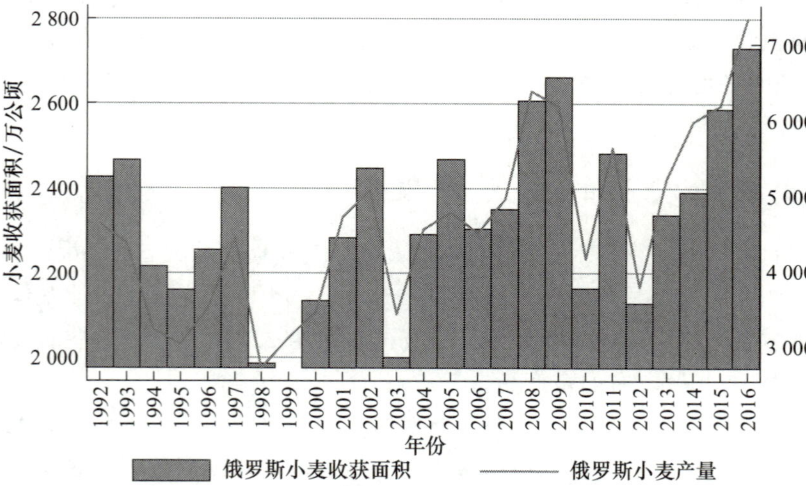

图 14.1 俄罗斯小麦收获面积和产量变化趋势（1992—2016 年）

大麦： 俄罗斯是世界最大的大麦生产国。大麦是俄罗斯第二重要的粮食作物，2016 年产量为 1 800 万吨，播种面积为 800 万公顷（图 14.2）。大麦主要是用作饲料和酿酒。酿酒需要量大约为 120 万吨。

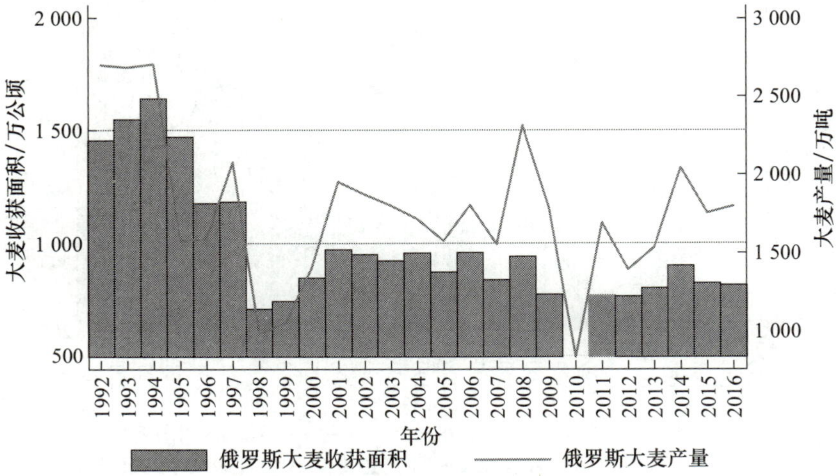

图 14.2　俄罗斯大麦收获面积和产量变化趋势（1992—2016 年）

玉米： 自 21 世纪以来，俄罗斯玉米产量增长迅速（图 14.3）。2001 年，俄罗斯的玉米产量不足 100 万吨，此后逐年增长，2008 年达到 670 万吨，2016 年产量高达 1 500 万吨。俄罗斯玉米产量的 80%作为饲料，饲料用玉米的播种面积大约为 220 万公顷，食用玉米大体上在 60 万～80 万公顷。

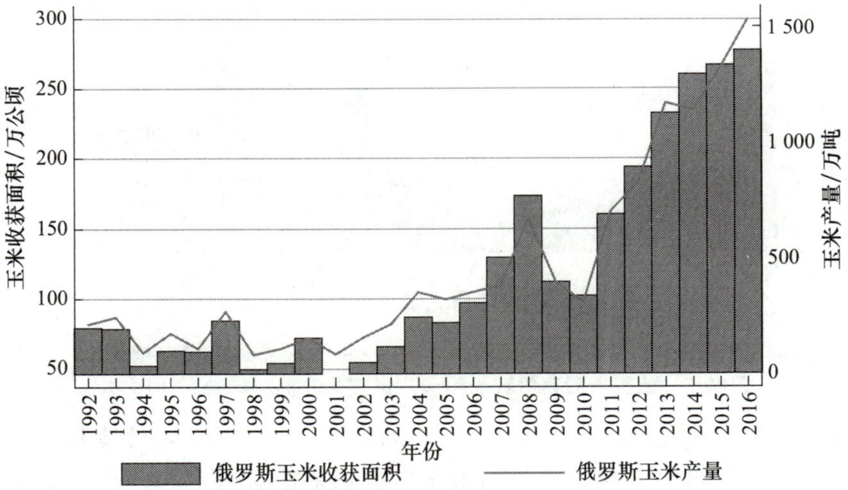

图 14.3　俄罗斯玉米收获面积和产量变化趋势（1992—2016 年）

其他粮食作物： 俄罗斯还种植燕麦、黑麦等作物。2016 年燕麦产量为 480 万吨，黑麦产量为 250 万吨。俄罗斯远东地区还种植少量水稻，种植面积不大，2016 年收获面积为 20 万公顷，产量约为 110 万吨。

2. 经济作物

俄罗斯主要经济作物有向日葵和甜菜。葵花籽是俄罗斯主要的油料作物，油料作物还有亚麻籽、棉籽、大豆、油菜籽、大麻籽，但产量都不多。

葵花籽： 葵花籽是俄罗斯最主要的油料作物，其播种面积约占全部油料作物播种面积的3/4，产量约占80%。2016年，葵花籽产量为1 100万吨（图14.4）。

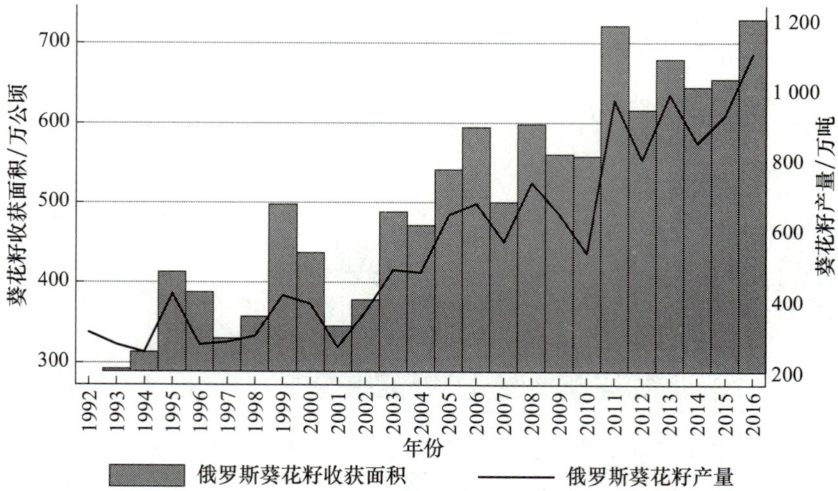

图14.4 俄罗斯葵花籽收获面积和产量变化趋势（1992—2016年）

甜菜： 俄罗斯是世界最大的甜菜生产国，俄罗斯纬度高、气候寒冷，适合甜菜生长。2016年，甜菜产量高达5 000万吨（图14.5）。

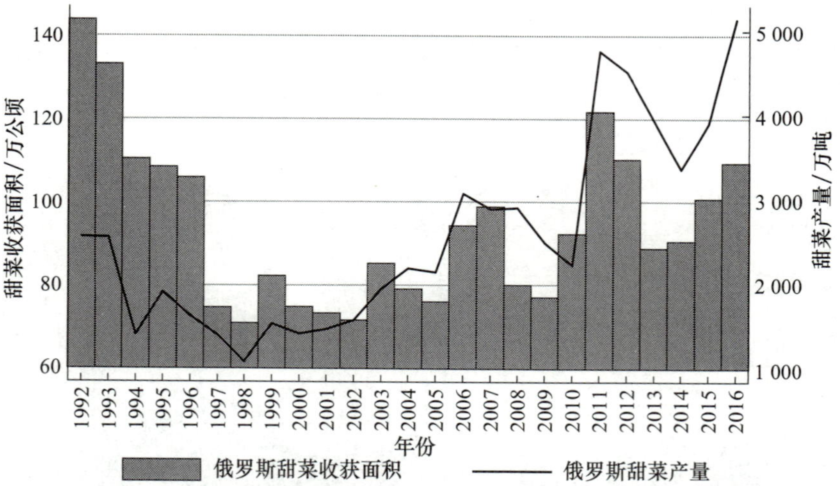

图14.5 俄罗斯甜菜收获面积和产量变化趋势（1992—2016年）

蔬菜和水果： 马铃薯是俄罗斯居民的基本食品之一。2016年，马铃薯产量为3 100万吨。番茄产量为300万吨。苹果是俄罗斯最重要的水果，2016年，产量为180万吨。为了提高水果产量，俄罗斯建立了大型果园。目前，鼓励农村居民发展果园合作社，农庄农场协助合作社建立基础设施，并提供农业技术与各方面服务。

3. 畜牧业

俄罗斯的畜牧业包括的主要部门有：养牛业、养猪业、养羊业、养禽业。此外，还包括小规模的各个部门，如养马业、养蚕业等。当前畜牧业产值占农业总产值的65%。随着人民生活水平的提高和饮食结构的变化，畜牧业的意义会越来越大。

近年来，随着俄罗斯经济增长缓慢、投资危机、通货膨胀等一系列问题致使畜牧业大大停滞不前。畜产品产量大幅度下降，许多大型饲养场被迫关闭。目前，国内肉类生产正在逐步稳定之中，但是产量仍然有限。俄罗斯已经成为牛肉、猪肉和鸡肉净进口国。目前，养牛数量仍在减少。由于价格较高，猪和鸡的产量处在不断增长之中。

养牛业：养牛业是俄罗斯畜牧业中规模最大的部门，俄罗斯的牛奶基本可以自给。2016年，牛奶产量为 3 000 万吨，牛肉产量为 160 万吨（图 14.6）。目前这个部门提供 98%的奶和 40%以上的肉。全俄饲养的牛，80%是由农庄农场、跨单位组织或其他农业生产企业饲养的，另外 20%由个人副业饲养。

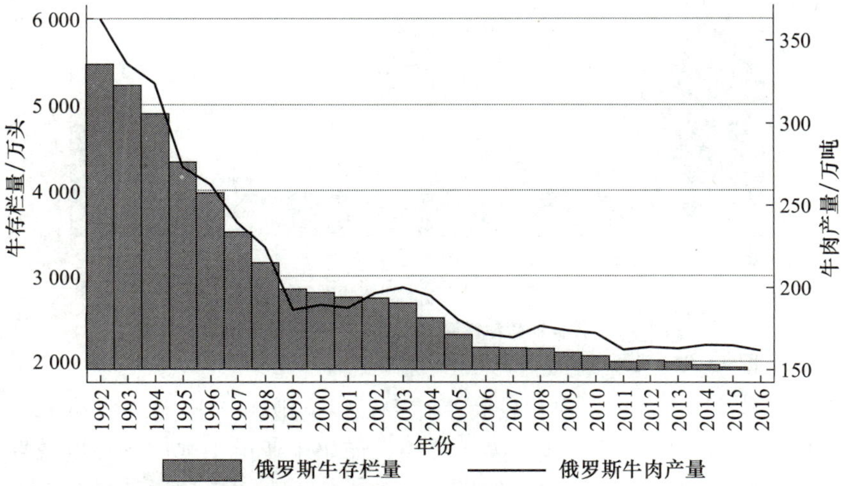

图 14.6　俄罗斯牛存栏量和牛肉产量变化趋势（1992—2016 年）

养禽业：养禽业是俄罗斯第二大畜牧业部门。2016 年，鸡肉产量为 400 万吨，鸡蛋产量为 240 万吨（图 14.7）。养禽业提供高营养价值的肉、蛋。目前，俄罗斯养禽业产品的主要供应者是集体农庄和国营农场，提供的产品大大超过了副业。这改变了二十世纪六十年代以前主要靠个人副业提供禽产品的状况。这是俄罗斯大力发展机械化养禽场，实现了养禽工序的综合机械化的结果。

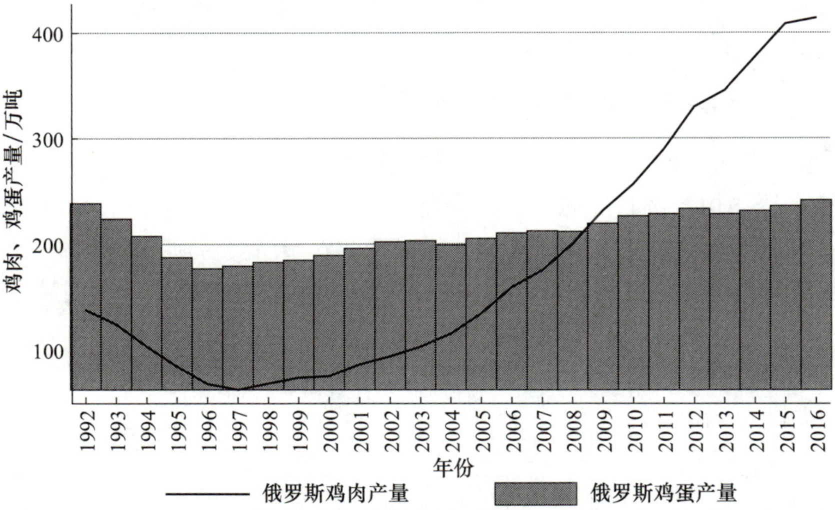

图 14.7　俄罗斯鸡肉鸡蛋产量变化趋势（1992—2016 年）

养猪业：养猪业是俄罗斯第三大畜牧业部门（图 14.8）。2016 年，猪肉产量为 340 万吨。近些年来，养猪业进行了技术改造，逐渐建立了许多工业型大猪场。内部分为专业化繁育、肥育企业等具有完整工艺的大型企业，此外，还有专门从事良种畜培育和繁育的猪场，负责提供优良种猪。

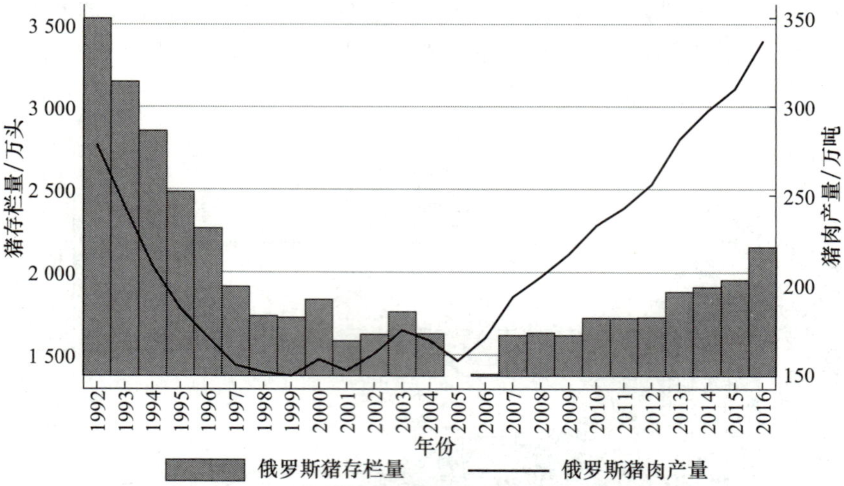

图 14.8 俄罗斯猪存栏量和猪肉产量变化趋势（1992—2016 年）

畜牧业部门结构近 20 多年来变化较大。其中，养禽业由于技术改造和工厂化饲养方法的采用，发展速度最快。肉用养牛业发展也较快，而奶牛业由于工厂化程度低发展较慢。在养猪业中，肉用和腌肉用方向得到较大发展，这方面的产品，居民需求量很大。

14.2 俄罗斯农产品贸易

在苏联时期，为保证国家粮食安全和大力发展畜牧业，一直大量进口谷物，特别是饲料用粮，使苏联成为世界上最大的粮食进口国家。俄罗斯经济转轨后，由于农业持续减产，食品极度短缺，加之国家财政困难，进口原料性农产品的外汇骤减。采取贸易自由化政策等，则为私人公司大量进口各种外国农产品提供了良机。进口食品充斥着全俄各地，在一些大城市，销售的进口食品量已占食品销售总量的 70%～80%。

14.2.1 农产品进出口总体情况

进入 21 世纪以来，俄罗斯农产品进口迅速增加。2014 年俄罗斯农产品进口高达 412 亿美元。近年来，受国内经济状况恶化和卢布贬值的影响，农产品进口大幅度下降，2016 年农产品进口 234 亿美元，农产品出口为 139 亿美元，农产品贸易逆差为 95 亿美元（表 14.1，图 14.9）。俄罗斯是世界主要的农产品进口国之一，特别是畜产品供给不能满足国内需求。

表 14.1 近年来俄罗斯农产品进出口情况（2012—2016 年） 亿美元

项目	年份				
	2012	2013	2014	2015	2016
出口	142	134	160	133	139
进口	382	403	371	249	234

数据来源：FAO 数据库。

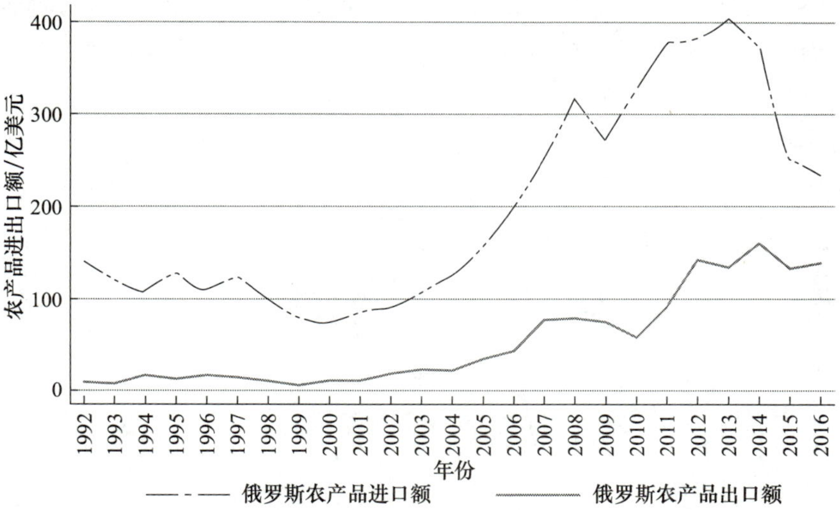

图 14.9　俄罗斯农产品进出口额变化趋势（1992—2016 年）

14.2.2　主要农产品的进出口

1. 主要农产品出口情况

俄罗斯在种植业具有比较优势，粮食和油料作物不仅能够满足国内需求，而且大量出口，小麦、大麦、葵花籽油是主要出口产品。土耳其、哈萨克斯坦、埃及、白俄罗斯、中国是俄罗斯农产品出口的五个主要目的国。

小麦：俄罗斯是世界重要的小麦出口国，小麦是俄罗斯最重要的出口农产品，近年来，随着国内小麦产量增长呈不断增长的趋势（图 14.10）。2016 年，出口小麦 2 500 万吨，出口价值 42 亿美元。

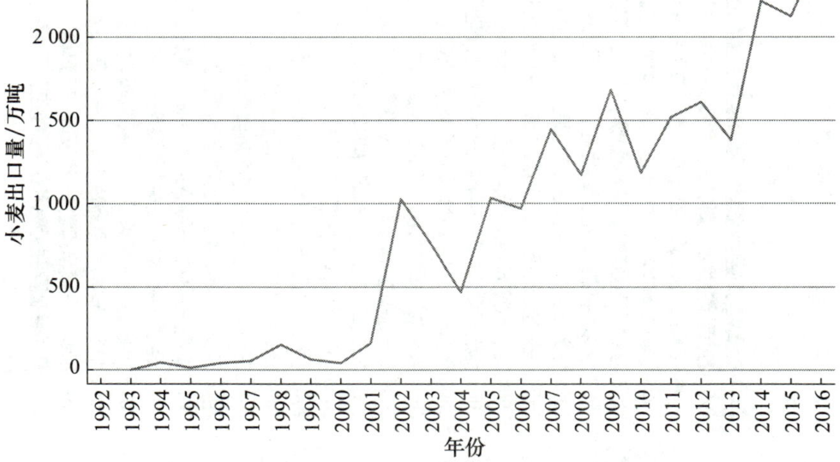

图 14.10　俄罗斯小麦出口变化趋势（1992—2016 年）

葵花籽和葵花籽油：俄罗斯是仅次于乌克兰的世界第二大葵花籽油出口国，2016 年俄罗斯出口葵花籽油 180 万吨（图 14.11），价值 14 亿美元。葵花籽油是俄罗斯仅次于小麦的第二大出口农产品。

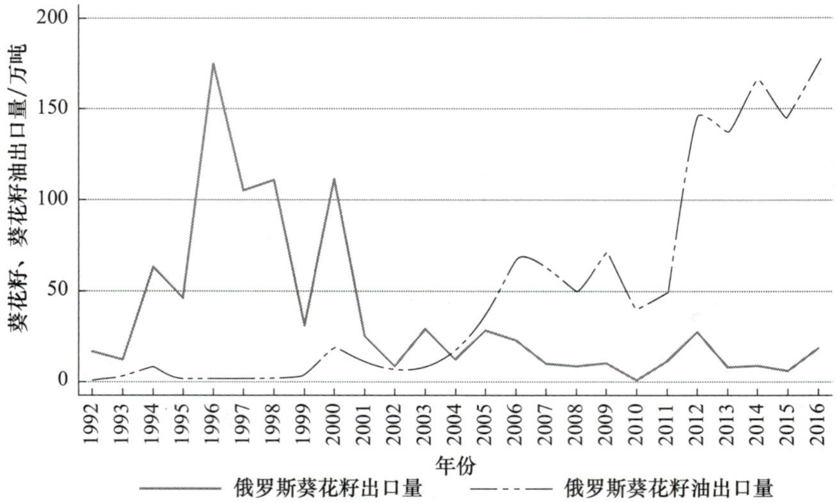

图 14.11 俄罗斯葵花籽和葵花籽油出口量变化趋势（1961—2016 年）

玉米：玉米是俄罗斯重要的出口农产品，其重要性仅次于小麦和葵花籽油。2016 年，俄罗斯出口玉米 530 万吨，出口价值 8.6 亿美元。

大麦：俄罗斯是世界第五大大麦出口国，出口量排在法国、澳大利亚、阿根廷、德国之后。2016 年出口大麦 290 万吨，出口价值 4 亿多美元。

2. 主要农产品进口情况

俄罗斯农产品进口以畜产品和水果蔬菜为主。2016 年，俄罗斯进口牛肉 25 万吨，牛肉是俄罗斯进口价值最大的农产品（图 14.12）。俄罗斯进口猪肉 20 万吨，进口鸡肉 20 万吨（图 14.13），进口奶酪 22 万吨。

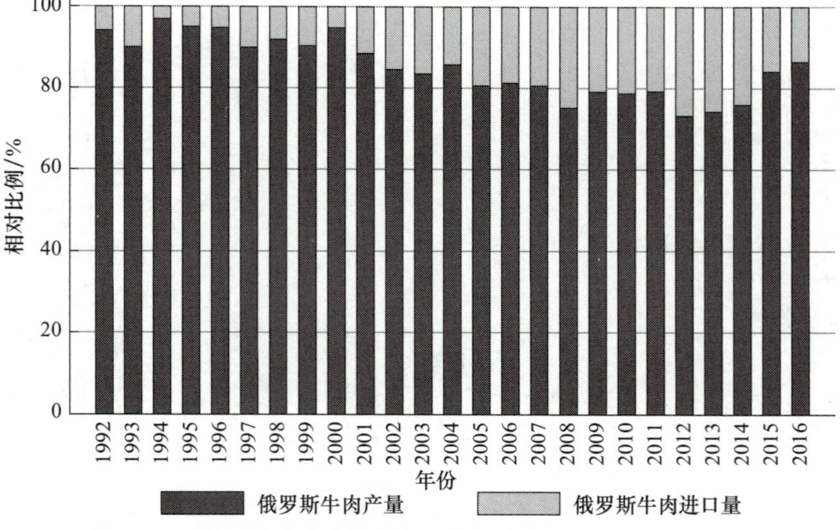

图 14.12 俄罗斯牛肉产量和进口量相对比例（1992—2016 年）

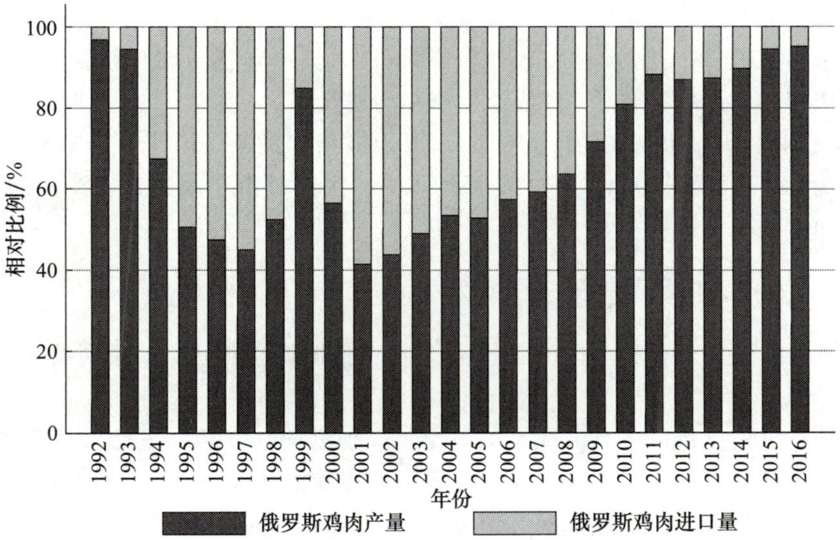

图 14.13　俄罗斯鸡肉产量和鸡肉进口量相对比例（1992—2016 年）

2016 年，俄罗斯进口大豆 230 万吨，进口棕榈油 89 万吨，进口原糖 26 万吨。酒类产品是俄罗斯进口的大项，2016 年，进口葡萄酒 53 万吨。水果蔬菜也是俄罗斯进口的重要农产品，2016 年，进口番茄 46 万吨，进口马铃薯 29 万吨，进口香蕉 136 万吨，进口苹果 68 万吨，进口葡萄 19 万吨。

白俄罗斯、巴西、中国、厄瓜多尔、德国是俄罗斯农产品进口的主要来源国。2016 年俄罗斯从白俄罗斯进口农产品约 30 亿美元。

14.3　俄罗斯的农业政策

随着经济实力逐步加强，俄罗斯政府正式将农业列为未来经济发展重点领域之一，并且制定出一系列农业法规，明确农业发展方向，加大农业支持力度。俄罗斯农业政策变化对该国农业的发展具有重大推动作用。

14.3.1　俄罗斯近期农业政策概述

俄罗斯《联邦农业发展法》于 2007 年颁布生效。新农业法规定了农业发展的定义，规定了包括个人和法人团体在内的农产品生产者与其他个人、法人团体和政府部门之间的关系，阐述了政府农业政策的总体目标、原则、方向和措施，为在农业发展领域实施社会经济政策确立了法律基础。新农业法还规定，政府必须每 5 年制定一个农业发展和市场调节规划，确定具体的配套措施和预算。

2005 年，俄罗斯政府确定了教育、健康、住房、农业为国民经济优先发展的领域，政府农业政策的主要目标是发展畜牧业部门。由于俄罗斯经济逐渐恢复，对农产品的需求不断增长，畜产品的供需缺口非常大，俄罗斯政府对农业的直接补贴不断增加。

俄罗斯政府于 2007 年颁布了《2008—2012 年农业发展、农产品市场调节、农村发展规划》。该规划提出的目标：一是可持续性农村发展，其中包括扩大农村就业和提高农村生活水平；二是改进俄罗斯农业生产的竞争能力，其中包括加大财政支持、实现现代化和加快重点领域发展以替代进口；三是保护和恢复自然资源，其中包括土壤保护。2007—2012 年期间，农业生产年均增长率为 4%，畜牧业生产年均增长率为 5%。

2012 年 8 月 22 日，俄罗斯加入 WTO，成为该组织的第 156 个成员。2015—2017 年，PSE 指标约为 13%，低于 OECD 国家的平均水平。主要是由于对进口农产品的关税保护和预算支出增加所致。

14.3.2 农业相关支持政策

为了促进农业发展和保护本国的农业生产者，俄罗斯也推行了一系列的农业支持政策，例如：

关税保护：价格支持的主要形式是关税保护。加入 WTO 后，虽然有关税消减的义务，但有十年的过渡期。在加入 WTO 之前，俄罗斯大幅度提高了农产品的进口关税，农产品的平均关税从 2000 年的 10%提高到 2008 年的 18%。

产出补贴：补贴主要流向畜牧业部门，如肉、蛋、奶产品，目的是增加产量，阻止家畜数量的下降。种植业得不到任何补贴，甚至为负。产出补贴的 80%用于对牛奶的补贴。

政府购买：从 2001 年开始，政府对粮食进行干预性购买，2005 年购买了 166 万吨粮食，占粮食市场总量的 3%。2009 年，政府购入 1 100 万吨粮食，由于 2010 年发生旱灾，2011 年从政府储备中向市场投放。

投入补贴：最重要的是利率优惠和对化肥、种子等的补贴。

信贷优惠：为了鼓励农户购买机械，政府对农户给予利息补贴，并对债务进行重新安排。2010 年，市场利率为 13%，而补贴的利率仅为 4.3%。

14.4 俄罗斯农业的特点

俄罗斯农业的发展，大致可以总结为以下特点：

第一，农业发展的总体水平低于工业的发展水平。

在 1950—1980 年期间，农业产量总体上是增加的。农业就业在总劳动力中的比重为 16%，而美国约为 2%。自苏联解体以来，随着非农业部门的增长，农业的比重不断下降。俄罗斯是一个大的农产品进口国，农产品进口占全部商品进口的 17%。

第二，农业生产方式粗放，土地生产率较低。

俄罗斯地广人稀，土地资源开发潜力很大，长期以来主要依靠扩大耕地面积来增加产量，经营相当粗放。生产率水平低，美国农场工人的人均产量是俄罗斯农民的 8 倍。

第三，农业投入减少，农业发展面临严重困难。

二十世纪九十年代激进的农业改革使 70%以上的农用地无偿转换了所有权，其中 40%交给退休者和农村非生产性人员，土地利用率下降。国家由于财政困难，大幅度地缩减了农业基本建设的投资。

第四，土地资源开发潜力很大。

俄罗斯地广人稀，尤其是东部的西伯利亚地区，土地资源开发的潜力很大。

第五，农业的机械化程度高。

俄罗斯农业的机械化程度也很高，而且发展得比西方还早。二十世纪三十年代中期，美国和欧洲一些发达国家还到当时的苏联参观。农业机械化程度高的特征延续至今。

复习思考题

1. 在经济转轨的过程中，俄罗斯农业发生了什么变化？
2. 俄罗斯农业生产和农产品贸易有什么特点？
3. 俄罗斯农业面临的机遇和挑战是什么？

第15章　世界农业与贫困及非洲农业经济

即使早已实现工业化的国家，其农业发展也是不容忽视的，农业增长仍是总体经济增长的重要组成。何况，二十一世纪还有大量人口面临饥饿的问题。粮食总量不足，或者个体无力购买足够的粮食，都会产生饥饿甚至饥荒。也因为如此，摄取热量低于某一水平被当作一个通行的贫困线指标①。所以，农业发展，尤其是粮食生产与贫困的关系是非常密切的。

15.1　千年发展目标

2000年9月，由联合国全体成员一致通过了一项消除贫困的行动纲领，其计划在2015年之间将贫困水平降低一半，称之为“联合国千年发展目标”（Millennium Development Goals，MDGs）。该计划包括的内容有：

消除极端贫困与饥饿： 目标之一是将每天收入不足1美元的人口比例降低一半；目标之二是将遭受饥饿的人口比例降低一半。

普及初等教育： 目标之三是到2015年，确保全部男女儿童都能完成初等教育的全部课程。

促进性别平等并赋予妇女权利： 目标之四是最好在2005年前消除初等和中等教育中的性别不平等，在2015年前消除各级教育中的性别不平等。

降低儿童死亡率： 目标之五是将5岁以下儿童的死亡率降低2/3。

改善孕产妇健康： 目标之六是将孕产妇死亡率降低3/4。

与HIV/AIDS、疟疾以及其他疾病做斗争： 目标之七是到2015年时，阻止或逆转HIV/AIDS的传播趋势；目标之八是阻止或逆转疟疾和其他主要疾病的发生。

保证环境的可持续发展： 目标之九是把可持续发展的原则与国家政策和规划相结合，制止自然环境资源的消失趋势；目标之十是到2015年时，将不能得到安全饮用水和基本卫生设施的人口比例降低一半；目标之十一是到2020年，显著改善大约1亿贫民窟人口的生活状况。

2015年7月，联合国发布《千年发展目标2015年报告》对发展议题的成就进行了总结②。报告中指出，生活在贫困线以下的人口已经由2000年的19亿降到8.3亿。

但是也需要知道，根据联合国粮农组织的报告，2016年世界存在营养不良的人口数量为8.15亿，比2015年上升3 800万人。这些粮食不安全的人口集中在亚洲和非洲，亚洲食品不足的人口数量虽然最多，但已经出现了明显的下降趋势。

---

① 我国将每人每天摄入热量2 100大卡作为贫困线的基准；印度则定义标准为农村地区每人每天2 435大卡，城市地区2 095大卡。

② 根据2015年中国与联合国驻华机构于2015年7月共同发布的《中国实施千年发展目标报告》，中国提前完成了多个千年发展目标。

15.2 农业发展与减少贫困

农业对于贫困人口至关重要，农业不仅是贫困人口生计的主要源泉，也是其主要的消费支出构成。此外，由于人口分布与耕地分布的不平衡，农产品贸易也影响一国的贫困状况和粮食安全①。

贫困是动态的，大量的家庭随着时间不同在贫困与非贫困之间摆动。贫困意味着物质高度匮乏，面对风险十分脆弱，无能为力。理解贫困、经济增长、收入分配和贸易之间的关系是讨论发展问题的永恒主题。

15.2.1 减少贫困的经验

尤其是发展中国家，一直在与贫困进行斗争，不缺乏减少贫困的经验和教训。其中，中国的减贫工作获得的成就是举世瞩目的，为世界减贫贡献很大。总体来说，全球在减少贫困方面的经验包括：

（1）没有经济增长就不能减少贫困，但经济增长的方式对收入的不平等状况会产生影响；

（2）严重的收入不平等对减少贫困和经济增长是不利的；

（3）政府的公共投资，如提高营养、健康和教育水平等措施，可以通过提高消费和提高收入的方式使穷人受益；

（4）资本密集型技术、进口替代战略、以价格诱导而偏向城市的经济增长和公共支出政策不利于减少贫困；

（5）以劳动密集型技术方式实现的农业增长有利于减少贫困。

15.2.2 农业、农村发展与减少贫困

无论从世界哪个国家的经验来看，农业和农村发展对削减贫困都是至关重要的，原因在于：

1. 贫困是农村现象

在发展中国家，贫困人口主要集中在农村地区，尤其是那些存在严重粮食安全问题的国家。全世界大约有70%的贫困人口生活在农村地区。虽然人口流动的趋势增加了城市地区的贫困，但是至少在几十年内大多数的贫困人口仍将居住在农村地区。一般而言，越偏远的地方，贫困发生率就越高。而且，城市贫困现象在很大程度上也是因为农村地区的物质匮乏，刺激了农村向城市地区的人口流动。没有农村地区的发展，减少贫困和营养不足水平是不可持续的。

2. 农业在经济中的重要性

农业在减少贫困和粮食安全方面起着关键作用。在贫困和营养不足人口比例最高的国家

---

① 粮食安全的相关概念包括：国内粮食供给，即国内生产、商业性进口和粮食援助的总和；粮食可获取量，即国内粮食供给减去非食物用途，如饲料和浪费；进口依存度，即粮食进口和粮食国内供给的比率；粮食不安全，即是指一个国家或收入群体的人均粮食消费低于国际标准的营养要求。

中，农业往往在其国民经济中占有较大的比重。

3. 农业和就业

对于农村贫困人口而言，绝大部分的收入来源都与农业直接和间接地相关。总体上，发展中国家的农业就业人口占就业人口总数的 45%。同样，营养不良人口比率越高的国家，其农业人口占就业总人口的比例就越高。营养不足水平超过 30%的国家中，农业人口占就业总人口的比例平均高达 70%。

农村贫困人口面临着各种各样的问题，有着各种各样的解决办法。不过，许多解决方法都是与农业部门的发展相联系的，贫困人口可以在投入品、服务和产品的生产、供应、仓储、运输、加工和零售等环节寻找工作。

4. 农业增长有利于穷人收入的增长

贫困人口大多以农业为生，在发展中国家，每 4 个贫困人口中就有 3 个生活在农村。联合国粮农组织进行的一项重大研究，考察了 11 个发展中国家农业的地位，得出的结论是：农业惠益穷人的作用在消除贫困和饥饿方面十分突出，比其他行业更为有效（FAO，2004）。

在各国的案例研究中，研究者分析农业增长减少贫困的程度（即贫困水平对农业增长的弹性）。在一些国家中，研究还分析了与其他产业相比农业对减少贫困的贡献。

粮农组织的一项研究比较了印度农业、工业和服务业增长对减少贫困的影响，研究发现，国家贫困水平与农业增长的弹性介于 1.2～1.9 之间，农业增长对减少贫困有着极大的正面影响，其影响通常要远远大于其他经济部门。值得注意的是，不仅最贫困国家和大多数农业国家如此，高收入国家也是如此。

15.3　世界粮食问题

15.3.1　目前的粮食安全状况

1. 营养不良状况的形势

根据联合国的数据，2015 年间的全世界的营养不良人口数量为 8.15 亿。从地区分布上看，占营养不良人口比重最大的是亚太地区，占了世界营养不良人口总数的 60%；其次是撒哈拉以南非洲，占 25%。

从营养不良人口占各地区人口总数的比例来看，比例最高的是撒哈拉以南非洲，FAO 估计该地区 33%的人处于营养不良状况，这远远高于亚太地区的 16%，拉丁美洲及加勒比地区的 10%，近东及北非的 10%。

在全球范围内，一些粮食安全指标的长期发展趋势还是向好的，发展中国家营养不良人口占总人口的比例在过去的几十年里呈现下降趋势。然而，考虑到人口的增长，营养不良人口绝对数量的下降慢于相对数量的下降。

在过去的几十年中，在解决营养不良问题上取得进展的国家主要集中在亚洲。亚洲地区在几十年中，营养不良人口的比重下降了 25 个百分点。在撒哈拉以南非洲，营养不良的人口不断增加，由于人口总数的不断增长，该地区营养不良人口的比重变化相当有限①。拉丁美洲及加勒比地区营养不良人口的相对数量和绝对数量都有显著的减少。

在中东及北非地区，同样，营养不良人口比重从长期看并未出现明显的下降。营养不良使得发展中国家的经济遭受了严重的损失，发展中国家每年有数百万儿童死于营养不良，每年在解决营养不良问题上所花费的医疗支出高达数百亿美元，由于营养不良而引起的生产力间接损失更是以千亿美元计。因此，减少饥饿不仅是千年发展目标中重要的一环，更是处于促使其他目标完成的核心地位。

2. 粮食危机

全世界有三十多个国家面临着严重的粮食短缺，虽然各国家造成粮食短缺状况的原因各不相同，但国内冲突及恶劣天气往往是决定性的原因。例如，在西非地区暴发的蝗灾，以及在南亚地区发生的海啸造成了当地严重的粮食安全问题。在许多上述国家中，HIV/AIDS的普遍存在是造成粮食短缺的另一大原因。

相比恶劣天气造成的粮食短缺，人为因素所造成的粮食短缺的比例正在逐步上升。实际上，战争和经济萧条被证实是粮食短缺的罪魁祸首，在很多情况下，自然灾害也是人类活动的产物。因此，粮食短缺的原因往往非常复杂，许多有稳定政府和稳定经济的国家，虽然受天灾的威胁，但因为有预防和缓冲政策和有效的修复渠道，对这些国家而言，自然灾害所带来的危害并不会存在很久。

另一方面，粮食价格上涨加重了世界贫困。2008 年 6 月，国际市场上食品的价格达到了 30 年来的最高点，威胁到了世界范围内的食品安全。在 2007 年和 2008 年，食品价格的上涨导致了陷入长期贫困的人口增加了约 1 亿人。导致粮食价格上涨的原因是多方面的，但高昂的油价和对生物燃料的需求是食品价格上涨的主要推手。昂贵的食品价格并不是发展中国家农民的机会，难以获得必要的投入、技术缺乏以及不适宜的制度和政策都阻碍了他们获得机会。

15.3.2 世界农产品贸易与粮食安全

科学技术的进步提供了实现粮食安全的强大手段，现代农业已经使世界大多数国家实现了粮食的基本安全。尽管人类文明在物质方面取得了巨大进步，遗憾的是，饥饿和营养不良并没有在世界上所有地方得到根除。一国要实现可持续的国内粮食供给，不能仅靠单个国家的力量。历史经验表明：保护主义以及与世界市场相隔绝从来就行不通，粮食自给自足并不等于粮食安全。在当今世界，完全的自给自足是不存在的，因为完整的农业生产链条是由众多的因素构成的。没有哪一个国家可以完全不受突发不利气候的影响，这些影响足可以造成国内农业生产的大幅度下降。

WTO 对促进高效率生产的贡献是显而易见的，但 WTO 对维护和平的直接贡献不大，

---

① 撒哈拉以南非洲（Sub-Saharan Africa），是指撒哈拉沙漠以南的非洲地区，又称亚撒哈拉地区、漠南非洲。撒哈拉沙漠间隔非洲大陆为两部分，北非和南部非洲，两者的气候和文化截然不同。沙漠南部边缘是半干旱的热带稀树草原，其南部分雨水充沛，植物繁茂。

本地区面积约 2 430 万千米^2。从公元前三千多年起，撒哈拉沙漠以其人烟稀疏与天候恶劣，一直成为北非及本地区间的天然障碍，唯有苏丹境内的一段尼罗河可以交通。农业用地占土地面积的比例为 45%。撒哈拉以南非洲是世界粮食安全问题最突出的地区。2016 年，该地区 40%的人口存在食物不足问题。该地区生活在农村的人口比重为 60%。

而和平对确保供给渠道的畅通有着至关重要的作用。在历史上国际贸易曾多次引发战争，而战争直接破坏了人们获得食物的能力。自 1948 年以来，GATT/WTO 体系就为国际贸易关系中的协商和冲突解决提供了一个框架。此外，以贸易为媒介的经济一体化有力地推动了各国之间的政治合作。因此，多边贸易体系在全球政治体系中成为重要支柱之一。稳定的贸易关系不仅对粮食安全极为重要，对全球安全也有重大意义。WTO 成员中有 2/3 以上为发展中国家，WTO 明确有力的规则对较小和国力较弱的国家具有重要价值。

通过促进经济增长、提供提高收入水平的机会是 WTO 对改善粮食安全做出贡献的最现实的方式之一。贸易是粮食安全的一个要素，因为其可以刺激经济的增长。贸易可以使粮食供给从过剩区域高效地运往不足的区域。贸易能使各国实现自力更生，而不是不惜一切代价去自给自足。

WTO 能做出的另一项重要贡献是对农业生产的影响。试图通过自给自足的方式改善粮食安全的国家通常的政策是：保持高的边境保护措施以及维持高昂的内部价格从而鼓励国内生产。但这对粮食安全具有负面影响。高的内部价格会演变为一种递减税，较贫穷的消费者往往受食品价格上涨的危害最深，购买力下降会影响他们的粮食安全状况。补贴和以促进生产为目的的其他措施也可能使那些并不需要帮助的农业人群受益，例如富裕的农民和土地所有者。对这些国家而言，为实现粮食安全而追求自给自足是一个有争议的做法。

这些政策所造成的扭曲作用还在于对其他国家产生影响。其最直接的影响是削减了那些能以低成本进行粮食生产的国家的农产品出口。对许多发展中国家来说，包括最贫穷的发展中国家，经济增长的情况取决于农业的表现。当然，农业生产和出口的改善还要依赖许多贸易政策之外的其他因素。但进一步削减贸易壁垒和对贸易产生扭曲作用的补贴，将有助于促进发展中国家农业生产的增长状况，这一点已得到广泛的认可。在短期内，补贴的取消可能对粮食净进口发展中国家产生贸易条件方面的不利影响，但从长远看有利于许多发展中国家的农业发展。

粮食贸易是贸易的重要组成部分。但在二十世纪中，食品的贸易所面临的阻力非常大。多哈回合谈判为扭转这一趋势提供了机遇。提高粮食安全水平需要广泛地采取措施和政策行动，贸易只是其中的一个方面。通往粮食安全的道路需要的是一体化和相互依存，而不是保护和自给自足。

无论是总体贸易或是农产品贸易，都可以直接或间接地对贫困和粮食安全产生影响，对贸易更多地参与促进了经济的增长，增加了就业的机会，增加了收入，减小了粮食安全的不稳定性。此外，农产品贸易可以通过扩大粮食供给来满足消费需求，以及降低综合粮食供给的不稳定性。

相比于发展中国家，OECD 国家对农业生产者的补贴导致国内价格比国际市场价格高 30％甚至更高，鼓励了国内生产；通过出口补贴处理剩余农产品压低了国际市场价格，使发展中国家很难出口其农产品，农民在国内市场上面临不公平竞争。国际贸易自由并非使所有的发展中国家受益，少数中等收入国家受益较大，而最不发达国家受益较小。

发展中国家自己的农业政策也阻碍了其农业的发展。表现在如下几个方面：第一，腐败和宏观经济不稳定；第二，产权界定不清，执行不利，不遵守合同；第三，对农村公共产品，如农村基础设施和农业研究的投资不足；第四，廉价食品政策有利于城市消费者却损害了农民的利益，发达国家的食品援助和食品补贴加剧了这种状况；第五，缺乏适合当地土壤、气候和地形条件的生产技术。

15.4 非洲农业经济

15.4.1 非洲农业的生产结构

1. 粮食生产

木薯：木薯是非洲产量最大的农作物，也是非洲重要的粮食作物。2016 年，总产量为 1.6 亿吨。非洲木薯的产量以尼日利亚最大，尼日利亚也是世界最大的木薯生产国。2016 年木薯产量为 5 700 万吨，占全非洲产量的 1/3 以上。

甘薯：甘薯是仅次于木薯的农作物，2016 年，产量为 6 400 万吨（图 15.1）。甘薯在非洲各国广泛种植，产量最大的是尼日利亚，2016 年尼日利亚的甘薯产量为 4 400 万吨，加纳、科特迪瓦、贝宁，产量依次为 740 万吨、600 万吨、300 万吨，上述四个国家占非洲甘薯产量的比率高达 90%以上。

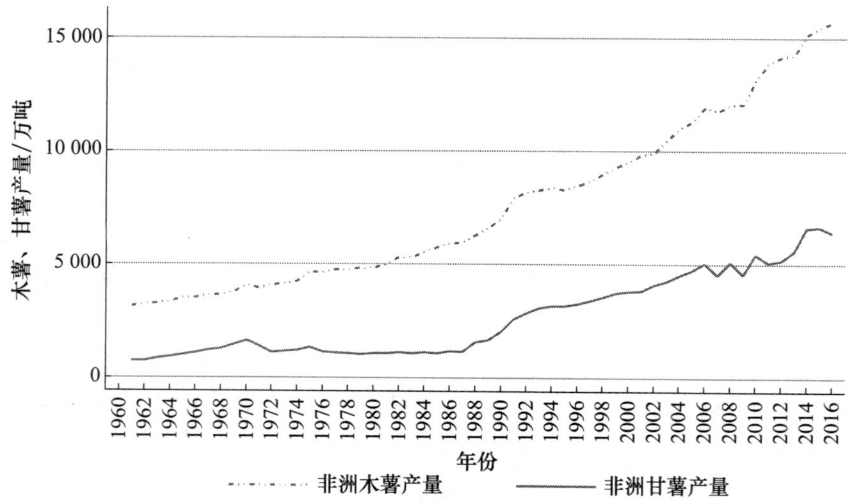

图 15.1 非洲大薯、甘薯产量变化趋势（1961—2016 年）

大米：大米也是非洲重要的粮食作物。2016 年，非洲稻米产量为 3 200 万吨（图 15.2），尼日利亚和埃及是非洲生产稻米最多的两个国家，2016 年稻米产量均在 600 万吨以上。非洲人口占世界人口的 1/4，但稻米产量仅占世界产量的 3%，需要进口大量稻米。

玉米：玉米在其他地区主要是作为饲料和工业原料，而在非洲，玉米也是重要的粮食作物。2016 年，非洲玉米产量为 7 000 万吨（图 15.3）。尼日利亚、南非、埃塞俄比亚、埃及、坦桑尼亚是非洲主要玉米生产国。

马铃薯：马铃薯也是非洲重要的粮食。2016 年，非洲马铃薯产量为 2 500 万吨（图 15.4）。马铃薯在非洲各国都有种植，产量最多的是埃及和阿尔及利亚，2016 年，埃及的马铃薯产量为 500 万吨，阿尔及利亚为 480 万吨。其他马铃薯产量在 100 万吨以上的国家还有肯尼亚、马拉维、摩洛哥、尼日利亚、南非、坦桑尼亚。

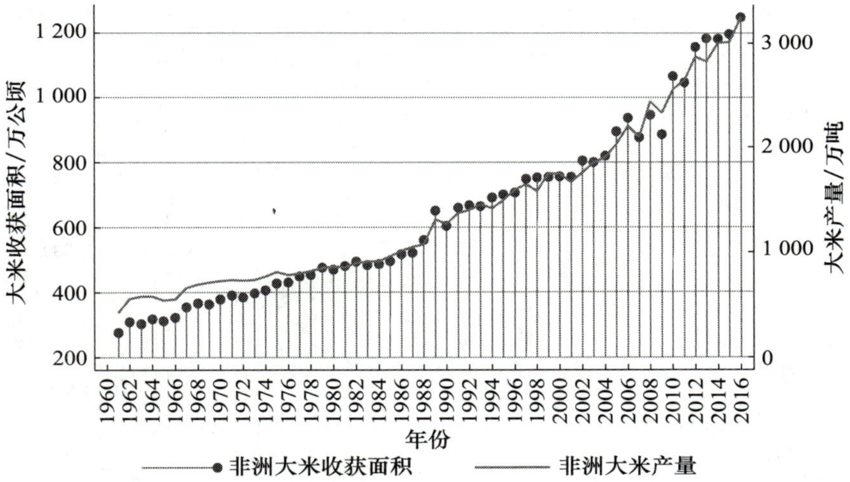

图 15.2　非洲大米收获面积和产量变化趋势（1961—2016 年）

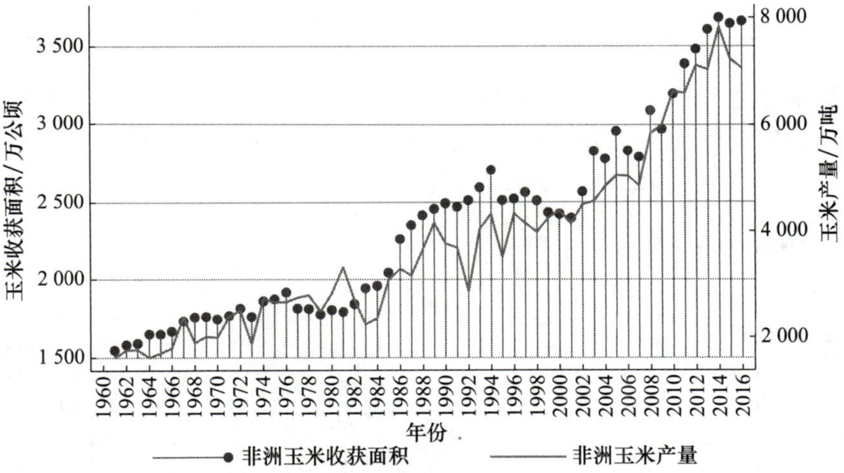

图 15.3　非洲玉米收获面积和产量变化趋势（1961—2016 年）

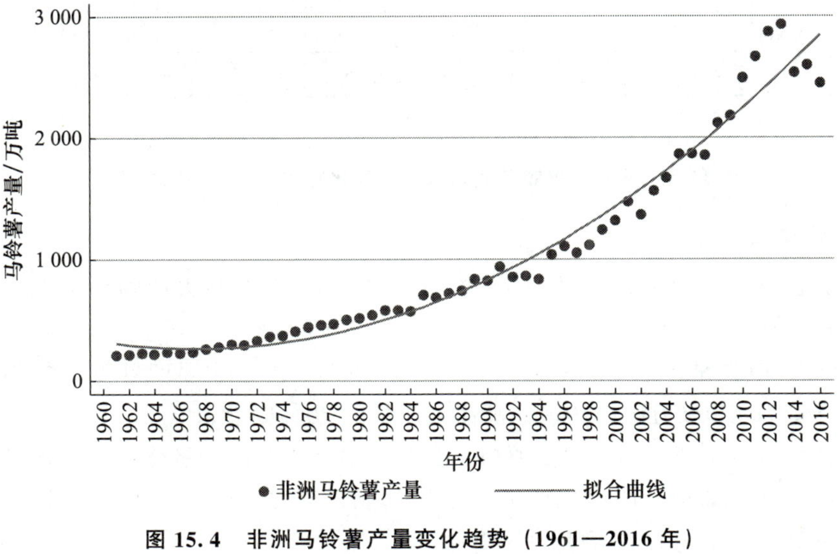

图 15.4　非洲马铃薯产量变化趋势（1961—2016 年）

小麦：2016 年，非洲小麦总产量为 2 300 万吨（图 15.5）。主要生产国为埃及、埃塞俄比亚、阿尔及利亚、摩洛哥等，其中埃及的产量最大，约为 900 万吨。

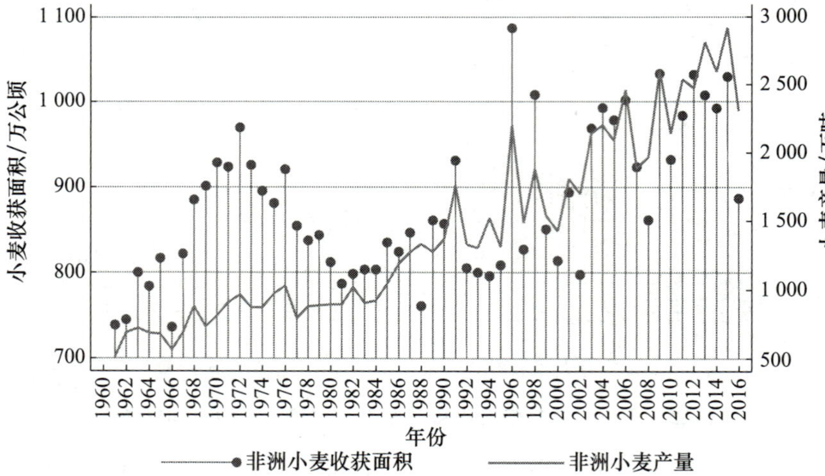

图 15.5 非洲小麦收获面积和产量变化趋势（1961—2016 年）

高粱：高粱也是非洲重要的粮食作物，2016 年，非洲高粱产量 3 000 万吨（图 15.6）。产量主要集中在尼日利亚、埃塞俄比亚、布基纳法索、喀麦隆、马里，产量分别为 690 万吨、400 万吨、150 万吨、120 万吨、120 万吨。

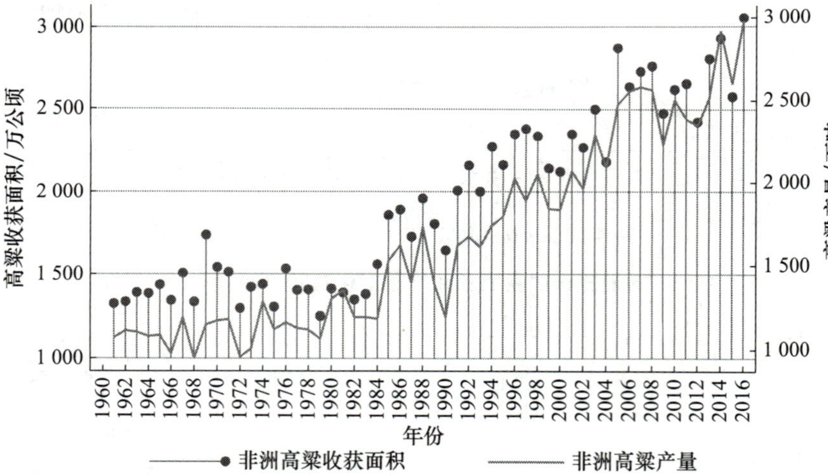

图 15.6 非洲高粱收获面积和产量变化趋势（1961—2016 年）

2. 其他种植业

甘蔗：2016 年，非洲甘蔗产量为 9 200 万吨（图 15.7）。最大的两个生产国是埃及和南非，甘蔗产量均在 1 500 万吨以上。

甜菜：2016 年非洲的甜菜产量为 1 800 万吨（图 15.8）。主要产量集中在埃及，2016 年埃及的甜菜产量为 1 300 万吨，约占非洲甜菜产量的 70%以上。

可可豆：可可豆是巧克力的主要原料，是非洲最具优势的经济作物，全球可可豆的五大生产国是科特迪瓦、加纳、印度尼西亚、尼日利亚、喀麦隆，其中四个是非洲国家。2016 年，非洲可可豆的产量为 300 万吨。

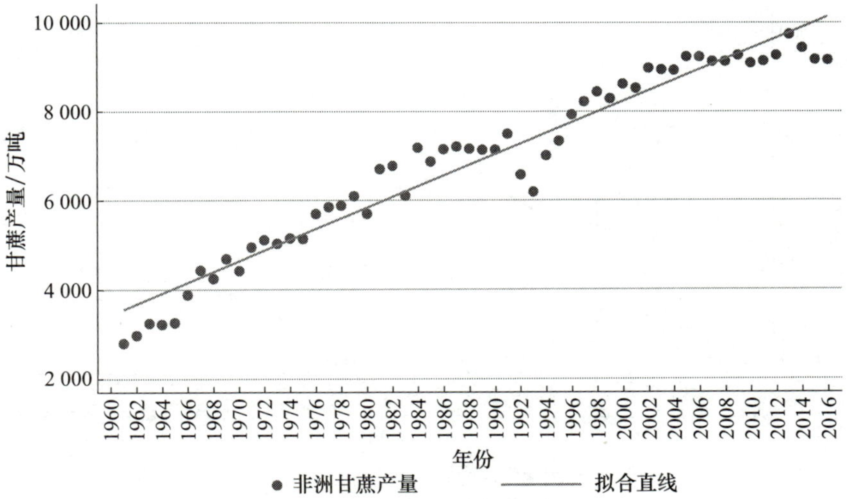

图 15.7　非洲甘蔗产量变化趋势（1961—2016 年）

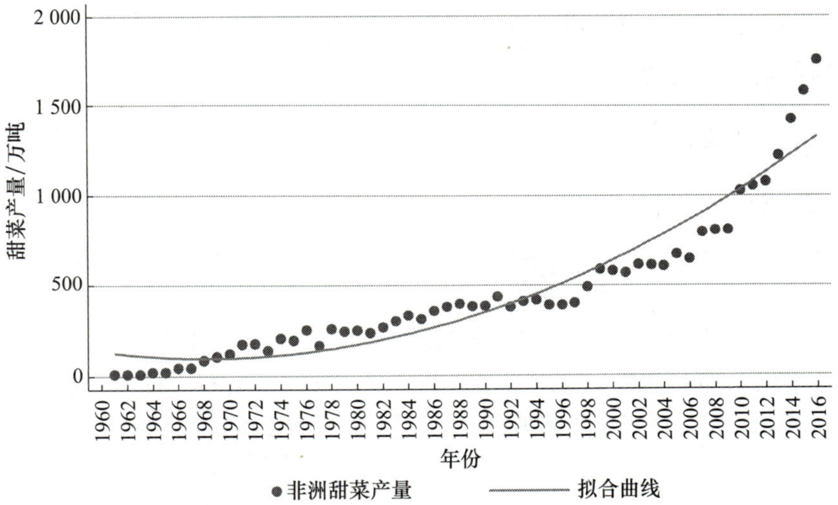

图 15.8　非洲甜菜产量变化趋势（1961—2016 年）

蔬菜：番茄和洋葱是非洲最重要的蔬菜。2016 年，番茄产量为 2 000 万吨，洋葱产量为 1 200 万吨。番茄出口量为 70 万吨，洋葱出口量为 75 万吨。

水果：非洲最重要的水果是芭蕉、香蕉和橙子。2016 年，非洲的芭蕉产量为 2 000 万吨，香蕉产量为 2 100 万吨。橙子是非洲出口量最大的水果，2016 年出口 200 多万吨。香蕉是仅次于橙子的第二大出口水果，2016 年出口 74 万吨。

3. 畜牧业

非洲畜牧业以养牛业、养鸡业、养羊业为主（图 15.9）。

养牛业：畜牧业中产值最大的是养牛业，2016 年，非洲牛的存栏量约为 3.2 亿头，与印度相当，约占全球存栏量的 20%。2016 年，非洲牛肉产量约为 630 万吨，牛奶产量为 3 800 万吨。

养鸡业：2016 年，非洲鸡的存栏数约为 19 亿只，不到全球数量的 10%。2016 年，鸡肉产量为 560 万吨。2016 年鸡蛋产量为 320 万吨。

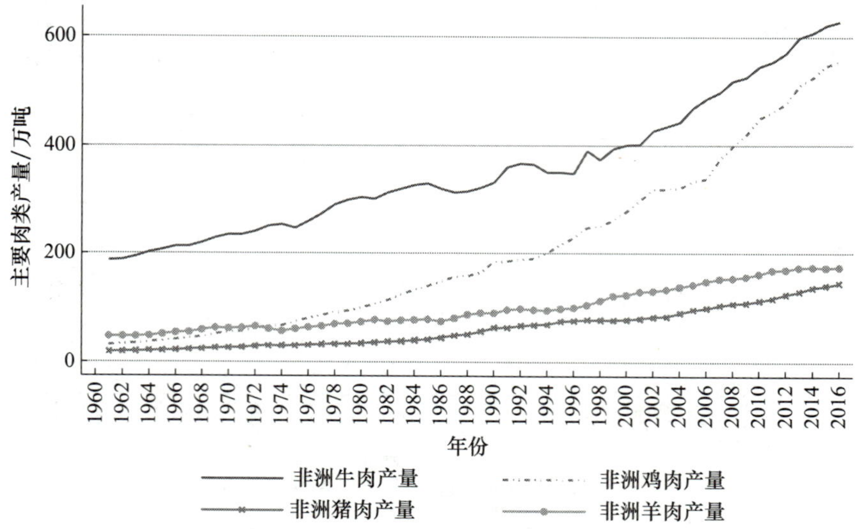

图 15.9 非洲主要肉类产品产量变化趋势（1961—2016 年）

养羊业：2016 年，非洲羊的存栏数约为 7.4 亿头，其中山羊 3.9 亿头，绵羊 3.5 亿头。羊的存栏数约占全球数量的 1/3。2016 年，羊肉的产量为 200 万吨。

15.4.2 非洲农产品进出口

1. 农产品出口

非洲农产品出口以热带作物和经济作物为主。按出口价值衡量，非洲出口的主要农产品包括可可豆、烟草、腰果、咖啡、棉花、橙子、茶叶、糖等。

可可豆：可可豆是非洲最重要的出口产品，2016 年，出口可可豆 230 万吨（图 15.10），出口价值 67 亿美元。科特迪瓦、加纳、尼日利亚等国盛产可可豆，可可豆也是这些国家出口的主要农产品。2016 年，这三个非洲国家出口的可可豆分别为 120 万吨、58 万吨、23 万吨。

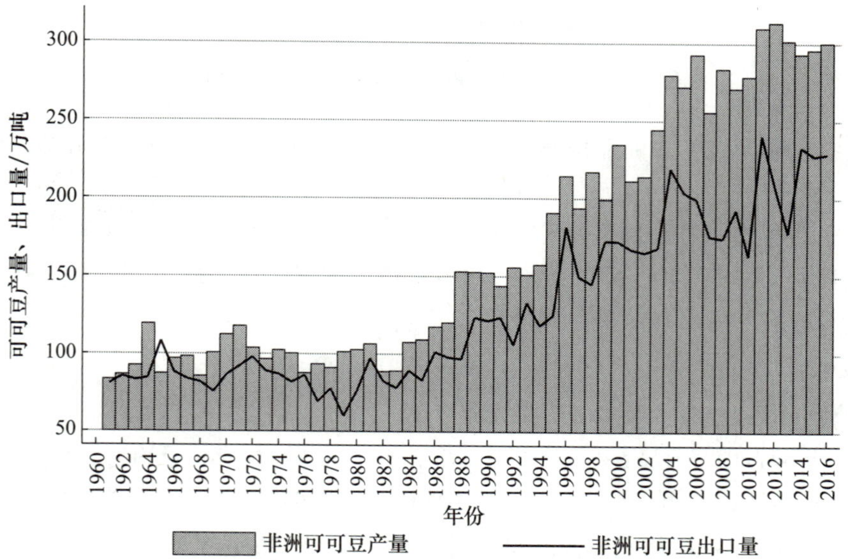

图 15.10 非洲可可豆产量、出口量变化趋势（1960—2016 年）

咖啡： 咖啡原产于非洲的埃塞俄比亚，现在仍然有丰富的种质资源。2016 年埃塞俄比亚的咖啡产量为 47 万吨，位居世界第五位，排在巴西、越南、印度尼西亚、哥伦比亚之后。2016 年非洲的咖啡产量为 110 万吨（图 15.11），2016 年非洲出口咖啡 63 万吨，出口价值 18 亿美元。自二十世纪七十年代以来，非洲的咖啡产量和出口量呈下降趋势。

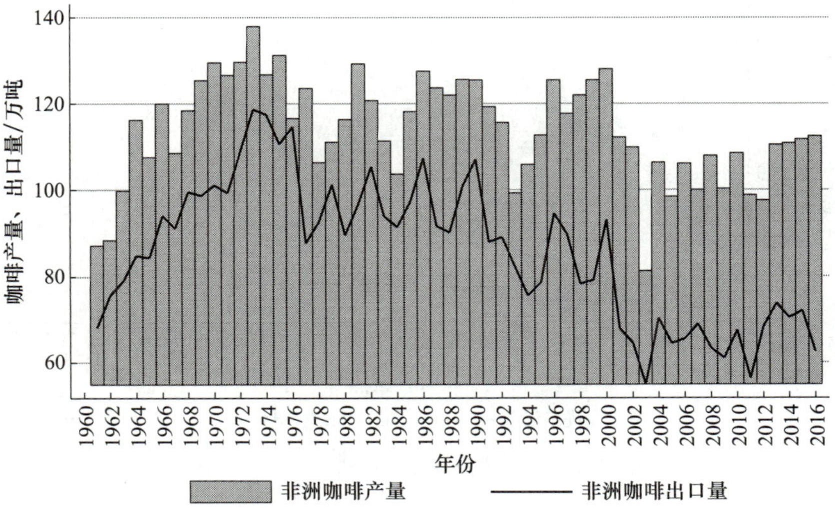

图 15.11　非洲咖啡产量和出口量变化趋势（1961—2016 年）

棉花： 2016 年非洲棉花产量 160 万吨（图 15.12），主要生产国为布基纳法索、科特迪瓦、马里、埃及、贝宁等。2016 年非洲出口棉花 93 万吨，出口价值 13 亿美元。出口比例为 60%。

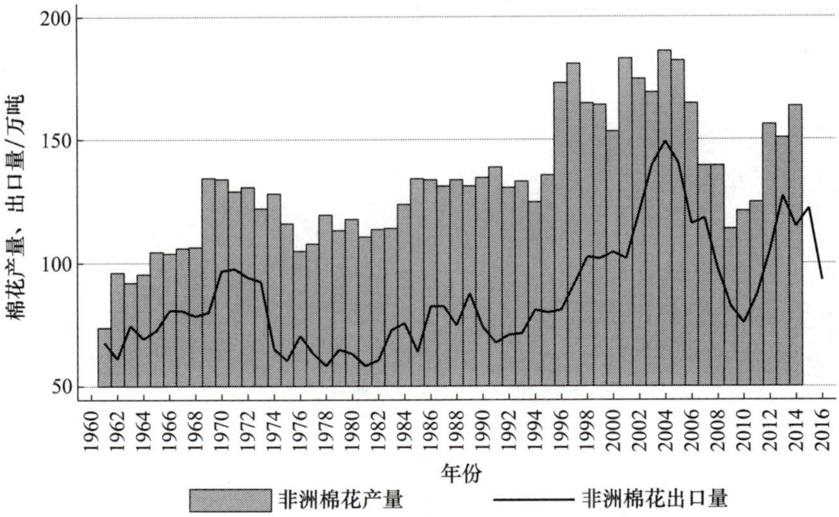

图 15.12　非洲棉花产量和出口量变化趋势（1961—2016 年）

2. 农产品进口

非洲农产品进口以粮食和油料作物为主。无论按进口数量还是按价值衡量，小麦都是非洲最重要的进口农产品。2016 年，进口小麦 4 400 万吨（图 15.13），价值 94 亿美元；玉米是非洲进口数量仅次于小麦的农产品，2016 年进口玉米 2 000 万吨，价值 41 亿美元。非洲大米的进口数量仅次于小麦、玉米，进口价值仅次于小麦，2016 年进口大米 1 300 万吨，价值 53 亿美元。

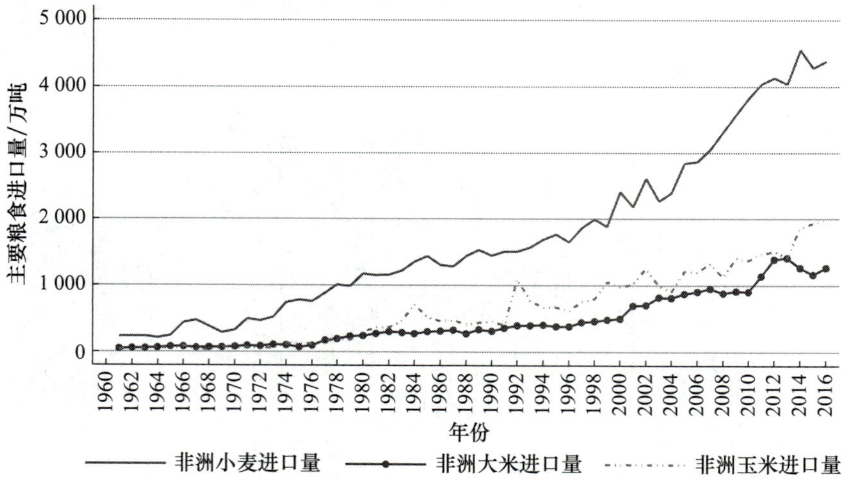

图 15.13 非洲主要粮食进口变化趋势（1961—2016 年）

糖也是非洲重要的进口农产品，2016 年，进口提纯糖 610 万吨，进口原糖 670 万吨。其他重要的进口农产品包括：进口棕榈油 560 万吨，进口大麦 320 万吨，进口大豆 200 万吨，进口大豆油 230 万吨，进口小麦粉 230 万吨。畜产品也是非洲农产品进口的重要组成部分。2016 年，进口鸡肉 150 万吨。

复习思考题

1. 非洲农业生产具有什么特点？
2. 非洲农产品贸易具有什么特点？
3. 为什么说农业发展对于削减贫困至关重要？

参考文献

[1] 丁泽霖. 外国农业经济. 北京：中国人民大学出版社，1987.
[2] 加塔克，等. 农业与经济发展. 北京：华夏出版社，1987.
[3] 朱道华. 外国农业经济. 北京：中国农业出版社，1999.
[4] 雷纳，等. 农业经济学前沿问题. 北京：中国税务出版社，2000.
[5] 速水佑次郎，拉坦. 农业发展的国际分析. 北京：中国社会科学出版社，2000.
[6] 秦富，等，国外农业支持政策. 北京：中国农业出版社，2003.
[7] 尹成杰. 粮安天下：全球粮食危机与中国粮食安全. 北京：中国经济出版社，2008.
[8] 田维明. 中国的农业发展：思考与探索. 北京：中国农业出版社，2013.
[9] 周章跃. 全球化中的大国农业：澳大利亚农业. 北京：中国农业出版社，2013.
[10] 李军，等. 全球化中的大国农业：印度农业. 北京：中国农业出版社，2017.
[11] 韩一军，等. 新时期中国粮食安全研究. 北京：中国农业科学技术出版社，2017.